KB264445

성공하려면 루이비통을 버려라

성공하려면 루이비통을 버려라

초판 1쇄 발행 2008년 3월 10일
2판 1쇄 인쇄 2010년 9월 15일
2판 1쇄 발행 2010년 9월 20일

지은이 | 이영숙
펴낸이 | 전익균

이사 | 송영욱, 엄재명
편집장 | 김남희
편집, 기획 | 김미화, 황지유, 장지연
디자인 | 이호영
마케팅 | 이상현, 허윤영, 조동호
경영지원 | 최예란
외부스텝 | 공존(표지디자인)

찍은곳 | 예림인쇄
출력 | 한국커뮤니케이션
제본 | 바다제책

펴낸곳 | (주)새빛에듀넷
주소 | 서울 강남구 청담동 32-6 현대빌딩 601호
전화 | 02-3442-4393~4   팩스 | 02-3442-6771
e-mail | bookmaster@bookclass.co.kr   홈페이지 | www.bookclass.co.kr
등록번호 | 제16-4043호   등록일자 | 2006. 11. 28

값 13,000원

ISBN 978-89-92873-72-7 (13320)

* 『새로운 도전이 만드는 나의 브랜드 가치』를 재구성하여 새롭게 펴낸 책입니다.
* 잘못 만들어진 책은 구입하신 곳에서 바꾸어 드립니다.

이영숙 지음

시간은 언제나 무언가를 만들어낸다. 그것은 제품일 수도 있고, 관계일 수도 있으며, 감정일 수도 있다. 이를 한마디로 정의하자면 변화가 아닐까 싶다. 약간의 개선에 불과하든 완전히 새로운 발명이든, 우리의 일상에서 변화를 만들어낸다.

2010년 5월, 서울디지털포럼의 현장에서 다양한 매체들을 통해 소개된 발표 내용들을 보면 그 주제는 '변화'라고 하는 한 단어로 정리되는 것 같다. 혁신에 가까운 디지털로의 변화, 한두 사람의 생각이 현실이 되는 기막힌 세상에 우리는 살고 있다. 한 편의 사람들은 디지털로의 변화를 반기며 재빠르게 이동하나, 다른 편의 사람들은 그런 변화와 무관하게 이전과 같은 삶을 고수하면서 공존하는 것

이 지금의 세상이다. 이런 변화가 가져다주는 것들을 즐기면서도 가
끔은 이런 변화를 만들어내는 사람들의 상상력에 소름이 끼치기도
한다.

　내가 걸어온 길이 딱히 남들에게 화젯거리가 될 만한 것도 아니
고, 여성으로 20년이 넘은 조직생활을 하면서 많은 제약 상황을 온
몸으로 버텨내야 했던 과거가 그리 자랑할 만한 것도 아니라고 생각
했다. 그렇기에 내 개인사를 공개적으로 이야기하는 것이 쉬운 일은
아니었다. 더구나 인생의 후반전에 접어든 지금에서 보면 특별히 성
공을 쫓으면서 지나온 시간들이 아니었기 때문에, 이 길에 성공이란
이름을 붙이기엔 너무나 무미건조하다. 그러나 자꾸 되새김질하다
보니 내가 지나온 길에서 어떤 맛 같은 것이 느껴지기도 했다.
　여성으로서 직장을 잡기조차 어려웠던 그 시기는 조직의 말단으
로 시작하여 한 발씩 내딛으며 많은 실패와 갈등과 어려움으로 뒤범
벅되어 있었다. 그러나 실패와 어려움이 있어도 내 방향은 언제나
내 삶이 지향하는 가치에 중심을 두고 있었다. 그 여정은 끊임없는
배움의 길이었으며, 나는 한 번도 포기하지 않고 배움에 직면하면서
살아 왔다. "배워야 할 모든 것을 유치원에서 배웠다"는 작가도 있
지만, 내 경우는 그 반대였다. 교육체제 안에서보다는 살아온 매 순

간이 배움의 현장이었다. 배움이라는 것이 덧입혀질 경우 사람이 얼마나 달라질 수 있는지 보여주는 증거가 바로 이 책 안에 고스란히 녹아 있다.

너무 대단한 사람의 이야기는 그 대단함 때문에 오히려 보통사람의 도전을 방해할 수 있지만, 지극히 평범한 내가 풀어내는 이야기는 "나도 할 수 있어!", 또는 "별거 아니잖아"라는 자신감으로 연결될 수도 있겠다는 생각이 들었다. 내 이야기를 통해 누군가 자기 내부에 쌓아두었던 담을 허물고 자기변화의 첫발을 내디딜 수 있다면, 그 또한 내 배움이 누릴 수 있는 최고의 명예가 될 수 있을 것이다.

이 책은 4부로 나누어진다. 1부는 커리어를 시작하는 단계에서의 이야기를 담고 있고, 2부는 빠른 시간 내에 회사에서 기대하는 역할을 성공적으로 수행하는 데 도움이 되는, 좌충우돌 나의 성장기다. 성장촉진에 도움이 되는, 조직 내에서 사용할 수 있는 지렛대에 대한 내 경험을 털어놓고 있다. 3부는 성숙기에 들어선 리더로서 직면했던 현실적인 어려움에 대한 이야기다. 리더로서 타인의 힘을 어떻게 효과적으로 활용하여 자기 역할을 수행할 수 있었는지, 그리고 스스로에게 동기를 부여했던 나 나름의 방법도 포함하고 있다. 마지막으로 4부는, 새로운 시작에 대한 이야기다. 새로운 시작의 시기는 개인마다 다르겠지만 준비는 빠를수록 좋다. 그러기 위해 피하지 않고 마주 봐야 할 이야기가 들어 있다.

모든 이야기는 사례로 시작한다. 내가 부딪혔던 크고 작은 어려움을 하나씩 극복하면서 리더가 가야 할 계단을 하나씩 올라갈 수 있게 해주었던 소중한 경험들이다. 경험은 분명 가치 있는 것이지만 그 경험이 오히려 족쇄가 되어 내 시야를 막을 수도 있기 때문에 이번 집필 작업을 통해 경험을 내게서 분리시키려 노력했다. 경력이 많아지면 바로 그 경험 때문에 '자기기만(self-deception)'의 늪에 빠질 수 있으므로 이제는 그것들을 내게서 떼어내고 싶었다. 자기기만에 빠지면 자신이 정당화한(기만한) 세계에 갇혀버리고 그것을 현실세계와 혼동하면서 '상자 속의 삶'을 살아갈 수밖에 없다.

이번 집필 작업을 통해 수많은 자기기만이 내 길 위에 있었다는 사실을 알게 되었다. 이 책은 그 자기기만에서 벗어나 좀 더 많은 자유공간을 소망하는 마음에서 비롯되었다. 리더의 길을 걸어오면서 내가 겪었던 일들이 리더를 꿈꾸거나 이미 리더의 길을 걷고 있는 사람들에게 용기를 주고, 팁을 줄 수 있기를 기대하며 이야기를 써 내려갔다. 바로 그렇게 넘겨준 그 빈자리에 새로운 것을 받아들이고 싶은 설레는 기대감이 있었음을 털어놓는다.

많은 실패와 어려움이 점철된 길이었지만 묵묵히 지켜봐 준 가족의 사랑이 없었다면 이 길을 걷기 불가능했을 것이다. '자유인'을 갈망하던 아버지는 4년 전 영원히 '자유인'이 되셨다. 내 모든 것은 아버지의 자식에 대한 간절한 소망과 기도의 결과다. 또한 묵묵히 자신의 삶을 내어준 어머니의 사랑도 내 근원이다. 그 어머니의 눈빛은 언제든 내가 태어나기 이전의 자궁 속으로 데려가 내게 안식을 느끼게 해주었다. 늘 내 뒤에서 그림자처럼 변함없이 버티다가 돌아보면 따뜻하게 웃어주는 남편, 격정적인 청소년기를 겪으면서 건강하고 아름다운 청년으로 성장한 두 아들 또한 '자기기만'의 늪에서 나를 벗어나게 해주는 내 배움과 삶의 근원이다. 나를 '나'로 있도록 허용해주신 시어머님과 시집 식구들에게도 늘 감사하는 마음이다.

또한 내 이야기를 펴 보일 수 있도록 용기를 준, 새빛에듀넷 출판사의 전익균 사장님께 특별히 감사를 표하고 싶다.

다시 디지털에 대한 이야기로 돌아가 본다. 작금의 디지털로의 이동을 주도하는 저변에는 무엇이 있을까?

그것은 상상력이다. 디지털사회로 빠르게 전환하는 현재와 그것이 만들어낼 미래사회를 살기 위해, 무엇을 어떻게 해야 할 것인가에 대한 답을 얻기까지는 긴 숙고의 과정이 필요하다. 디지털사회에서도 유효할 수 있는 자신만의 브랜드를 갖기 위해서는 누군가가 혼을 쏟아 부어 만든 명품을 쫓아다니지만 말고, 과감히 비주류로, 소수자의 외로운 자리로 들어가, 그런 도전을 선택한 다양한 사람들과의 격렬한 사고의 마찰을 즐길 수 있어야 한다는 것이 최근 나의 생각들이다. 그리하여 충돌 속에서 새로운 것을 찾아내고, 그것으로 자신을 명품으로 빚어내고…….

"성공하려면 루이비통보다 멋지게!"

2010년 8월

이 영 숙

차 례

프롤로그　4

1

U-Turn : 과감하게 돌아설 때

높은 콧대부터 꺾어라　15

눈부신 롤모델이 보이는가　23

당신을 바꾸는 사소한 차이　32

익숙한 세계에 안주하지 마라　42

2

Restart : 두려움을 깨고 다시 시작

다양한 장르를 익혀라　53

감각적으로 미래를 준비하라　63

그를 내 편으로 포섭하라　74

스스로 자유로워져라　86

상사는 당신 하기 나름이다　95

라이벌보다 먼저 배워라　105

적극적으로 신세를 져라　116

당신의 뒷모습에 주목하라　129

3

Jump : 마음껏 능력껏 도약

그림을 크게 보라 143

이젠 성격보다 능력이다 156

일부를 전체라 착각하지 마라 170

당신은 다이아몬드를 만들 줄 안다 183

누구에게도 밀리지 마라 192

갇힌 새장은 좁다 203

정치는 여자에게 유리하다 214

중요한 것은 Want가 아닌 Need 221

트렌드를 좇아라 229

진심은 전해지고 있는가 243

스포트라이트는 당신을 비추고 있다 254

갈대처럼 흔들리지 마라 261

당신의 조각은 생각보다 값지다 273

4

Reach : 오직 당신만의 뉴 브랜드

소중한 당신을 잃지 마라 285

어떤 수식어를 원하는가 294

매혹적인 모임과 공유하라 310

당당하게 해방되라 322

에필로그 333

1

U-Turn
과감하게 돌아설 때

높은 콧대부터 꺾어라
눈부신 롤모델이 보이는가
당신을 바꾸는 사소한 차이
익숙한 세계에 안주하지 마라

높은 콧대부터 꺾어라

대학을 졸업한 뒤 내가 처음으로 발을 내디뎠던 곳은 독일에 본사를 둔 제약회사였다. 사보가 없던 회사에서 사보 발행을 계획하던 중이었는데, 내가 대학시절 받은 문학상 몇 개가 채용결정에 도움이 되었던 것 같다. 독일문학을 전공해서 그런지 '독일' 회사라는 점은 미지의 세계에 대한 막연한 두려움을 약간은 부드럽게 해주었다.

대기업에 비해 외국계기업들은 공채보다는 수시채용을 선호한다. 대체로 기준은 아주 간단하다. '이 업무가 필요한가.' 쓸데없이 정치적 고려를 하지 않아도 된다. 그런 수시채용 탓에 변변한 신입사원 오리엔테이션도 없이 조용히 앉으라고 하는 곳에 자리를 잡으면서 나의 세상살이는 시작되었다.

사보발행이 처음이다 보니 전임자도 없었고, 회사생활을 안내해주는 선배도 없었다. 선배 여직원이 회사를 데리고 다니면서 인사를 시켜 주는 정도가 고작이었다. 인수인계라는 그 흔한 절차 역시 없을 수밖에 없었다. 별 기대도 하지 않는 사람들의 시선을 받으면서 내 사회생활은 껄끄럽게 시작되었다.

내 업무에 대해 아는 사람은 아무도 없었다. 내 존재는 귀찮은 일을 마음대로 시킬 수 있는 신참에 지나지 않았다. 으레 그렇듯 그곳에도 조용히 접근하여 도와주는 척하며 나를 자기 똘마니로 만들기 위해 열 올리는 선배들이 있었다. 상사는 회사에 대해 이런저런 냉소적인 이야기를 들려줄 뿐 특별히 내가 어떤 일을 어느 수준으로 해줬으면 좋겠는지에 대해서는 한마디도 하지 않았다. 아무리 돌아봐도 그저 자기 일을 하는 사람들뿐이었고, 내가 기댈 수 있는 언덕은 어디에도 없는 것처럼 보였다.

내가 받은 유일한 지시는 입사 다음 달부터 사보가 발행될 수 있게 모든 것을 진행하라는 것이었다. 아직 한 번도 사보가 나온 적이 없기 때문에 혼자 모든 것을 알아서 해야 한다는 것이 첫날 내가 들은 이야기였다. 아주 간단한 지시였지만 신입사원에게 맡긴 일치고는 심하다는 생각이 들었다. '교육도 안 시켜주고 무슨 이런 회사가 다 있나?' 하는 생각이 들자, 기가 막히고 한숨밖에 나오지 않았다.

눈 씻고 봐도 마땅히 물어볼 만한 사람이 없었다. 이전에 없던 자리이니 그럴 수밖에. 앞이 깜깜했다. 그때까지 사보라는 걸 구경조차 해본 적 없었으니, 도대체 어느 내용으로 어느 정도 수준에서 기획하고 기사를 써야 할지 도무지 아이디어가 떠오르지 않았다. 회사 내부의 누군가로부터 도움을 받겠다는 기대는 일단 접었다.

지금 당장 무엇을 어떻게 해야 할지에 대해서만 집중하기로 마음을 고쳐먹었다. 어디 가서 샘플이라도 구해봐야 대충 감이라도 잡고 일을 시작할 수 있을 것 같았다.

곰곰이 생각해보니 병원에서 진료순서 기다릴 때 이런저런 잡지들이 여기저기 굴러다니던 것이 기억났다. 대개는 여성잡지들이었지만 제약회사에서 발행한 지면이 얇은 책들을 본 기억이 떠올랐다. 생각이 거기에 미치자 그 길로 가까운 대학병원을 향해 달려갔다.

예상했던 대로 환자대기용 나무의자 곳곳에 버려진 듯 굴러다니는 책들이 눈에 띄었다. 대부분 제약회사 것이어서 다행이라는 생각을 하고 있는데 국내 굴지의 화장품회사 사보도 어울리지 않게 꽂혀 있었다.

나무의자의 귀퉁이에 엉덩이를 붙이고 앉아 뒤적이다 보니 대략 어떻게 구성되는지 감이 왔다. 그러나 문제는 제작이었다. 내 손에 들려 있는 사보를 만들기 위해 커튼 뒤에서 어떤 작업이 이루어졌는지를 아는 것이 다음 문제였다.

이럴 줄 알았으면 대학 신문사에서 일을 해보는 건데……. 후회가 밀려 들었지만 어쩌겠는가, 되돌아갈 수도 없는 걸. 그렇다고 기존의 제약회사 사보 만든 사람을 찾아갈 수도 없다. 경쟁사에서 문을 두드리는데 열어줄 리 없을 것이다.

그때서야 아예 보지도 않고 제쳐두었던 화장품회사 사보가 눈에 들어왔다. 펼쳐보니 제약회사 것에 비해 신선했다. 내용도 일반독자들이 궁금해할 법한 주제들을 충실하게 다루고 있었고 편집디자인도 확연히 달랐다. 훨씬 프로답게 보였다.

순간 내 머리에는 그 사보 만든 사람을 찾아서 도움을 구하면 되겠다는 생각이 스쳐 지나갔다. 죽으라는 법은 없다고, 그제서야 희망과 기대감이 머리를 들었다. 그런데 도대체 그 사람을 어떻게 만난단 말인가! 무턱대고 "저 좀 도와주세요" 하고 매달린다고 자기 일도 바쁜 사람이 쉽게 도와줄 것 같지 않았다.

그 사보는 당시에는 드물게 좋은 지질로 거의 유료잡지에 가까울 정도의 방대한 기사를 담고 있었다. 말만 사보였지 일반 소비자들도 꼼꼼하게 읽어볼 정도로 다양한 분야에 걸쳐 잘 기획된 내용들이 많았다. 거기다 병원에까지 뿌릴 정도면 꽤 많은 부수를 인쇄한다는 뜻이다.

잡지내용 중 가장 잘 쓴 기사를 골랐다. 그러고는 하단에 적혀 있는 사보기자의 이름을 찾아서 전화를 하기로 했다.

그 여기자에게 전화가 연결되자 기사에 대한 내 느낌과 짜임새 있는 이야기 전개, 사보가 단순히 회사정보를 일방적으로 알려주는 것이 아니라 독자들에게 유익한 정보를 제공할 수 있는 중요한 역할을 한다는 점 등 여러 관점에서 극찬을 아끼지 않았다. 그러고 나서 내 소개와 함께 한 달 뒤에는 사보를 세상에 내놓아야 하는 절체절명의 상황에 처해 있다는 이야기를 들려주었다.

사보작업은 회사 내 다른 업무처럼 일반적인 일이 아니다 보니 주로 그 일을 담당하는 소수 정예부대에 의해서만 움직인다. 그래서 경험자가 절대적으로 부족했다. 나 같은 초보자가 전문적인 도움을 받기가 여간 힘든 일이 아니라는 말을 조심스레 던지고 나서 너무 일방적인 대화가 되지 않도록 그녀의 반응을 기다렸다.

선배의 도움이 절실히 필요하다는 말을 넌지시 비췄더니 그녀는 잠깐 망설이다가 아주 기본적인 것은 도와줄 테니 자기 사무실로 오라고 했다. 날아갈 것 같았다. 그녀를 통해 사보발행 등록부터 전체 프로세스에 대한 오리엔테이션을 아주 잘 받은 것은 물론이었다.

같은 분야에서 일을 한다는 공통점 때문이었는지, 아니면 굳이 경쟁할 필요조차 없는 신참이어서 그랬는지 그녀의 설명은 신참인 내가 듣기에도 더 이상의 질문이 필요치 않을 정도로 아주 세밀한 부분으로까지 이어졌다.

그녀의 도움 덕분에 다음 달 사보발행이라는 지령을 완수했을 뿐만 아니라 두고두고 힘이 되어줄 멘토까지 만나게 되었으니 대단한 행운이 아닐 수 없었다. 같은 회사에서 일하는 것도 아니고 같은 산업에 속한 것도 아니어서 그런지 그녀에게 물어보는 것이 어렵거나 불편하다는 생각이 들지 않았다.

그녀를 통해 사보편집자를 대상으로 하는 교육이 있다는 사실도 알게 되었고, 그 교육에 직접 참가하면서 다른 사람들과 네트워킹할 수 있는 기회 또한 가질 수 있었다. 물론 필요한 경우에는 다른 사람들로부터 전문적인 조언도 얻을 수 있었다. 그 일에 재미를 느끼면서 한때나마 홍보분야에 대한 관심을 가졌었다.

첫 단추부터 어긋날 뻔했던 나의 첫 프로젝트는 그렇게 넘어갔다. 생면부지의 누군가로부터 도움을 받아냈던 이때의 경험은 이후 20년이 넘는 직장생활 내내 내게 큰 영향을 미쳤다. 자기 벽을 깨기만 하면 주변의 모든 것이 스승이 되고 전환포인트가 된다. 스스로 만들어낸 두려움이나 부끄러움 때문에 도움을 요청하지 않는다면 그 자리를 뛰어넘을 수 있는 기회는 영영 오지 않는다.

고개를 조금만 돌리면 내 업무에 다른 사람 힘을 얼마든지 갖다 쓸 수 있다. 특히 새로운 조직에 들어가거나 어떤 직무를 처음 맡을 때는 망설이지 말고 도움을 요청하는 것이 빠른 시간 내에 성과를 낼 수 있는 방법이다. 처음부터 잘할 거라고 기대하는 사람은 없다. 아무도 몰래, 그것도 혼자 힘으로 완벽하게 만들어 모두를 깜짝 놀라게 하겠다는 욕심은 버려야 한다.

자신의 불완전한 모습이나 부족한 모습을 보이지 않게 하려고 아무리 안간힘을 써도 선배나 상사의 눈에는 드러나게 마련이다. 괜한 자기포장에 신경 쓰기보다는 주변의 경험자나 선배의 도움을 통해 초보시절을 훌륭하게 그것도 짧은 시간에 졸업하는 것이 더 현명한 일이다.

조직은 '혼자서도 잘해요'를 칭찬하는 유치원이 아니다. 조직은 스스로 일을 끝냈다는 점을 높이 사기보다는 얼마나 효과적이고 효율적으로 일을 했느냐를 보고 성과를 판단한다는 점을 잊지 말아야 한다. 일을 어떻게 하느냐는 것은 개인의 문제가 아니라 조직의 문제다. 왜냐하면 그 모든 것이 회사의 입장에서는 비용이기 때문이다.

· 괜한 일에 힘 빼지 말고 아르키메데스의 '지렛대'를 활용하라.

· 솔직하고 정직한 것만큼 좋은 무기는 없다.

· 조직은 자기도취에 빠진 솔로 가수보다는 팀 플레이어를 선호한다.

· 진정한 경험자는 경험 나누기를 즐긴다.

· 내가 부족한 모습을 보여주면 상대방의 마음에는 빗장이 풀린다.

눈부신 롤모델이 보이는가

누구에게나 처음은 있는 법이다. 물론 이후의 노력에 따라 조금은 달라질 수 있지만 첫 단추를 어떻게 시작하느냐에 많은 것들이 좌우된다. 특히 학교 졸업 후 직장생활을 처음 시작하는 경우라면 더욱 그렇다. 배움이 전제된 학교에서는 틀리거나 잘못해도 얼마든지 봐주지만 연봉을 받고 일하는 프로의 세계는 다르다.

왜냐하면 어떤 과정을 통해 어떤 결과를 만들어내느냐가 언제나 평가대상이기 때문이다. 달리는 기차에서는 지금 보고 있는 창밖의 풍경을 빨리 보낼 수 있는 자만이 다가오는 새로운 풍경을 즐길 수 있다. 머뭇거리다 보면 금방금방 바뀌는 창밖 풍경에서 아무것도 못 느끼거나 발견하지 못한다.

지금은 프로야구가 그 자리를 대신하고 있지만 고교야구가 맹위를 떨치던 시절이 있었다. 고교야구의 재미는 실수에 있었다. 아마추어들이 보여주는 실수가 승패의 예상을 자주 뒤바꾸었기 때문에 경기가 끝날 때까지는 누가 최후의 승자가 될지 아무도 알 수 없었다. 그래서 고교야구 팬들은 한순간도 자리를 비우지 못하고 경기가 끝날 때까지 지켜봐야 했다. 9회말 막판 뒤집기야말로 최고의 재밋거리였다.

그러나 프로야구 선수들이 실수를 한다고 생각해보자. 그때에도 관중들이 재미있어 할까? 모르긴 몰라도 성질 급한 누군가에 의해 당장 욕설이 나가고 운동장에 병 몇 개쯤은 날아갔을 것이다. 실수한 선수는 연봉삭감을 통해 톡톡히 대가를 치러야 할지도 모른다.

아마추어와 프로의 가장 큰 차이는 무엇일까? 아마추어에게는 용납되는 실수가 프로에게는 용납되지 않는다는 점일 것이다. 왜냐하면 돈 받고 뛰는 프로니까.

이렇듯 팽팽하게 줄이 조여진 곳에서 자신이 가진 작은 창을 통해서만 세상을 보고 판단하고, 달린다면 어떤 결과가 나올까? 과연 장거리를 성공적으로 완주할 수 있을까?

직장생활 역시 자신의 성과가 바로 팀이나 조직의 성과로 직결되기 때문에 웃어넘겨도 되는 실수란 없다. 이런 긴장 속에서 살아가려면 마음 편하게 도움을 요청할 수 있는 사람이나 나에 대해 객관적으로 말해줄 수 있는 누군가가 필요하다. 어느 누구도 자신에 대해 객관적일 수 없는 한계점을 가지고 있다. 이럴 때 일정한 거리를 두고 나에 대해 공정하고 객관적으로 말해줄 수 있는 사람이 있다는 것은 참으로 큰 행운이다.

혹시 주변에 그런 역할을 해줄 수 있는 누군가가 있다면 당장이라도 그 사람 마음에 다리부터 놓아야 한다. 어느 조직이든 조금만 관심을 가지고 자세히 살펴보면 여기저기서 관심을 많이 받고 있는 스타가 있기 마련이다. 그런 사람일수록 어느 특정그룹이 아닌 360도 전방위로 폭넓은 인간관계를 형성하여 조직 내에서 긍정적인 영향력을 발휘한다. 그런 사람과 친분관계를 만들어서 도움을 주고받을 수 있다면 조직생활은 훨씬 수월해진다.

내 경우가 그랬다. 첫 직장에서 힘들게 적응기를 보내고 있을 때 만난 선배는 지금까지도 인생의 좋은 선배로 남아 있다. 더구나 흔한 동기 하나 없이 망망대해에 혼자 던져졌던 내게 있어 그 선배는 큰 산과 같은 존재였다. 업무적인 면에서뿐만 아니라 심리적인 측면에서도 많은 의지가 되었다.

그 선배는 개방적인 성격을 십분 발휘하여 조직 구석구석에 추종자를 두었다. 선배 덕분에 아주 빠른 시간 내에 회사 핵심들과 가깝게 지낼 수 있었음은 물론이고 업무적으로 어려움이 있을 때마다 필요한 도움까지 받을 수 있었다. 딱히 어떻게 해야 할지 방향이 잡히지 않으면 먼저 그 선배를 찾아 조언을 구했다.

단도직입적인 성향을 가지고 있던 그는 말을 돌려서 하는 것을 싫어했다. 이 점은 그가 커뮤니케이션을 명확하게 하는 데에 도움이 되었지만 다른 한편으로는 따뜻한 커뮤니케이션의 장애물이 되기도 했다. 그럼에도 불구하고 사람들이 그 선배 주위로 몰리는 이유는 그의 능력의 크기가 장애물의 크기보다 훨씬 컸기 때문이었다.

그에게는 언제나 새로운 아이디어가 넘쳐났고 자신을 찾아오는 사람들의 생각을 자극하여 미처 생각하지 못했던 것을 볼 수 있게 해주었다. 직장생활을 시작한 지 얼마 되지 않았던 내게 그 선배는 일종의 우상이었다. 아주 사소한 것에서부터 중요한 일에 이르기까지 멋지게 일을 끝내는 것을 그냥 지켜보는 것만으로도 내가 배울 수 있는 것은 무궁무진했다.

당시 사회 초년생이던 나는 '배움'에 가장 큰 비중을 두었다. 그 선배 가까이에서 그가 하는 행동들을 지켜보며 잘 진행될 때는 왜 잘 진행되는지, 그렇지 못할 때는 왜 그런 반응을 얻을 수 없었는지 포인트를 찾아내려 노력했다.

동일한 사람이 하는 행동이 어떤 상황에서는 긍정적 반응을 만들어내지만, 다른 상황에서는 오히려 부정적인 반응을 만들어낼 수 있다는 사실을 그때 처음으로 알게 되었다. 인간관계는 상당히 상황적이면서도 상대적인 속성을 가지고 있다.

우리는 가끔 저녁을 함께하거나 맥주를 함께 마시며 내가 그에게서 배운 것을 이야기하기도 했는데, 그 분위기는 그런 이야기를 나누기에 안성맞춤이었다. 보통은 내 감탄이 주를 이루었지만, 어떤 때는 그가 왜 상대방으로부터 지원을 이끌어내지 못했는지 내가 본 바를 객관적으로 들려주기도 했다.

이런 대화의 과정이 내가 그의 마음으로 들어갈 수 있는 튼튼한 다리를 만드는 데 크게 기여했던 것 같다. 나와의 대화를 통해 그 또한 자신에 대한 객관적인 피드백을 들을 수 있었다. 나는 그에게 아주 까마득한 후배였지만 그는 내 피드백에 주의를 기울여주었고 우리 사이에는 단순한 선후배 이상의 신뢰가 하나씩 쌓여갔다.

누군가의 마음에 다리를 놓으려면 나 또한 그에게 뭔가를 줄 수 있어야 한다. 그로부터 멘토링을 받은 내가 돌려준 것은, 그를 거울처럼 비추어주는 피드백이었다. 경험이 많아질수록, 또는 위치가 높

27

아질수록 다른 사람으로부터 자신에 대한 피드백을 받는 것이 어려워진다. 그 또한 그랬을 것이다. 더구나 아주 뛰어난 능력자이니 그런 사람에게 피드백 주는 것은 여간 부담스런 일이 아닐 수 없다. 하지만 까마득한 후배였던 나는 겁없이 그에게 곧잘 피드백을 주었다.

선배나 상사에게 피드백 줄 때의 주의점은 그가 받아들일 수 있는 방법을 쓰라는 것이다. 아무리 좋은 의도라고 해도 피드백을 받는 것은 부담스런 일이고, 받는 사람의 내면에는 거부감과 저항감이 자연스레 일어난다. 그것을 미리 짐작해서 상대방이 수용할 수 있는 범위까지 이야기를 나누는 지혜가 필요하다. 우리가 서로의 마음에 놓인 다리를 지금까지 유지할 수 있었던 것은 서로가 상대방에 대해 어느 정도의 마지노선을 두었던 것이 크게 도움이 되었다.

20년이 넘는 기간 동안 조직생활을 해온 지금, 이런 생각이 가끔 든다. '직장생활에 막 뿌리를 내리기 시작했던 그 당시 내가 만약 다양한 직원들과의 관계에서 선배에게 했던 것처럼 그들 마음에 다리를 놓았더라면 현재 내 모습은 어떻게, 얼마나 달라졌을까?'

나보다 7년 선배였지만 그는 나이에 연연하지 않고 관계를 만드는 사람이었다. 그러다 보니 갓 대학을 졸업한 나하고도 공통적인 대화영역을 쉽게 만들 수 있었다. 어느 시점에서 어떻게 이야기를 나누어도 우리 둘은 상대방이 뜻하는 것이 무엇인지 어렵지 않게 짚어냈다.

나는 그 선배에게 업무뿐만 아니라 대인관계에서의 어려움도 편안하게 토로하였고, 그때마다 필요한 조언을 들을 수 있었다. 특히 직장을 옮길 때 또는 승진했을 때, 그는 중요한 시기마다 멘토로서 내게 많은 영향을 끼쳤다.

그에게는 자기에게 불리할 것 같은 점도 강점으로 만들어버리는 대단한 커뮤니케이션 파워가 있었다. 그래서 그런지 그의 주변에는 다양한 계층의 사람들이 언제나 들끓었다. 윗사람에게는 꼭 필요한 사람으로, 회의에서는 자신의 의견을 합리적으로 관철시킬 수 있는 카리스마로, 후배에게는 따뜻한 멘토로, 또 외부에는 마당발로, 업무가 끝나면 놀기 좋아하는 재미있는 친구로……

그 선배는 거의 동물적이라고 할 만큼 뛰어난 커뮤니케이션 감각을 지니고 있었다. 그의 지혜와 경험이 고비마다 그와 나 사이에 놓인 다리를 통해 무상으로 내게 건너와 큰 힘이 되었음은 물론이다.

모든 사람의 마음에 다리를 놓는다는 것은 현실적으로 불가능한 일이다. 그러므로 누구의 마음에 다리를 놓느냐는 점은 아주 중요하다.

하루 24시간은 누구에게나 동일하게 주어지는 법. 시간의 제약 속에서 누구와 어떤 관계로 어떻게 조직생활을 하는가는 나를 차별화시켜 주는 요소가 된다. 왜냐하면 이 또한 개인 업무의 생산성이나 효과성과 직결되기 때문이다.

조직에 대한 감각이 예민한 사람일수록 어떤 사람과 커뮤니케이션하는 것이 가장 효과적인지 빨리 간파한다. 앞에서는 한 마디도 못하다가 안전한 뒷자리에만 가면 할 말이 많아지는 그런 사람 옆에는 절대 가지 마라. 아무도 존경하지 않는 사람에게 쓸데없이 헛수고하는 셈이다. 그러나 지나치게 정치적인 사람에게 다리를 놓는 것도 권하고 싶지 않다. 정치성의 수명은 언제나 짧고 유동적이다. 쉽게 움직이는 것에 다리 놓는 것이야말로 하루만 살고 장렬하게 죽겠다는 것이다.

조직 내에서 장기적으로 성공하고 싶다면 긍정적이고 신뢰성 있으며, 광범위한 인정과 존경을 받고 있는 사람을 학습의 기준점으로 삼아야 한다. 그 사람이 보여주는 영향력의 근원이 어디 있는지 찾아내어 자신에게 대입해보라.

경우에 따라서는 그 방법이 내게 맞지 않을 수도 있다. 그렇다면 어느 부분이 맞지 않는지 찾아내어 내게 맞도록 수정한 다음, 자신만의 영향력을 필요로 하는 곳에 잘 사용한다면 사회생활 초기를 아주 잘 건널 수 있다.

그 선배는 내게 있어 탁월한 기준이었고 나는 그에게 놓은 다리로 인해 효과적으로 조직생활을 할 수 있었다.

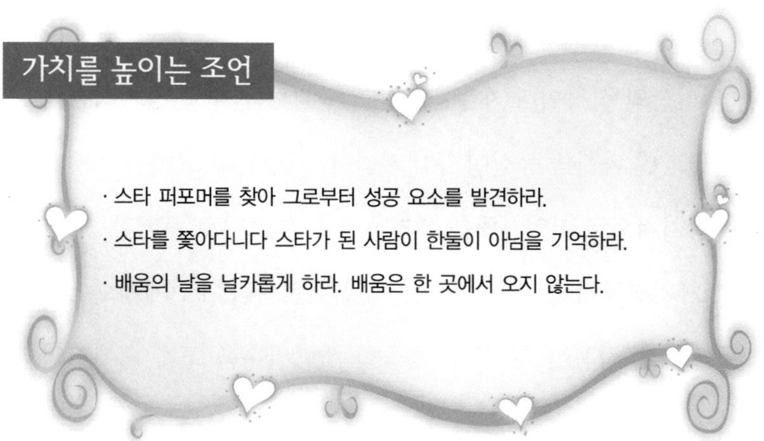

당신을 바꾸는 사소한 차이

한동안 가치경영이란 말이 유행한 적이 있다. 기업경영의 최우선순위를 매출증대, 시장확대, 이익증대에 두는 것이 아니라 기업의 중장기적 가치에 중점을 두는 경영방식을 의미한다. 외형상의 성장이나 재무제표상의 성장이 곧바로 장기적 성장으로 연결되던 과거의 등식이 무너지면서, 기업들의 고민이 어떻게 하면 중장기적으로 기업가치를 유지해갈 수 있느냐로 옮겨간 것이다.

이 가치경영이란 말은 조직에서 일하는 우리 개인에게도 얼마든지 동일하게 적용될 수 있다. 성공한 사람일수록 조직 내에서의 자기 가치를 전략적으로 잘 경영한다. 가치중심적으로 자신을 경영한 경우를 보면 대개 조직이 필요로 하는 가치를 남들보다 한발 앞서 찾아내고 스스로를 그에 맞춘 사람들이다.

그냥 열심히, 또는 상사가 시키니까 충성하면서 밤새워 일하는 것으로 성과를 인정받던 시대는 지나갔다. 열심히 일하는 것은 기본이지만, 그것이 우리를 차별화시켜 주지는 못한다. 왜냐하면 회사는 우리에게 그 이상을 기대하기 때문이다.

이제는 조직이 필요로 하는 것이 무엇인지, 또는 내가 만들어내는 성과가 조직에서 기대하는 수준인지 돌아보면서 자신을 조절할 줄 알아야 한다. 보다 중요한 점은 지금 내가 하는 이 일이 장기적 측면에서 내 가치를 높여주는 일인지에 대해 끊임없이 질문하고 해답을 찾을 수 있어야 한다는 것이다. 물론 지금 가지고 있는 해답이 영원한 해답은 아니다.

고객이 필요로 하는 제품이나 서비스를 시장에 한발 앞서 내놓음으로써 경쟁력을 유지하는 기업처럼 우리 개인에게도 그런 측면에서의 가치관리가 필요하다. 자세히 들여다보면 정말 훌륭한 기업은 고객이 필요조차 모르고 있을 때 고객의 니즈를 창조해가면서 사업을 이끌어간다. 이런 경우 고객충성도는 어떻겠는가? 두말하면 잔소리다. 당연히 그 회사의 뛰어난 예측력에 코가 꿰일 수밖에 없다.

HP에서 일하던 초기, 두 명의 후배직원이 있었다. 둘 다 좋은 대학 출신으로 일에 대한 욕심이 대단했다. 뿐만 아니라 나이도 같았는데 사업부만 다를 뿐 하는 일은 거의 비슷했다. 그러다 보니 의도치 않아도 그 둘은 언제나 비교대상이 되었다.

두 사람 모두 성과 평가 시점에서는 최고등급에 올랐는데, 한 명은 성격이 둥글둥글하며 잘 웃고, 대체로 다른 사람들과 원만한 관계를 잘 유지했기 때문에 누구와도 친하게 지냈다. 늦은 밤 복사기 소리가 나면 어김없이 그 친구였다. 그러다 보니 그 친구에 대해서는 다른 부서 매니저들도 딱히 나쁘게 이야기하지 않았다. 대체로 모든 사람들로부터 긍정적인 피드백을 받고 있었다.

반면 다른 한 친구는 똑같이 성과 평가는 높게 잘 받았지만 성과 평가를 논의하는 자리에서는 언제나 논란거리였다. 그 친구가 해내는 일은 기가 막힐 정도로 똑부러져서 흠잡는 사람이 어디 모자라는 게 아닌가 할 정도였다. 어떤 경우에는 누구도 시도하지 않았던 일을 해보겠다고 나서서 결국 성공적으로 마무리하기도 했다.

새로운 아이디어는 늘 그 친구 입에서 나와 논의할 정도로, 약방의 감초같은 존재였다. 한번은 회사 내에 노래모임을 만든다고 해 회원을 제대로 모을 수 있을까 우려했지만, 며칠 지나지 않아 회사 레크리에이션 클럽에 정식으로 등록시켰다. 한편으론 지독하다 싶으면서도 또 다른 한편으론 대단하다고 인정하지 않을 수 없었다.

부서 내 크고 작은 이벤트라도 있으면 언제나 자원해서 자기주도하에 이벤트를 성공적으로 끝냈다. 그 친구가 너무 잘난 탓에, 상대적으로 다른 직원들은 뭔가 찜찜하고 불편한 마음을 느껴야 했다. 그래서 매년 그 친구에 대해서는 팀워크 부분에서 얼마씩 꼭 격론을 거치곤 했다.

10년이 지난 지금 이 둘의 위치는 어떻게 되었을까? 두루두루 인정받고 무난하게 지내던 그 친구와, 새로운 일거리를 찾아 벌리기 좋아하고 안 끼는 곳 없이 쫓아다니며 온갖 시도는 다하던 그 친구가 서 있는 곳에는 어떤 차이가 생겼을까?

전자는 10명 남짓하는 마케팅 커뮤니케이션 회사에서 일하고 있고(물론 사이좋게), 후자는 200명이 넘는 직원들을 데리고 1,000억이 넘는 매출을 내는 사업본부장이 되어 있다.

그 둘이 현재 위치에서 얼마나 행복하냐는 문제는 제3자가 논하기 어렵다. 다만 두 사람이 가진 영향력의 범위는 크게 차이가 난다. 무엇이 그들의 현재 위치에 이렇게 큰 차이를 가져왔는지 궁금할 것이다. 한 친구는 그냥 운이 좋아서 1,000억 매출을 만들어내는 위치에 오게 된 것일까?

두 사람을 10년 넘게 지켜본 내 눈에 보이는 차이는 아주 사소하고 간단하다. 얼핏 보면 별거 아니라고 할 수 있는 이 '사소한 차이'가 10년이라는 시간 동안 엄청나게 큰 차이를 만들어낸 것이다. 자신의 가치를 어떻게 관리해왔느냐는 것이 바로 내가 본 '사소한 차이'다.

전자에 해당하는 친구도 정말 잘했고 지금 위치도 객관적으로 봤을 때 부족함이 없다. 그러나 원래 그가 가지고 있던 배경이나 역량을 고려해볼 때, 자신이 가지고 있던 것을 잘 활용하여 자기 가치를 관리하며 성장해왔느냐는 점에는 선뜻 동의하기 어렵다. 그가 선택했던 자신의 가치경영 계산법은 '1+1=2'의 등식에서 크게 벗어나지 않았다.

그러나 뒤에 소개한 후배의 등식은 상당히 다르다. '1+1=10' 또는 '1+2=25'와 같은 과감한 도약이 군데군데 있었다.

『성공한 커리어의 5가지 패턴』이라는 책에서 저자는 그랜드캐니언에 대해 잠깐 언급한다. 그랜드캐니언을 형성한 주요 원인은 많은 사람들이 믿고 있는 수세기에 걸친 침식이 아니라 라하르(lanars)라는 토석류(호우 뒤에 화산지역에 발생하는 암괴토사와 물의 혼합물이 홍수처럼 흘러내리는 현상)라고 한다. 자주 발생되는 현상은 아니지만, 단 한번의 라하르만으로도 수백 년 동안의 침식보다 엄청난 자연의 변화를 만들어낸다고 한다.

그랜드캐니언이 거대한 자연의 사건에 의해 만들어진 것처럼, 성공한 사람들의 커리어에도 일종의 라하르에 해당하는 사건들이 숨어 있다. 그런 사건들을 통해 자신의 가치에 거대한 도약을 가져온 것이다.

사실 학벌로만 따지면 앞에 소개한 친구가 뒤에 소개한 후배보다 훨씬 좋다. 그러나 우리 대부분이 일하고 있는 현실에서는 학벌에 대한 유효기간이 존재한다. 어느 정도의 시간이 흐르고 난 뒤에도, 학벌 이외에 다른 어떤 것을 자기 경력 위에 얹지 못하는 사람은 대학시절이 마지막 경력으로 남을 수밖에 없다.

많은 기업들은 학벌이 낮은 후배에게 더 높은 평점을 주고 유리천장으로 향하는 곳에 그가 앉을 자리를 마련해주었다. 자기 능력이나 역량에 대한 가치경영이 10년이 지난 후 그 두 사람을 구분 짓는 포인트로서의 역할을 한 것이다. 그는 끊임없이 자신의 가치를 전략적으로 경영함으로써 원래 자신이 가지고 있던 가치의 크기를 엄청나게 키워왔다. 마케팅이 절실할 때는 마케팅 현장에서, 영업을 긴박하게 드라이브해야 할 때는 영업 현장에서, 때로는 한발 물러나 아시아 · 태평양 지역에서 마케팅 지원팀으로, 보다 전략적으로 경쟁 상황에 직면해야 할 때는 전략기획업무를 함으로써 조직의 필요에 따라 자신을 변화시켜왔다.

남들이 칭찬하는 일이나 자신이 잘할 수 있는 일에 집착하기보다는 자신이 할 수 있는 새로운 영역으로 과감히 자신을 확장해간 것이다. 자신의 업무 영역을 확장해갈 때 그가 선택한 방식은 자신의 필요에 따라 움직이는 것이 아니라, 조직이 필요로 하는 곳에 자신의 가치를 두는 것이었다. 물론 그로 인한 불편함도 상당했을 것이다.

그럼에도 불구하고 조직에 대한 기여를 자신의 최고가치로 여긴 그의 전방위경험은 시간이 지나면서 리더로서의 성장가능성을 보였고, 새로운 자리가 생길 때마다 언제나 그의 이름이 거론되었다. 종합적인 의사결정자로서의 역할이 요구되는 사업 총괄직이, 그 친구처럼 조직 내에서 다양한 경험을 두루 거친 사람에게 돌아가는 것은 너무나 당연한 귀결이다.

얼마 전 그 친구가 당분간 싱가폴에서 일하기로 했다며 인사차 찾아왔었다. 그의 리더십하에 이룬 한국시장에서의 성공이 아시아 전체 성과에 크게 기여한 점을 높이 인정받아 그 사업본부의 아시아 책임자로 가게 되었다는 것이다. 그는 아시아 · 태평양 본부에서 자신에게 기대하는 점이 무엇이라고 생각하느냐는 내 질문에 웃으며 "지금부터 해야 할 첫 번째 일이 바로 그 답을 찾는 겁니다"라고 대답했다.

내 방을 나가는 그의 뒷모습을 보며 나는 그가 또 한번 멋지게 사고칠 것을 의심치 않는다. 그가 생각해낼 가치가 무엇이든 그는 그 가치의 중심에 자신을 둘 것이고 그로 인해 또 다른 모험을 감행할 것이 틀림없기 때문이다.

만약 장기적인 성공을 꿈꾼다면 지금부터라도 당신이 조직에 줄 수 있는 가치가 무엇인지 생각해야 한다. 그러나 기업이 원하는 가치도 환경 변화에 따라 얼마든지 바뀐다는 점을 반드시 기억해야 한다. 조직이 필요로 하는 가치를 찾기 위해서는 그보다 먼저 환경 변화의 추이를 놓치지 말아야 한다.

기업이 필요로 하는 가치를 찾기 위해 노력하되, 현재 필요로 하는 가치에만 초점을 맞추는 실수는 범하지 말아야 한다. 어느 조직이든 현재는 가장 바쁘고 급박한 일이 있기 마련이다. 자신을 바쁘고 급한 일에 맞추기 시작하면 장기적 관점을 생각할 겨를이 없다.

급한 일은 급한 대로 처리하되 정기적으로 얼마간이라도 시간을 내어, 한발 물러나서 전체를 조망하는 위치에 자신을 두고 현재 벌어지고 있는 상황 전체를 감상하도록 하라. 그러면 어디에 힘이 지나치게 많이 들어가 있고 또 어디에는 기운이 빠져 있는지 눈에 들어올 것이다.

대체로 힘이 너무 많이 들어가 있거나 힘이 너무 빠진 곳에는 당신의 가치를 높여줄 수 있는 부분이 있다. 하지만 너무 쉽게 생각하는 건 금물이다. 그것을 찾아내는 것이야말로 가치중심적인 자기경영의 핵심이기 때문이다.

나이	학력	업무	가정	취미 · 여가
5~15세				
16~25세				
26~35세				
36~45세				
46세 이상				

당신이 현재 35세라면, 위 표를 활용하여 지난 시간들을 돌아보고 학력, 업무, 가정 안에서 또는 취미나 여가생활 가운데 자신에게 자긍심을 느끼게 하는 일들을 기록해보라. 지금 당신이 생각하는 것보다 당신이 훨씬 가치 있다는 사실을 느끼게 될 것이다. 뿐만 아니라 이미 당신이 가지고 있음에도 불구하고 까마득히 잊어버리고 있던 당신의 가치를 새롭게 발견할 수도 있다. 만약 그렇지 못하다고 해도 그리 걱정할 필요는 없다. 위 표에 기록하면서 지금부터라도 당신이 활용하여 새로운 가치로 이끌어갈 수 있는 부분을 찾으면 된다. 어떤 때도 너무 늦은 때는 없다는 사실을 기억하라.

익숙한 세계에 안주하지 마라

대체로 사람들은 '첫 번째'에 대해 관대하며, 미련을 가진다. 그래서 사랑도 첫사랑은 아련하고 오랫동안 안개처럼 기억에 남아 있다. 그러다 보니 아닌 줄 알면서도 '혹시나' 하는 마음 때문에 단호해지지 못하고 조금 더 기회를 주려고 한다. 하지만 그것이야말로 이젠 싫어졌으니 헤어지자는 애인의 바짓가랑이를 붙잡고 다시 한번 잘 살아보자고 애원하는 것과 다를 바 없다. 설사 싫다던 애인이 어쩔 수 없이 주저앉는다고 치자. 그러나 뭐하겠는가, 이미 사랑은 깨진 걸.

직장도 그런 것 같다. 가장 좋은 건 모든 걸 다 알고 입사하는 것이지만 그게 쉬운 일은 아니다. 일단 입사하면 맡은 일을 위해 나름 대로 최선을 다해보지만 그래도 도저히 안 되겠다는 마음이 들 때가 있다.

내 첫 직장이 그랬다. 사보를 기획해서 만들어내는 일이 대단한 책을 출판하는 것과 비교할 수는 없지만 그런대로 회사 내부의 모든 것들을 꿰뚫어볼 수 있는 위치라는 점은 내 직장생활에 상당히 도움이 되었다.

말하자면 큰 그림을 볼 수 있는 기회가 많았다. 뿐만 아니라 회사 내에서만 기삿거리를 찾는 것이 아니라 사회 구석구석에서도 기삿거리를 찾아야 했던 만큼 나름대로 사회에 대한 다양한 시각을 가질 수 있게 해주었다. 꽤 재미있게 일하고 있었지만 1년 6개월 정도 지났을 무렵, 당시 한 임원과 함께한 저녁식사 자리에서 심한 실망감을 느낀 후로 회사뿐 아니라 내가 하는 일을 다시 생각하게 되었다.

지금은 그래도 사회 전반이 비교적 투명한 시스템을 갖추고 있지만 당시만 해도 비정상적인 사업 관행이 꽤 많이 통용되던 시기였다. 병아리 딱지만 간신히 뗀 내 입장에서는 비정상적인 사업 관행을 정상적인 것처럼 지시하고 받아들이는 형태의 대화가 편안할 리 없었다.

앞으로 내가 계속 직장생활을 할 경우 3년 뒤, 또는 5년 뒤의 내 모습은 어떨까를 생각하면 마음이 답답해졌다. 옳지 않다고 판단하면서도 계속 그 상황에 남는다면 몇 년 뒤에 어떤 결과를 만들지 한 달이 넘도록 곰곰이 생각해보았다. 회사에 남느냐, 아니면 떠나느냐에 대한 절박한 고민이었다. 아무리 생각해도 그건 아니었다. 나 자신을 바람직하지 못한 것과 맞바꿀 수는 없었다.

내 고민은 주로 두 가지 영역에서 벌어졌다. 제일 먼저 고려했던 것은 내 삶의 가치관이었다. 어떻게 살아갈 것인가에 대한 근본적인 부분에서 봤을 때 그곳은 내 가치관과 부합되는 곳이 아니었다. 그곳에 몇 년을 더 있는다고 해도 그 시간들이 나에게 긍정적 영향을 줄 것이라는 판단이 서지 않았다. 설사 승진해서 직위가 올라가도 내 내부에서 나오는 가치관의 소리와 현실에서 나오는 소리 사이에는 끊임없는 불협화음이 있을 것이다. 그로 인해 나는 스스로와 힘든 싸움을 해야 할 것이 뻔했다. 그렇다고 간을 씻어서 바닷가 바위 위에 놓고 왔다고 거짓말하는 토끼로 살 수는 없었다.

두 번째 고민은 회사 자체의 가능성이었다. 말은 키워서 제주도로 보내고 사람은 서울로 보내라는 옛말이 있듯, 이 조직이 내게 '서울'이 되어줄까 하는 의구심이었다. 얼마나 성장할 수 있을 것인가에 대해 생각해보면 내게 그렇게 많은 성장 기회가 주어질 것 같지 않았다. 또 이 조직에서 열심히 일한 경험이 다른 곳으로 옮겨가도 충분히 가치를 인정받을 수 있을 것인가 생각해볼 때 고개를 저을 수밖에 없었다. 고민하는 시간은 길었지만 결정은 아주 간단했다. 바로 사직의사를 전달했다.

자신이 성공하기 위해서는 그에 필요한 경험을 쌓는 것이 중요하다. 성공한 사람일수록 어떤 경험이 필요한지 기가 막히게 알아낸다. 뿐만 아니라 그 경험을 쌓기 위해 어디로 가야 하는지 잘 알고 또 그곳에서 실제로 경험을 쌓아간다. 내가 일하고 있는 조직이 과연 그런 경험을 쌓기에 충분한 곳인지 질문하는 것은 개인이나 조직 모두에게 아주 중요한 절차다.

물론 회사를 옮길 때나 새로 입사를 고려할 때도 회사에 대해 동일한 질문을 하면 훨씬 쉽게 답을 얻을 수 있다. 요즘은 회사 홈페이지에 가면 얼마든지 회사에 관한 정보를 얻을 수 있다. 많은 정보 가운데 특히 회사의 미션, 비전, 그리고 핵심 가치를 자세히 살펴볼 필요가 있다. 대체적으로 이 세 가지가 회사경영의 기본방향이기 때문이다. 나머지 세부운영사항들이 모두 이 세 가지에서 나오는 만큼 이것들은 회사를 이해하는 데 아주 중요한 역할을 한다.

특히, 기업가치는 조직 행동과 연결되고 그것이 곧 조직원들의 일상적 행동에 영향을 주기 때문에 자신의 행동과도 중요한 상관관계를 갖는다. 내가 고민했던 두 번째 부분이 바로 이것이다. 회사는 장기적 성장보다는 단기성과에 급급했고, 단기성과 결과에 따라 직원들을 사용했기 때문에 내가 존중받고 있다는 느낌을 갖기 어려웠다. 이렇다 보니 내 성장이 회사의 성장과 함께 갈 것이라는 생각은 꿈도 꿀 수 없었다.

당연히 나는 회사에 사표를 제출했다. 당시 내 상사는 새로 온 분이었는데, 자신이 오자마자 직원 한 명이 사표를 제출하니 그분으로서도 무척 당황스러웠을 것이다. 그분을 한참 동안 만나야 하는 번거로운 절차를 거치긴 했지만 지금 그때로 돌아간다고 해도 내가 내리는 결정은 동일할 것이다.

정말 사랑하는 사람이 내게서 마음을 거둬 다른 사람에게로 옮겨갔다는 생각이 든다면 괜히 붙잡고 늘어지는 부질없는 노력은 하지 않는 게 좋다. 깨진 항아리를 붙여서 물을 담는다고 해도 물은 새는 법, 이왕이면 새지 않을 새 그릇을 찾는데 시간을 투자하는 것이 더 현명하다.

한 개인의 마음을 잡는 것도 그렇게 힘든데 하물며 퇴적암처럼 굳어진 기업의 관행을 바꾸는 것은 말할 것도 없다. 흐르는 물길을 돌리는 것은 여간 힘든 일이 아니다. 정말 아니라는 생각이 들고, 아무리 생각해도 그 생각이 옳다면, 과감하게 튀어나가라. 신은 한쪽 문을 잠그면 반드시 그곳을 벗어날 다른 한쪽 문은 열어둔다고 하지 않았던가. 닫힌 문의 문고리를 잡고 미련에 몸서리치기보다는 얼른 눈 씻고 또 다른 출구를 찾아나서는 것이 현명하다. 반드시 어딘가 나갈 문이 열려 있다. 새로운 것을 보려면 내 관점 또한 새로운 것으로 바꿔야 한다는 점만 기억한다면 더 크고 좋은 기회를 만날 수 있을 것이다.

적어도 내 경우에는 그랬다. 한곳을 힘들게 정리하고 나니 다른 곳을 바라볼 수 있는 심리적 공간이 생겼다. 비로소 내 시장가치를 객관적으로 평가해볼 수 있었다. 그렇게 평가한 내 가치 만큼 내가 가질 수 있는 대안들을 여러 각도에서 생각해보았다. 그 대안을 어떻게 하면 현실화할 수 있는지 고민하는 과정에서 내가 가진 상자가 얼마나 두꺼운지 절실히 깨달을 수 있었다.

그런 과정을 거치면서 이전에는 생각하지도 못했던 다양한 산업이나 다양한 기업들을 살펴볼 여유가 생겼다. 내 관심의 영역이 당시 내가 속해 있던 하나의 기업에서 벗어나 다양한 분야로 확대됨으로써 내 눈은 점점 커지고, 그 눈을 통해 더 많은 기회요소들이 들어오기 시작했다. 찾는 사람에게는 기회가 보이지만 찾지 않는 사람에게는 스쳐지나가는 것이 또한 기회다.

결국 나는 이렇게 들어온 많은 정보들을 좁혀가면서 새로운 커리어를 찾았다. 설립초기부터 일하던 선배의 소개로 인연을 맺게 된 HP에서 내 인생의 황금기인 20대와 30대를 모두 보내는 행운을 가졌다.

내가 굳이 행운이라는 이름을 붙인 데는 그럴 만한 이유가 있다. HP에서 근무하는 동안 원래 내 능력보다 훨씬 많은 기회를 누렸고, 기회와 그에 따른 위험을 받아들일 때마다 내 역량은 상당한 비약을 거듭하게 되었다. 더구나 기업 문화나 핵심 가치 또한 내 자신의 가치와 갈등을 일으킬만한 것이 없었기 때문에 충분히 즐기면서 일할 수 있었다. 이 정도면 행운이라고 할 수 있을 것이다.

떠나야 할 때와 머물러야 할 때를 구분하는 것은 쉬운 일이 아니다. 그러나 보다 중요한 것은 그 두 가지를 구분하는 데 있는 것이 아니라, 구분할 때 사용하는 판단의 근거와 기준이다. 기준이 잘못되면 측정 자체가 잘못되는 것처럼 우리가 결정할 때 사용하는 기준이 잘못되면 좋은 판단을 내릴 수 없다. 좋은 기준은 단순한 현상에 머무르지 않고 개인의 가치관이나 철학, 욕구, 비전으로 이어진다.

등소평은 당시의 정치적 시류에 따라 움직이지 않았기 때문에 정치적 폭풍이 지나간 후에도 살아남을 수 있었다. 거듭 생각해보아도 아니라면 이젠 과감히 결별을 선언할 수 있어야 한다. 쿨하게 헤어져야 새로운 기업에서 새로운 사랑을 쌓아갈 수 있다.

가치를 높이는 조언

· 막연한 승진이나 성공보다 꼭 그렇게 해야만 할 내적 동기를 찾아라.
· 높은 연봉을 쫓기보다 당신의 시장가치를 키워줄 수 있는 성장 기회를 쫓아라. 당신에게 가치가 있는한 연봉에 대한 통제권은 당신 손안에 있다.
· 넓은 바다를 항해하고 싶다면 다시는 편안한 곳으로 돌아가지 못하도록 확실한 배수진을 쳐라.
· 가장 중요한 기회는 문제가 가장 심각한 곳에 있다는 점을 기억하라.
· 당신의 성공은 당신이 어떤 경험을 하느냐에 따라 결정된다.

2

Restart
두려움을 깨고 다시 시작

다양한 장르를 익혀라

감각적으로 미래를 준비하라

그를 내 편으로 포섭하라

스스로 자유로워져라

상사는 당신 하기 나름이다

라이벌보다 먼저 배워라

적극적으로 신세를 져라

당신의 뒷모습에 주목하라

다양한 장르를 익혀라

교육은 할 일 없고 시간 많은 사람이나 가는 것이란 말을 자주 듣는다. 정말 그럴까? 천만의 말씀이다.

조직 내에서 당신을 뭔가 다른 존재로 만들고 싶다면 조직에 흐르는 일상적 통념부터 버려야 한다. 6개월만 성공하고 싶다면, 또는 1년만 성공하고 싶다면 교육 같은 건 받지 않아도 된다. 그 시간에 열심히 뛰어 칭찬 한 번 더 받는 것이 중요하고, 숫자 채우는 것이 더 중요하다. 그렇지만 5년이 지나도, 또는 10년이 지나도 계속 앞으로 나아갈 수 있는 사람이 되고 싶다면 교육에 우선순위를 두어야 한다.

회사에서는 크게 두 가지 방향에서 교육 프로그램을 기획하고 도입한다. 하나는 업무수행에 필요한 지식이나 스킬을 위한 프로그램이고 다른 하나는 변화를 위한 프로그램이다. 물론 이 두 가지 교육 모두 빠지지 않아야 하지만, 단순한 스킬 관련 프로그램보다 변화 관련 교육 프로그램일 경우 불참석으로 인한 피해가 훨씬 크다.

미래를 위해 변화를 결정한 기업은 대부분 변화 작업의 일환으로 교육을 실시한다. 그런 교육에 빠진 당신은 미래에 필요한 것을 미리 갖출 수 있는 좋은 기회를 스스로 차버린 셈이다. 내게도 굴러 들어온 쪽박을 깨버린 가슴 아픈 기억이 있다.

영업지원에서 일을 할 때, 당시 내가 속한 조직은 흔한 말로 분위기 끝내주는 조직이었다. 사람 좋기로 유명한 상사와 순하고 협조적인 팀원들, 그리고 무엇보다 나를 괴롭히는 사람 하나 없었으니 그야말로 최고의 근무환경이었다. 첫 직장에서 워낙 재미없게 근무했던 탓에 당시 나는 아침에 회사에 출근하는 것을 저녁에 집에 들어오는 것보다 더 좋아했을 정도였다.

당시 회사는 매달 놀랄 만큼 성장가도에 있었다. 모두가 성장이란 말에 무감각해질 정도로 매달 영업실적이 새롭게 갱신되고 있었으니 웬만큼 잘해서는 명함도 못 내밀 정도였다. 회사에서도 직원들에게 최고로 대우해주었다. 아침이면 도너츠와 음료수가 까페테리아에서 직원들의 출근을 기다리고 있었고, 10시면 커피타임, 점심식사 후 조금 일하다 보면 3시, 또 오후 커피타임이었다.

회사의 경영철학 또한 최고였다. MBA과정에서 언제나 언급되고 있는 성공사례였으니 직원들의 만족도는 하늘에 닿아 있었다. 비즈니스가 잘 되니 다른 모든 조직들도 덩달아 성장하고, 직원채용이 인사부 업무에서 가장 많은 부분을 차지할 정도로 비즈니스는 성장가도를 달리고 있었다.

태평성대에도 고민은 생긴다고, 그러던 어느 날 내게 느닷없는 제안이 들어왔다. 마케팅지원팀으로 가지 않겠느냐는 것이었다.

당시 회사에는 독특한 채용규정이 있었다. 부서를 막론하고 신규채용이 필요한 부서장은 먼저 사내공고부터 내야 했다. 필요한 요건을 정리해서 인사부에 넘기면 인사부에서 전 직원을 대상으로 채용공고를 한다. 관심 있는 직원은 누구든 그 자리에 지원할 수 있었고 내부 지원자에게는 외부 지원자보다 우선권이 주어졌다. 물론 반드시 내부에서 채용해야 하는 것은 아니지만 기존 직원들에게 경력개발의 기회를 먼저 준다는 회사의 배려였다.

마케팅지원 자리에 대한 사내채용 공고가 났으나 무관심하게 지나친 내게 정식으로 제안이 온 것이다. 마케팅 업무를 해보고 싶어는 했지만 당시 마케팅 임원과 그 조직 문화에 대한 회사 내 평가가 인색했던 터라 굳이 분위기 좋은 영업부를 마다하고 간다는 것은 쉬운 일이 아니었다. 사내 경력자에게 먼저 기회를 준다는 취지였지만 사실 누구도 선뜻 지원하지 않았다. 나 또한 영업지원팀에 남겠다고 최종 대답을 했다.

그러나 게임은 거기서 끝나지 않았다. 어느 날 사장실에서 전화가 왔다. 사장이 나를 보자는 것이었다. 직원존중이 중요한 경영철학이었음에도 불구하고 당시 사장은 카리스마로 정평이 나있었다. 원칙만은 절대 타협하지 않던 사람이었다.

미국본사의 경영철학이나 사업 관행을 한국에 정착시킬 목적으로 온 사장이니 어떠했겠는가. 국내 고객사들이 가격할인을 요청해도 할인을 통해서는 비즈니스를 하지 않겠다는 점을 명확히 하면서 품질을 강조한 영업을 주문했다. 학교나 연구소 이외의 할인 요청에 대해서는 절대 결재해주지 않았다. 그가 원칙적인 영업을 고수하는 바람에 영업사원들이 힘들어하던 터였다.

그런 원칙주의자가 나를 부른다니 겁부터 났다. 아무리 생각해도 사장이 나를 부를 일이 없었다. 궁금해하다가 사장비서실에 확인해보니 마케팅지원팀으로 나를 보내기 위해 만나고 싶어한다는 것이었다.

이만저만한 큰일이 아니었다. 그와의 대화에서 비켜날 길이 막연했다. 일단 마케팅지원팀으로 가지 않겠다는 내 이유를 명확하게 제시하지 않는 이상 피해 나갈 방법이 없었다. 모든 직원들이 동물농장이라고 부를 정도로 평범하지 않는 직원들이 모여 있는 마케팅팀으로 가야 하다니……. 이렇게 좋은 태평성대를 두고. 앞이 깜깜했다. 무슨 이유를 대야 할지 생각이 떠오르지 않았다.

일단 영업을 해보고 싶다는 것을 최종 이유로 내세우기로 했다. 워낙 기술 영업이다 보니 당시 회사 내에는 여성 영업사원이 전무했다. 우리 회사뿐만 아니라 아마도 정보통신 산업 자체에 여성 영업사원이 거의 없었던 것으로 기억한다. 생각하고 보니 그럴듯했다. 사장이 심하게 밀어부치지 않을 것 같다는 예감이 들었다.

드디어 사장실에서 사장을 만났다. 여느 때처럼 사장의 얼굴과 대화는 부드럽기 그지없었으나 그의 목소리에는 확고부동함이 그대로 나타났다. 그는 내가 평소 마케팅 업무에 관심을 가지고 있었던 점을 알고 있다면서 지금 지원 업무를 시작으로 다음에는 본격적인 마케팅 업무를 해보는 게 어떠냐는 제안을 하였다. 무슨 이유 때문에 사장이 마케팅지원팀 직원 채용에 그렇게 깊게 관여하는지 알지 못하던 나로서는 사장과의 대화가 힘겹기만 했다. 한국말도 아닌 영어로 대화를 이어가야 하니 얼마나 진땀이 났겠는가.

조심스럽게 영업을 해보고 싶다는 말을 했다. 가만히 듣고 있던 사장은 왜 영업을 원하는지 물어왔다. 진심으로 영업을 하려 했던 것이 아니었기 때문에 설득력 있는 대답이 나올 리 없었다. 영업지원을 하다 보니 나도 해보고 싶다는 도전의식이 생겼다는 말로 간신히 응수했더니 사장은 더 강하게 설득해왔다.

사업이 급성장하면서 영업활동을 지원하기 위한 마케팅이 지금 회사에는 매우 중요하다는 점과 마케팅과 영업은 떨어질 수 없는 만큼 마케팅 업무를 익힌 다음에도 얼마든지 영업으로 갈 수 있다는 점을 들어가면서 부서 이동을 강하게 주문해왔다.

내 마음속에서는 도대체 사람들이 얼마나 마케팅지원팀을 회피하면 나를 이렇게까지 붙잡고 설득할까 하는 생각이 들었다. 그쯤 되니 그 팀에 합류하기가 더 싫어졌다. 어떻게든 빠져나가야 한다는 생각만 들었다. 그래도 영업지원팀에 남아서 기회를 보겠다는 말로 깡을 부렸다.

더는상 강요할 수 없었던 사장은 결국 내 뜻을 존중해준다면서 그렇게 대화를 끝냈다. 사장실을 나오기 전 사장이 남긴 마지막 말은 지금까지 뚜렷이 기억에 남아 있다. 편안한 도전은 없다는 말을 하면서 회사의 성장기에 주어지는 기회들을 놓치지 말고 기꺼이 선택할 수 있어야 개인의 성장도 이룰 수 있다는 것이었다. 정체된 조직에서는 기회조차 갖기 어려운데, 지금 주어지는 이 기회의 밥그릇을 걷어차는 내가 그로서는 어지간히 이해하기 어려웠던 모양이다.

물론 사장과의 대화를 끝내고 돌아오자 기다리던 내 상사는 잘했다면서 등을 두드려주었다. 그리고 나 또한 잘했다는 생각과 다른 한편으로는 의리를 지켰다는 기분으로 마음을 다독였다.

지금 생각하면 실소를 금할 수 없는 해프닝이지만 그 당시에는 등골이 오싹하는 한판이었다. 그러나 그 한판에서 내가 완벽히 패배했다는 사실을 알기까지는 그리 오랜 시간이 걸리지 않았다.

그 자리는 결국 외부 채용으로 메워졌고 새로 들어온 여직원은 얼마 지나지 않아 마케팅팀의 한자리를 꿰차고 회사의 주목을 받기 시작했다. 워낙 급성장하던 터라 영업전략만으로 움직이던 초기 사업 전략의 한계점이 드러나면서 마케팅전략을 통한 획기적인 사업 성장을 도모하던 때였으니, 마케팅부서의 중요성은 점점 커지고 마케터들의 입김도 그만큼 강해졌다.

영업부에 앉아 그 급변하는 상황을 지켜보던 나는 한치 앞을 보지 못하던 내 무지에 한탄할 뿐이었다. 회사를 장기적 관점에서 보지 못하던 나는 영원히 영업이 다른 조직에 비해 강한 입김을 가질 것이고, 입김 센 영업부서에서의 편안한 근무가 오래갈 것으로 착각하고 있었다. 더 바보 같았던 점은 그토록 사장이 설명해줘도 그

말뜻조차 제대로 알아듣지 못했으니 얼마나 어리석었던가.

그때의 일은 두고두고 내게 교훈이 되는데, 난 커리어의 다음 단계로 점프할 수 있는 확실한 배움의 기회를 스스로 포기한 것이었다. 미래의 경력 목표를 생각하며 어떤 경력개발 로드맵을 거쳐가는 것이 가장 효과적인 것인지 한 번만이라도 생각했다면 그 기회를 피해서는 안 되는 것이었다.

그 이후 나는 어떤 일이든 일단 하겠다는 말부터 하고, 프로젝트도 가급적이면 새로운 프로젝트를 선호한다. 남보다 위험을 먼저 받아들이면 그에 대한 프리미엄이 따른다는 사실을 절실히 느꼈기 때문이다.

이 글을 읽고 있는 당신이 진정으로 조직 내에서 성장하고 싶다면 어떤 것이 기회인지 판단할 수 있는 인식능력부터 갖춰야 한다. 그러기 위해서는 우선 기회의 모습으로 오는 것을 조직전체 차원에서 재해석할 수 있어야 한다. 현재 상황에서만 바라본다면 내가 범한 실수를 그대로 따라갈 뿐이다.

한발 물러나 그것이 조직전체 또는 사업 전략상 어떤 의미를 갖는지 고려해야 한다. 회사에서는 어떤 것도 의미 없는 결정을 내리지 않는다. 반드시 그 결정 뒤에는 그럴만한 배경이 존재한다. 당신이 그 배경을 파악할 수 있다면 결정 내리기는 쉽다. 내 경우 회사 전략상 변화가 올 것이라는 배경을 제대로 파악하지 않아서 걸어 들어오는 복을 찬 셈이다.

배움에는 과식이 없다. 당신이 경력의 사다리를 올라가고 싶다면 배움의 장르를 다양하게 해야 한다. 배움은 회사 내부에서 주어지는 것도 있지만 외부에서도 얼마든지 찾을 수 있다. 양쪽의 기회를 전략적으로 잘 활용하는 것에 초점을 맞추어야 한다.

우선 내부 기회라도 잘 활용하는 것이 중요하다. 회사 내부에서 주어지는 것은 말 그대로 교육에 참석하는 것도 있지만 새로운 프로젝트의 일원으로 참여하는 것이 될 수도 있고, 해보지 않았던 업무를 자원하는 것도 당신의 경력을 빛내주는 요인이 된다. 다른 부서와 함께 하는 프로젝트라면 당신의 역량을 다른 부서에도 보여줄 수 있는 훌륭한 기회라는 점을 잊어서는 안 된다.

전사적인 프로젝트라면 더욱 그러하다. 아마도 사장을 포함한 임원진이 프로젝트 진행상황을 검토할 테니 당신에게는 멋진 프레젠테이션 기회가 주어질 것이다. 많은 기회에 노출될수록 당신의 배움은 더욱 깊어지고, 당신이 가진 그 경험 때문에 당신을 필요로 하는 곳은 점점 더 많아질 것이다.

교육은 절대 할 일 없고 시간 많은 사람이나 가는 곳이 아니다.

당신과 경쟁 상대에 있는 바로 그 사람은 교육을 당장의 일보다 더 중요하게 생각한다는 점을 알아야 한다. 자신의 미래가치를 키우고 싶어하는 사람은 언제나 새로 소개되는 교육 기회를 놓치지 않는다. "우리 회사에는 교육 기회가 충분하지 않아"라고 불평하면서 아무 것도 하지 않는 당신이라면 교육 기회뿐만 아니라 성장 기회도 놓친다는 점을 명심해야 한다.

"기회는 자신을 기다려주는 사람의 눈에만 기회의 모습으로 보이는 법이다."

가치를 높이는 조언

- 작은 일을 잘 할 수 있는 사람에게만 큰 일이 주어진다.
- 거시적이고 종합적인 관점에서 당신의 가치를 디자인하고 실행으로 옮겨라.
- 당신의 잠재가능성을 현실로 전환시켜줄 수 있는 조직이나 기회를 찾아라.
- 변화 자체보다는 변화를 불러오는 요인에 관심을 가지고, 그것이 당신에게 주는 의미를 찾아라.
- 당신의 가치를 확장시켜줄 수 있다면 기꺼이 잡식성이 되라.

감각적으로 미래를 준비하라

우리 인생에 유년기, 청소년기, 청년기, 장년기, 노년기가 있듯 기업에도 수명주기가 있다. 이제 막 사업을 시작한 어떤 기업은 유년기를 겪고 있을 것이고, 또 성공적으로 고객에게 제품을 소개한 기업은 청소년기를 보내고 있을지도 모른다.

한편, 다음 제품을 빠른 시간 내에 시장에 내놓지 못하면 그 기업의 수명은 거기서 끝나고 만다. 한 장의 음반을 내고 기억에서 사라지는 수많은 단타 가수처럼. 그러나 제품의 수명이 미처 끝나기도 전에 다음 세대의 제품을 출시하면서 영원한 장년기를 즐기는 기업도 있다.

2년 전 샌디에고에서 개최된 워크숍에 참석했을 때 디트로이트에서 온 모 자동차 회사 매니저를 호텔 레스토랑에서 만났다. 그는 아주 자랑스럽게 삼성전자의 애니콜을 보이며 최고의 제품임을 거듭 강조했다.

한국을 꾸역꾸역 설명하지 않아도 이젠 한국을 대표하는 글로벌 브랜드 덕분에 상대편에서 오히려 우리 브랜드나 기업에 대해 말을 걸어오는 것을 심심찮게 경험한다. 한 제품이 시장에 출시되기도 전에 이미 다음 세대 제품이 거의 결정될 정도이니 제품 포트폴리오 전략에 혀를 내두를 정도다.

워크숍 마지막 날, 그 친구와 함께 샌디에고 해변에서 일몰을 즐기게 되었다. 그 친구나 나나 모두 비행시간이 새벽으로 되어 있어 딱히 시간을 보낼 방법도 마땅치 않아 와인 한 병 사들고 머리 위에 정지한 듯 떠 있는 태양을 즐기러 해변으로 나갔다.

그 친구는 나와 다른 프로그램에 참석 중이었지만, 아침식사 때 호텔 레스토랑에서 함께 앉게 된 인연으로 이런저런 이야기를 하다 마지막 날 오후와 저녁을 함께 지내게 된 것이다.

나이지리아에서 미국으로 유학 온 나이지리아 명문가 출신이라고 자신을 소개한 그 친구는 미국기업에서의 근무가 쉽지 않다고 했다. 그런데 어떻게 매니저 위치까지 올 수 있었느냐, 성공 비결이 도대체 뭐냐는 내 말에 아직 성공이라 말하기에는 이르지만 한 가지는 말해줄 수 있다며 웃었다.

유학 왔다가 일을 하게 된 경우이기 때문에 딱히 인맥이 없었던 그 친구는 알아서 기는 것밖에는 별다른 방법이 없었다고 했다. 다른 사람들이 미처 움직이기도 전에 자신은 운동장으로 뛰어나가 즉시 뛸 준비를 하고 있어야만 했다. 그래야 준비된 그에게 기회가 주어졌기 때문이다. 말하자면 주어지는 기회마다 자신을 확실하게 보여줄 수 있는 기회로 만들었다는 것이다.

다른 사람보다 한발 앞서기 위해서는 어디로 얼마만큼 움직여야 하는지 평소에 생각해두지 않으면 불가능한 일이다. 조직이 필요로 하는 것을 기회가 될 때마다 고민하고 생각해두지 않으면 무엇이 기회인지조차 알지 못한다. 특히 요즘처럼 지원자가 줄서서 기다리고 있는 현실에서는 더욱 그렇다.

그 친구의 경우는 조직 내에서 소수에 속한 여성 직원들에게도 비슷하게 적용된다. 혈연, 지연, 학연으로 똘똘 뭉친 남성 직원들 사이에서 여성으로서 기회를 갖기란 그만큼 처절한 노력이 뒷받침되지 않으면 힘들다.

초급 관리자 시절의 내 경우도 나이지리아에서 온 그 친구와 크게 다를 바 없었다. 주로 여직원들이 지원 업무에 근무했던 터라 외

65

부 워크숍을 갈 때에도 여직원들은 빼고 가는 경우가 허다했다. 안 가면 그만이라는 식으로 생각하고 말 수도 있지만 그런 기회에 참석하지 못한다는 것은 결국 자신을 정보의 사각지대에 감금시키는 결과를 초래할 뿐이라는 사실을 나는 너무도 잘 알고 있었다.

정보가 부족하면 효과적으로 대화에 낄 수도 없고 결국 그건 고스란히 능력부족이라는 딱지로 되돌아오기 때문이다.

한번은 영업, 마케팅부서 전원이 가는 외부 워크숍 기획이 내 일로 떨어졌다. 사업본부장과 회의를 통해 워크숍 목적과 본부장의 기대사항, 그리고 간단한 가이드라인을 받고 나왔다. 영업과 마케팅 책임자를 만나 더 세부적인 일을 논의하고 나서 워크숍 디자인 작업에 착수했다.

그러나 작업 도중 가만히 생각하니 사업본부장 아래에는 15명 정도의 지원 업무에 종사하는 직원들이 있었다. 모두 여직원들이었다. 외부 워크숍을 떠나고 난 뒤 사무실을 지키면서 이들이 나눌 대화를 생각하니 마음이 무거워졌다. 어차피 전원이 참석하는 워크숍이라면 당연히 이들도 포함되어야 했다. 이들 또한 사업본부를 위해 일하고 있었으니 제외할 명분이 없었다.

작업을 멈추고 본부장에게 가서 이들도 워크숍에 포함할 것을 제안했다. 그러나 보기 좋게 거절당했다. 영업, 마케팅에 있는 사람들이 전쟁터에 나가기 위해 전술을 짜러 가는 것인데 이들을 참석시키는 것이 맞지 않다는 것이었다. 가격 견적을 내고, 프레젠테이션 자료를 만들고 또 고객의 1차 창구가 되는 그들을, 작전회의에서 제외한다는 것이 그의 생각이었다. 그는 이번 워크숍의 절박성을 이해하지 못하는 게 아니냐며 나를 질책했다.

일단 물러나오긴 했지만 아무리 생각해도 그건 아니었다. 전쟁이란 절박한 상황에 총 쏘는 군인만 필요한 게 아니지 않은가. 연락병도 있고, 위생병도 있고, 또 무전병도 있어야 하는 게 아닌가. 전쟁이 절박할수록 각자 맡은 업무가 차질 없이 계획대로 돌아가야 하는데 총을 장전하고 있는 영업과 작전을 제시하는 마케팅만 참여한다고 될 일은 아니지 않은가. 작전에 맞게 제품을 구성하여 고객 앞에서 당당하게 우리 제품을 프레젠테이션 할 자료를 만드는 것이 왜 전쟁과 무관한 것이란 말인가.

그 일이 가치 없는 일이어서 제외한다는 것은 그야말로 전쟁이라는 절박함을 백번 인정해도 아니 될 말이었다. 기막힐 정도로 프레젠테이션 자료를 전략적으로 잘 구성하는 직원도 있지만 그렇지 못한 직원도 있다. 경쟁사와 자사 제품의 차별화를 두지 못한 발표 자료는 영업직원이 그냥 들고 나갔다가 보기 좋게 딱지 맞는 경우도 허다하지 않은가.

　어쩌면 프레젠테이션 자료를 만드는 것이야말로 주어진 시간 내에 우리 제품을 효과적으로 고객에게 전달하는 데 가장 중요한 것인지도 모른다. 고객의 구매 결정에 도움이 될 만한 요소를 가장 함축적으로 담고 있어야 하는 만큼 결코 간단한 것이 아니다. 이 역할을 해야 하는 직원들이 중요한 행사에 제외된 채 소외감을 느끼도록 방치한다는 것은 비즈니스에도 바람직하지 않다는 것이 내 판단이었다.

　일단 워크숍 디자인을 두 개로 분리해서 만들었다. 하나는 영업, 마케팅 직원들을 대상으로 한 것이고, 다른 하나는 지원 업무에 근무하는 여직원들을 대상으로 디자인하여 회의실 두 개를 빌려 별도로 진행하는 것이었다. 특히 지원 업무팀을 위해서는 세 가지로 워크숍 목적을 정했다.

　첫째는 그동안의 지원 업무에 대한 피드백을 비디오 카메라에 녹화하여 보여줌으로써 그들로부터 서비스를 받고 있는 영업부가 얼마나 만족하고 있는지 인식할 수 있게 하는 것이다. 둘째는 경쟁사의 프레젠테이션 자료를 우리 자료와 비교·분석하여 우리 자료를 개선한다는 것이고, 마지막으로 개인별로 심한 편차를 보이고 있는 프레젠테이션 자료를 보다 경쟁력 있게 만들어 표준화한다는 것이었다.

그들을 워크숍에 참석시킴으로써 얻는 기대효과도 분명히 했다. 각자 동일한 일을 다르게 하고 있는 부분을 최대한 줄여 지원 업무의 생산성을 극대화한다는 것과 워크숍을 통해 표준화 초안을 만든다는 것, 지원팀 직원들이 영업부와 한 팀이라는 인식을 갖게 되어 보다 원활한 영업지원이 이루어 질 수 있다는 것, 그리고 가장 중요한 것으로 영업부의 프레젠테이션이, 그들의 자료 덕분에 고객에게 매력있게 받아들여져 구매 결정으로 이어지게 한다는 것이었다. 몇 번이고 재검토한 후 본부장에게 들고 들어갔다.

우선 영업, 마케팅부를 대상으로 하는 워크숍 디자인부터 미리 설명했다. 여러 차례 사전논의가 있었기 때문에 당연히 오케이를 받았다. 이제 끝났다는 듯 일어서려는 본부장에게 하나 더 있으니 잠깐 기다려 달라고 요청했다. 뭐 다른 할 말이 있느냐는 그에게 준비한 지원팀 워크숍 디자인을 설명했다.

워크숍 목적, 기대효과, 구체적 디자인에 대한 순서로 설명하며, 전쟁상황이 더 절실할수록 전후방 구분 없는 전면전이 필요한 게 아니냐는 말로 마무리 지었다. 한번 거부한 것을 다시 끄집어내는 것이어서 내심 걱정되었지만 단순한 직원 배려가 아니라 사업 전략상 중요하다는 점을 부각시키고 싶었다. 다 듣고 난 본부장은 내 어깨를 툭 치더니 "Go!"라고 말하면서 빙긋이 웃어주었다.

그 이후로 지원팀 여직원들이 워크숍에 빠지지 않고 참석하게 된 것은 물론이고, 그들도 자신들이 그저 그런 일을 하는 게 아니라 전쟁의 중요부분을 맡아서 뛰고 있다는 긍지를 갖게 되었다. 말하자면 전문가로서의 인식을 갖게 된 셈이다. 이젠 더 이상 업무를 지원하는 사람이 아닌 절박한 전쟁터를 함께 누비는 전우로서 자신을 자리매김하게 된 것이다.

사실 이런 생각을 하게 된 것은 지원팀 직원들에 대한 영업사원들의 불만을 그동안 여러 차례 들었기 때문이다. 또한 자신들은 부가가치가 낮은 일만 한다는 불만을 지원팀 직원들로부터 들은 것이 출발점이었다. 양쪽 모두 불만인데 이 불만상태가 영업활동에 미치는 영향이 얼마인가를 생각하면 간단히 치부하고 넘어갈 일이 아니었다.

지금 내가 보는 이 문제점이 조직 전체 차원에서 바라볼 때 어떤 파급효과를 미치는지 원거리에서 들여다볼 필요가 있다. 보기에 따라서는 여직원들의 불만 차원에서 볼 수도 있지만 적당한 거리감을 가지고 좀 더 자세히 들여다보면 사업에 미치고 있는 영향을 집어낼 수 있다.

많은 일들이 그렇다. 어떻게 보느냐에 따라 동일한 상황도 아주 다르게 해석할 수 있다. 사실 문제를 보는 내 시각이 문제인 경우가 얼마나 많은가. 문제가 아닌 것을 문제로 만들고, 문제를 문제로 보지 못하는 것이 바로 그것이다.

처음 이야기를 시작했던 수명주기로 돌아가 보자. 우리 인생에 주기별로 각기 다른 특성이 있듯 조직도 수명주기에 따라 다른 특성이 있다. 성공한 기업일수록 수명주기의 특성에 따라 조직을 다르게 관리할 줄 안다. 조직의 수명주기가 바뀌면 필요로 하는 것도 달라지기 때문에 조직 전략도 달라져야 하고, 조직에 속한 사람들의 행동도 조직이 필요로 하는 것을 제공해주는 데 맞추어져야 한다.

필요로 하는 영양분을 제대로 섭취하지 못하면 건강의 균형이 무너지고 결국 생명에 영향을 미치는 것처럼 조직도 필요로 하는 것을 제대로 공급받지 못하면 '못다핀 꽃 한 송이' 처럼 사라지고 만다. 그렇게 사라진 기업이 어디 한둘인가.

조직의 이런 특성을 이해한다면, 자신이 현재 무엇을 어떻게 해야 하고, 조직의 미래를 위해서는 무엇을 어느 정도 해야 하는지 찾아낼 수 있다. 그러나 실제 우리가 몸담고 있는 조직의 구성원들을 보면 조직상황에 대한 이해 없이 자기가 해오던 일만 개미처럼 반복하고 있는 것이 현실이다.

그러다 보니 어느 날 갑자기 내 자리가 없어지거나 후배가 상사가 되는 현실에 당혹해 하는 경우가 생긴다. 아니면 다른 부서에 통합되는 바람에 한번도 생각해보지 못했던 일을 해야 하는 순간을 맞게 될지도 모른다. 그러나 그런 상황이 올 때까지 정작 본인은 아무것도 모르고 있다가 그때가 되어서야 회사가 정신 나간 게 아니냐는 말로 회사와 임원진을 성토하는 데 시간을 허비한다.

그러나 어떤 결정도 갑자기 내려지지 않는다. 큰 지진에는 반드시 초기 신호가 있듯 회사 차원에서 내려지는 결정도 막후에서 상당한 논의와 검토를 거친 후 발표된다.

기업이 시장의 흐름이나 고객의 니즈가 어떻게 변하는지 잠깐만 방심해도 어느 순간 시장에서 설 자리를 잃어버리는 것처럼 개인도 마찬가지다. 조직이 시장 변화에 반응해야 하듯, 개인도 시장의 변화에 반응하려는 조직의 요구를 알고 그 요구를 앞서 제시할 수 있어야 한다. 디트로이트에서 만난 나이지리아 친구처럼 조직이 걸어가는 길을 깨어 있는 눈으로 보면 그 길에서 당신이 해야 할 몫을 보는 것은 그리 어려운 일이 아닐 것이다.

자신의 가치에 영향을 미칠 수 있는 것이 무엇인지에 대해 제대로 알기만 하면 가치를 높일 수 있는 통찰력이 생기고 결국 당신의 가치는 높아질 것이다.

· 단순히 효과적이고 효율적으로 일하는 것을 지나 당신의 직무영역을
  뛰어넘으려 노력하라.

· 조직이 미래에 필요로 하는 것에 집중하라.

· 쓰나미 지진에서 전조현상을 미리 알아챈 동물들이 살아남은 것처럼
  조직의 사소한 전조현상도 놓치지 말라. 당신의 차별화는 바로 그곳
  에서 시작된다.

두려움을 깨고 다시 시작

그를 내 편으로 포섭하라

오랜 기간 동안 조직생활을 하면서 이런저런 다양한 특성을 가진 사람들을 많이 겪어봤다. 개인적으로 친분관계를 유지하는 분이 성공한 사람들을 뽑아 그들의 성공 요소를 책으로 엮어내는 작업을 할 무렵, 그와 나누었던 대화가 기억난다. 어떤 사람들을 성공한 사람으로 볼 수 있느냐에 대한 판단이 지극히 주관적이기 때문에 독자로부터의 설득력을 얻는 것이 쉽지 않다는 점과, 한 사람을 두고도 어느 시점까지를 보고 성공했다고 봐야 하는지에 대해서는 상당한 논란이 가능하다는 것이다.

실제 우리 주변에 성공했다가 갑자기 침몰하는 사람이 한둘이 아니다. 성공한 사람이라는 말을 붙여준 것이 무색할 정도로 포지션이 바뀐 경우를 보면 성공이라는 말 자체에 대한 의미를 거두게 된다.

그 분은 50세 이후에도 성공을 유지하고 있는 사람을 성공으로 보기로 가설을 세우고 그러한 사람을 물색했다고 한다. 비교적 설득력 있는 선정 기준인 것 같다. 책이 출간되어 나왔을 때 그 분으로부터 책을 받아 읽어가다 재미있는 현상을 목격했다.

그들에게서 공통적으로 나타나는 것은 그들이 처음부터 대단한 사람이 아니었다는 것이다. 처음에는 결코 드러나지 않는 존재였지만 어느 순간부터 수면 위로 올라와, 성공의 사다리를 쉬지 않고 올라가는 사람으로 인정받기 시작하고, 드디어는 독보적인 존재로 자리를 굳힌 사람들이었다. 그때 그들은 이미 누구도 부인하기 힘든 거목이 되어 있었다.

또 하나의 공통점은 그들 대부분의 겸손함이다. 소위 성공했다고 하는 사람들은 뒷목에 뻣뻣하게 힘을 넣고 다니지만, 진정으로 성공한 사람은 굳이 자신이 힘을 주지 않아도 남들이 그에게서 나오는 힘을 인정한다. 어설프게 성공한 사람일수록 스스로 목에 힘을 더 많이 주는 법이다.

GE의 이채욱 회장을 처음 만났을 때 그의 겸손함과 스스로 낮추는 모습에 많은 감동을 받았다. 한참이나 후배인 내 이야기를 들으려는 그의 모습에 저절로 머리가 숙여졌다. 과장하거나 보태지 않고 자신의 과거를 사랑하는 그의 모습이 바로 그에게 성공을 선물로 주었을 것이라는 데 조금의 의심도 가질 수 없었다.

성공하고 싶다면 이미 성공에 가까이 가 있는 사람을 좀 더 자세히 들여다보는 것이 필요하다. 특히 조직생활을 시작한지 얼마 되지 않은 사람일수록 자신의 성공 벤치마킹 대상을 제대로 된 곳에 두는 것이 중요하다. 학교생활 때 가졌던 조례를 생각해보라. 기준을 제대로 세우지 못하면 뒷줄이 모두 엉망이 되듯 누구를 모델로 삼느냐에 따라 우리 인생도 달라진다.

헐리우드 영화에 나오는 은행 강도를 모델로 삼다가 덜미가 잡히는 초보자처럼 될 수는 없지 않은가. 직업 세계도 마찬가지다. 자칫 잘못하면 한순간 반짝이는 대상에 기준을 두고 따라가기 쉽다. 왜냐하면 그런 사람들일수록 겉으로 많이 노출되어 있기 때문에 대상으로 삼기 쉽다.

내가 한국HP 본사에서 근무하다 공장으로 옮겨 가서 근무했을 때다. 당시 공장에서는 전원 공급장치의 개발과 생산을 함께 하고 있었다. 영업과 마케팅 위주의 한국 본사와는 완전히 다른 조직이

었다. 보고라인도 달랐다. 실제 소속은 한국HP였지만 업무와 관련
해서는 미국의 뉴저지와 직접 연결되어 사실상 한국HP와는 별개의
조직으로 운영되었다.

그러다 보니 비록 한국 본사에서 10년이 넘는 시간 동안 근무한
나였지만, 완전히 다른 회사와 같은 그 조직으로 옮겨간다는 것은
여간 어려운 결정이 아니었다. 물론 더 많은 기회가 있을 거라는 기
대를 가지고 내린 결정이었지만 익숙함과 편안함을 뒤로 하고 낯선
곳에 뛰어들어야 한다는 부담감은 새로운 회사만큼이나 컸다.

옮겨가기 전날 한국HP 본사의 최준근 사장에게 인사차 들렀다.
직원들보다 조금 더 큰 공간을 가지고 있을 뿐 그의 자리는 여느 직
원 자리처럼 칸막이로 구분되어 있다. 그는 파일박스 위에 놓인 커
피메이커에서 직접 걸러낸 커피를 머그잔에 부어 건네주면서 이런
저런 조언을 아끼지 않았다. 그때 그와 가졌던 대화는 이후 내게 많
은 영향을 미쳤다.

당시 최준근 사장은 HP에서는 아주 성공적인 인물이었다. 본사
에서 파견된 사장이 경영을 총괄하다 한국인 사장에게 모든 권한을
넘겨준 첫 번째 인물이 그였으니, 본사로부터 그에게 주어진 신뢰
가 얼마나 큰지 짐작할 수 있을 것이다. 이런저런 부드러운 대화 뒤
에 그가 남긴 몇 마디는 내게 아주 강하게 각인되었다.

당시 내가 가기로 되어 있는 공장에는 여성 매니저가 전혀 없었고, 더구나 나 개인적으로도 프로젝트나 프로그램은 이끌어봤지만 하나의 기능 부서를 맡는 것은 처음이었다. 게다가 과장에서 바로 부장으로 승진되어 옮겨가는 것이어서 회사 내에서 꽤나 이야깃거리가 되기도 했었다. 내가 떠나는 조직보다는 나를 받는 조직 쪽에서 상당한 거부감을 가지고 있었다는 말도 나중에 들었다.

최준근 사장은 특유의 간단한 조언을 해주었지만, 그 조언은 지금까지 내게 기억될 정도로 강한 영향력을 미쳤다. 우선 그 조직에 들어가면 열심히 경청하고 관찰하는 것을 게을리하지 말라는 당부였다. 조직마다 성공을 가져다주는 행동이 다르고 또 조직 내에서 받아들여지는 것과 그렇지 못한 것의 기준이 다른 법이니, 새로운 조직이 어떤 조직인지 파악하는 데 초기노력을 기울이라는 것이었다.

그 다음에는 그 조직에서 가장 인정받는 사람이 누구인지 찾아서 그 사람의 어떤 행동이 다른 사람들로부터 인정받게 하는지 파악하라는 것이었다. 그것을 찾아내어 내가 그대로 행동하기만 하면, 비록 사업이나 조직운용 측면에서 많은 다른 점을 가지고 있지만 그 조직에서도 얼마든지 성공할 수 있다는 격려의 말도 덧붙였다.

HP 내에서도 여러 다른 조직을 거치면서 다양한 경험을 쌓은 최 사장 나름대로의 노하우였다. 조직의 여러 매커니즘을 제대로 파악하기 위해서는 사소한 것이라도 눈여겨봐야 하며, 그런 과정을 통해 남들이 보지 못하는 작은 것을 볼 수 있어야 하고, 그 작은 것을 통해 나만의 차이점을 만들어 낸다면 얼마든지 인정받을 수 있다는 것이었다.

성공이라는 것을 크게 염두에 두고 있지 않던 내게, 더구나 조직 내에서 소수로 분류되어 있던 여성으로서 힘겹게 생존의 길을 걸어가야 했던 내게 최사장이 남긴 말은 많은 생각을 하게 했다. 그곳에서 나는 반드시 생존해야 했고 내 자리를 만들어야 했다. 새로운 비전을 가지고 나가려는 그 조직에 내 가치를 더해 줄 수 있어야 했다. 적어도 나를 선택한 공장 사장이 채용을 잘못했다는 말을 듣게 하지는 말아야 한다는 절박함이 있었다. 회사를 위해서뿐만 아니라 개인적으로도 그곳에서 내 경력에 확실하게 남을 가치를 하나 더 추가해야 했다.

실제로 공장에서의 낯선 업무가 시작되면서 나는 최사장이 조언해준 대로 관찰자로서의 분주한 날을 보냈다. 어떤 상황에서 어떻게 결정이 내려지는지, 그리고 그 결정이 주로 어떤 사람에 의해 주도되는지, 결정 과정에서 기여하는 사람은 누구인지, 그때 공장장의 역할은 어떤 것인지 등을 눈여겨 지켜보았다.

관찰하기로 생각하지 않았다면 분명 놓치고 지나갔을 것들이었다. 관찰하는 시간을 갖지 않았다면 아마도 빠른 시간 내에 내 능력을 입증하겠다는 욕심으로 여기저기 의욕만 앞세운 시도들을 감행했을지도 모른다. 그 결과 불편한 관계도 분명 만들었을 것이고 그 때문에 힘든 시간을 보내야 했을지도 모른다.

그러나 섣부른 의욕을 통제하면서 관찰자의 위치에 나를 두니 이전에는 생각지도 못했던 새로운 것들이 시야에 들어왔다. 놀라운 경험이었다. 개개인의 행동 특성을 이해하게 된 것뿐만 아니라 그 개인들의 행동이 그룹으로 모일 때는 어떤 그룹 행동을 만들어 내는지에 대해서도 알게 되었다. 실제 조직에서 그룹 다이나믹스(group dynamics)라고 부르는 그룹 행동을 들여다보면 조직 내 정치나 파워의 흐름같은 것이 눈에 들어왔다.

매주 수요일 오전마다 가졌던 부서장 회의는 가르치는 사람 하나 없이, 오직 침 튀기는 열띤 회의일 뿐이었는데도 불구하고 내게 참으로 많은 리더십 스킬을 가르쳐주었다. 관찰의 파워를 절감한 시간이었다. 내가 말을 많이 하면 할수록 배우는 기회는 줄어든다. 반대로 내가 말을 아끼면 아낄수록 배움의 크기는 그만큼 커진다. 단순하지만 쉽게 깨닫기 어려운 조직 내 행동역학의 원리를 그때 배울 수 있었다.

하고 싶은 말을 아끼고(했다고 한들 당시에는 분명 받아들여지지 않앉을 말들이 대부분이다) 관찰하면서 나는 그 조직에서 어떤 사람이 공포의 대상이고, 또 누가 존경과 인정의 대상인지, 그리고 분위기 전환의 명수는 누구인지, 그 모든 것들을 파악할 수 있었다. 그래서 어떤 사람과 관계를 어느 정도 가져야 할지 내 입장을 정리할 수 있었다.

아래와 위로부터 두루 존경과 인정을 받고 있던 연구개발부서장은 당시 내게 1차 포섭(?) 대상이었다. 새로 부임한 독일인 사장과 코드도 잘 맞았고 부드러운 카리스마로 조직을 잘 이끌고 있었다. 회의에서는 합리적인 의사결정을 주도하지만 그 과정에서 누락되는 사람은 따뜻함으로 포용할 줄 아는 사람이었다. 직원들의 사사로운 개인사도 꿰고 있을 정도로 커뮤니케이션 역량 또한 뛰어났다.

무엇보다 당시 우리 조직의 상위조직인 뉴저지와 폭넓은 네트워크를 두루 형성하여 누구에게서 어떤 지원을 받을 수 있는지에 대해 누구보다 올바른 판단을 내리는 사람이었다. 한 달 정도 시간이 지나고 나서, 나는 바로 그 사람이 최사장이 말한 이 조직에서 잘나가는 사람, 내가 벤치마킹하고 관계를 만들어가야 할 사람이라는 결론을 내렸다.

생각이 거기에 미치자 나는 바로 연구개발부서장을 찾아갔다.

내가 조직 내에서 제대로 기능할 수 있도록 그가 도와줘야 할 이유들을 조목조목 열거하면서 도와달라고 강하게 주문했다. 이 조직에서 성공하는 여성리더를 이제는 만들 때도 되지 않았느냐는 말을 마지막으로 남기면서 그의 눈을 뚫어지게 쳐다봤다. 내 눈에 절박함이 가득했을 테고 그랬던 만큼 쉽게 눈길을 거둘 수는 없었을 것이다.

그때 내세운 가장 큰 이유는 나를 도와줘서 내가 이끄는 조직이 제대로 일을 해야 그가 이끄는 연구개발팀을 제대로 지원할 수 있으며, 그것이 결국 연구소의 성과 평가 기준인 제품 출시시기(time to market)를 맞출 수 있게 한다는 것이었다. 또한 그것이 결국 조직 전체 차원에서의 성공이 되고, 그 성공이 본사로부터 한국에 대한 지원을 더 확실하게 끌어올 수 있게 해준다는 것이 내 논지였다.

조용히 내 말을 듣다가 빙그레 웃던 그는 "협박입니까?" 하는 한 마디를 던지고는 입을 닫았다. "그렇습니다. 그러고 보니 협박이네요. 하지만 일방적인 것은 아닙니다"라고 나는 응수했다. 결국 그는 "잘해봅시다!" 하면서 손을 내밀었다. 그의 손에는 강한 힘이 쥐여져 있었고, 나는 그에 대해 전폭적인 신뢰를 가질 수 있었다.

시간이 흘러 그 사람도 HP를 떠나 우리나라의 대표적인 벤처회사에서 또 다른 성공을 만들어가고 있고, 나 또한 HP에서 다른 기업으로 옮겨갔다가 이제는 내 이름을 걸고 일을 하고 있지만, 그와 나는 아직도 좋은 우정을 유지하고 있다.

이후 힘든 일이 있을 때마다 나는 그를 찾았고 그는 내 든든한 지지자 역할을 해주었다. 그가 회사를 떠나게 되었을 때 내가 알고 있던 인맥을 통해 그에게 다른 회사를 연결해주는 의리도 지킬 수 있었다. 그때 그를 조직에서 잘 나가는 사람으로 지목한 내 판단은 역시 틀리지 않았다. 그는 새로운 조직에 가서도 HP에서와 같은 리더십을 발휘하며 아래위로부터 두루 인정과 존경을 받고 있다.

새로운 조직에 들어가거나, 새로운 프로젝트를 맡게 되거나, 새로운 자리로 승진한 당신이라면 조직 내 성공코드를 빠른 시간 안에 읽어내야 한다. 어떤 조직이든 나름대로의 성공코드가 있기 마련이다. 물론 흐름에 따라 달라지긴 하지만 분명 그것은 존재한다.

그러나 절대 주의해야 할 점이 있다. 그 성공코드는 누구의 눈에나 쉽게 띄는 그런 곳에 있지 않다는 점이다. 바꿔 말하면 크고 대단한 것만 보려고 한다면 그런 눈에는 그것이 결코 드러나지 않을 것이다. 작고 사소한, 남들이 지나치기 쉬운 곳까지 당신이 세심하게 볼 수 있다면 반드시 당신은 그 성공코드를 찾아낼 수 있다.

인생도 마찬가지인 것 같다. 정신없이 한길로 달려간다면 작고 사소한 것이 주는 아름다움을 놓치기 십상이다. 그러나 어쩌랴. 삶이란 작고 사소한 것들이 씨줄, 날줄로 엮어내는 것임을. 보려고 노력하지 않으면 결코 드러나지 않는 그런 작고 사소한 삶의 법칙이 우주인 것을.

최경식이라는 음악 전문 프로듀서가 쓴 『영혼을 어루만지는 음악이야기』란 책에서, 저자가 여행한 알래스카에서 만난 무명 여성 포크가수의 노래를 소개한 글이 생각난다. 정말 시같은 노래다. 〈작은 철새의 노래〉라는 이 노래를 잠깐 옮겨본다.

어떤 이는 물 위를 걷는 것이 기적이라 말하고

또 어떤 이는 불 위를 걷는 것이 기적이라 말하지만

나는 이렇게 말하고 싶어.

땅 위를 걷고 있는 것이 기적이라고.

오늘 살아있다는 것은 기적이라고.

우리는 우리 주위를 둘러싸고 있는 작은 것들을

눈여겨보지 못하고 있는 일이 너무 많아.

잿더미 속에서 새싹이 돋아나는 것.

삶은 죽음으로, 죽음은 삶으로 돌아오는 것.

푸른 나무 아래에서 우리는 마음을 드높여 기도하며 오늘에 감사해야 해.

사람 사는 일이 무슨 크고 거창한 것에 의미가 있다 생각하고 그
것만 쫓아가다, 아무것도 없다는 것을 확인하는 순간이면 이미 내
게 남은 시간과 기회가 얼마 남지 않았다는 것을 뼈저리게 느낄 뿐
이다. 참으로 쓸쓸하고 허망한 일이 아닌가.

일하는 것이 힘든 것 같지만 주변의 이런저런 작은 것들을 눈여
겨보면 그 안에 얼마나 많은 선물이 나를 기다리고 있는지 알게 된
다. 그 안에 오밀조밀 들어앉아 있는 삶의 단순성을 찾아내어 자신
이 속한 곳에서 기적같은 삶을 만들 수 있을 정도로, 거리를 두고
관찰하는 습관이 필요하다. 성공을 꿈꾸는 당신이라면…….

"진정한 성공은 남들이 인정하는 곳에 있는 게 아니라 자신이 인
정하는 곳에 있을 뿐이다."

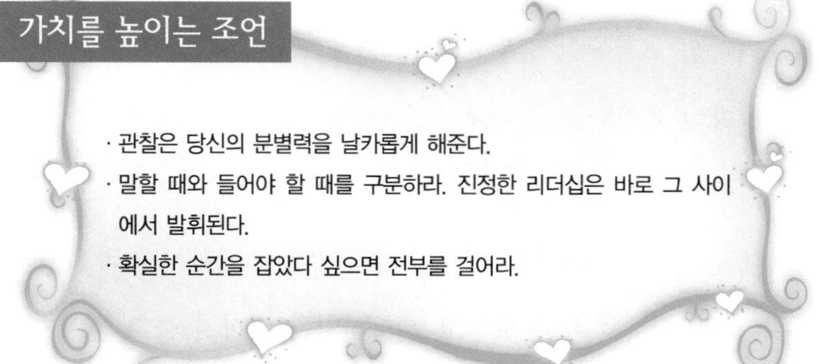

스스로 자유로워져라

일하면서 내게 가장 영향을 많이 미친 질문을 꼽으라면 단연 "어떻게 다르게 할 것인가?"다. 이 질문이야말로 내가 독일인 상사로부터 수도 없이 받았던 질문이다. 나를 가장 곤혹스럽게 하면서도 가장 많은 발전을 가져다 준 질문이기도 하다. 지금은 리더십 스킬에서 질문 스킬을 언급할 정도로 질문에 대한 중요성이 많이 제기되고 있지만 내가 한창 좌충우돌하던 시절만 해도 주로 지시를 받고 일하는 것이 대부분이었다.

그나마 지시라도 제대로 해주면 다행이었다. 알아서 하라고 내버려두는 '방임형 상사'나 꼬치꼬치 디테일한 것까지 물고 늘어지는

'좁쌀형 상사'로 크게 양분되던 시절이었으니, 느닷없이 던져지는 질문은 이래저래 익숙하지 않고 반갑지 않은 손님과 같았다.

그러나 이 질문만큼 내 사고를 확장시켜 준 것도 없다. 처음에는 황당하고 당황했지만 내가 대답할 때까지 기다려주던 상사 때문에 죽어라 머리를 쥐어짜다 보면 생각지도 못했던 아이디어가 떠오르는 것이었다.

내가 상사로부터 이 말을 처음 들었던 것은 내가 한 일이 그의 기대에 미치지 못했을 때였다. 자세한 사건은 떠오르지 않지만 그의 기대에 터무니없이 못 미쳤던 것으로 기억한다. 회의실에 마주 앉아 내가 가져간 문서를 검토하던 그는 처음에는 이것저것 지적해서 다시 해올 것을 주문했다. 몹시 자존심이 상했지만 하나하나 지적한 것이 있어서 고쳐서 다시 가져갔다. 그 다음에도 내가 가져간 것은 통과되지 못하고 또 다시 해오라고 했다. 대부분 사소한 것들이었다.

"한 조직의 사장이 되어가지고 뭐 이런 자잘한 거나 지적하고 그러나? 사장쯤 되면 큰 것을 생각해야지."

이런 생각이 들었지만 할 수 없이 들고 나와 다시 고치곤 했다. 그가 오케이 할 때까지 그 행진은 계속되었고, 그럴 때마다 내 얼굴은 말할 수 없이 구겨졌다. 일부러 나를 애먹이는 게 아닌가 싶을 정도였다. 어떤 때는 단어 철자 때문에, 프레젠테이션 자료의 컬러 선택 때문에, 문법이 맞지 않아서, 앞뒤 연결이 안 되어서, 상황에 적합한 영어 단어가 아니어서, 스토리 라인이 매끄럽지 못해서, 원래 의도에서 멀어진 포인트 때문에 등 이유는 많았다.

그런 사소한 실수가 줄어들기 시작하면서 그의 '딴지걸기'는 다른 방향으로 선회했다. 지시가 줄어들고 질문이 많아졌다. "당신이 연구소장이라면 이 자료에 대해 뭐라고 할 것 같은가?", "지금 이 자료를 다시 한다면 어떻게 다르게 만들어보겠는가?", "본사에서는 이에 대해 뭐라고 할 것 같은가?"와 같은 질문이 쏟아졌다.

그 중에서 가장 많이 들은 것이 바로 "다시 한다면 어떤 점을 다르게 하고 싶은가?"였다. 기껏 준비해간 자료를 두고 "다음에 다시 한다면?"이라니, 기가 막힐 노릇이지만 대답하지 않고 비켜갈 수는 없었다. 어떤 대답이든지 내놓아야 했다. 어떤 때는 내가 내놓은 대답이 덫이 되어 그와 장시간 토론을 해야 했다.

상대방이 이미 답을 알고 있는 게임을 해야 한다고 상상해보라. 얼마나 가슴 답답한 건지. 당장이라도 그 자리를 떨치고 나오고 싶을 정도의 무게감이 어깨를 내리눌렀다.

사표를 내지 않는 이상 그가 걸어오는 질문게임을 피해갈 수는 없는 노릇이었다. 그냥 이대로 사표를 내기에는 자존심이 허락치 않았다. 그후부터는 어떤 사소한 것이든 그가 던질 질문을 미리 나 자신에게 던져보기로 했다. 최대한 상사의 관점에서 나에게 먼저 물어보았다.

그가 가장 즐기던 메뉴인 "어떻게 다르게 하고 싶은가?"에 대한 질문부터 요리하기 시작했다. 준비한 자료를 두고 스스로에게 "어떻게 하면 이걸 다르게 할 수 있지?" 하고 질문을 하니 처음에는 막막하기 그지없었다. 다르게 해볼 수 있는 어떤 아이디어도 떠오르지 않았다. 문제를 만든 사람 눈에 문제가 제대로 보일 리가 없다. 그래도 자료를 내려다보며 묻고 또 물었다. 내 눈이 돋보기였다면 아마도 그 자료는 이미 다 타버리고 없을 것이다.

그러다 어느 순간 갑자기 한두 가지 생각이 떠올랐다. 그 생각을 가지고 내가 만든 자료를 보니 관점 자체를 완전히 바꿔야 할 정도였다. 새로운 관점에서 생각하고 또 생각했다.

깊은 고민 끝에 나중 그림을 가지고 사장을 찾아갔다. 자료를 보여주기 전에 내가 거친 프로세스에 대해 간단히 설명했다. 내 관점에서 본 것을 보고 또 보니 다른 관점이 보이더라는 내 말에 그의 얼굴이 갑자기 밝아졌다. 그가 원했던 것은 나를 의도적으로 애먹이려는 게 아니라 나로 하여금 한쪽을 보면서도 동시에 다른 관점으로도 볼 수 있게 하기 위해서였다.

물론 그 날 내가 들고 간 자료는 화려하게 관문을 통과했다. 그 날 상사의 그 웃음은 지금 생각해도 후끈해질 정도다.

그 이후 내게는 새로운 습관이 생겼다. 어떤 것을 말하거나 발표하기 전에 내가 준비한 것을 앞에 놓고 자문(自問)하는 것이다. "만약 다시 한다면 어떻게 다르게 할 수 있지?"가 바로 그것이다. 한번 시도해보라. 그러면 당신 뇌에 저장되어 있는 묵시적인 지식들이 기지개하며 긴 잠에서 깨어나는 것을 느낄 것이다. 그리고 자기들끼리 서로 뒤엉키며 다양한 화학작용을 하고, 얼마 지나지 않아 믿을 수 없을 정도로 산뜻한 아이디어를 당신에게 선물로 내놓을 것이다.

그때의 내 경험은 가혹하기는 했지만 '득도(得道)의 순간이 바로 이런 거구나!' 하는 것을 실감하게 해주었다. 영어 문장을 읽을 때도 어떤 문장은 마치 장애물이라도 되듯 한 단어에 걸려 다음으로 넘어가지지 않을 때가 있다. 그러나 그 문장을 놓고 여러 번 읽다 보면 이해가 된다. 누구나 자신만의 매커니즘을 가지고 있다. 그 매커니즘이 외부로부터의 자극을 해석하고 받아들일 수 있게 해주지만 가끔은 그것이 외부로부터 오는 것을 사실대로 보지 못하도록 스크린하는 역할도 한다.

그 매커니즘에 대한 의존도가 높으면 높을수록 당신에게 투영되지 못하는 것들 또한 많아진다. 그것이 쌓이면 나도 모르는 사이에 내 행동패턴으로 굳어진다. 새로운 눈으로 보는 것을 막게 하고, 우리 자신을 매커니즘이 만들어주는 작은 박스 안에서만 존재하게 한다. 그 박스가 바로 우리의 맹점(blind spot)이 된다. 누구나 자기상자를 가지고 있지만 그 상자의 크기는 사람에 따라 다르다.

나이 먹을수록 변화하기 힘들다는 말을 한다. 그 말은 당연하다. 경험한 것이 많으면 많을수록, 지식이 많으면 많을수록 그에 대한 의존도가 커지기 때문에 그것이 박스가 되어 우리 자신의 사고를 가둔다. 이런 운동 자체를 막을 수는 없다. 우리가 할 수 있는 일은 자기상자 안에 있는 것들을 끊임없이 비워내는 노력이며, 그것이 바로 '상자 밖에서 생각하기'다.

'어떻게 다르게 하지?' 라고 생각하는 순간, 당신의 사고는 작은 상자를 벗어나 자유로운 공간 속에서 가능성을 탐색하기 시작한다.

상사 때문에 힘들었던 시간은 오히려 내 맹점을 볼 수 있게 해주었을 뿐만 아니라 '무엇을(what)' 에 고정되어 있던 내 시각을 '어떻게(how)' 로 전환시켰다. '무엇' 에만 집착하는 사람은 창의적인 아이디어를 낼 수 없다. '어떻게' 에 집중하면 동일한 상황에서도 얼마든지 다양한 관점으로 현상을 볼 수 있고, 다양한 관점은 그만큼 다양한 아이디어를 만들어낸다. 인류의 역사는 바로 '어떻게'에 집중한 사람들에 의해 진보해왔다.

'어떻게 다르게(how differently)'에 집중함으로써 사업을 성공으로 이끈 예는 얼마든지 있다. 이미 오래전 일이긴 하지만 LG전자에서 '김장독 냉장고'란 것을 만들어 냉장고 맨 아랫칸에 김치를 보관할 수 있게 하였다. 일반 냉장고에 김치를 보관하면 쉽게 김치맛이 변한다는 점에 착안하여 김치맛을 최대한 잘 유지할 수 있게 한 제품이었으니 당시로선 혁신적이었다.

그러나 만도기계는 거기에 그치지 않고 그 기술을 '다르게' 사용해 이전에는 존재조차 하지 않았던 김치냉장고라는 새로운 시장을 창출하여, 그 이후로 한참 동안이나 소비자들에게 큰 사랑을 받았다.

셰익스피어의 '베니스의 상인'에서 지독하게 묘사되고 있는 유대인 고리대금업자들은 당시 사람들에게서 비난과 질시의 대상이었다. 그러나 그들은 지금 그 고리대금업을 진화시켜 세계 금융시장을 지배하고 있다. 유대인들의 경제력을 빼면 미국 경제가 휘청거릴 정도라고 한다. 뿐만 아니라 미국의 중동정책을 좌우하는 것이 유대인이라고 하니 그들의 막강한 파워를 짐작하고도 남음이 있다. 이 모든 것이 '어떻게 다르게 할 것인가?'라는 질문을 통해 나온 산물이다.

최근에는 기업들마다 창의력을 가장 중요한 역량으로 손꼽고 있다. 불확실하고 불연속적인 사업환경에서 살아남기 위해서는 창의적인 제품이 필요하고 경쟁사와는 뭔가 다른 서비스가 필요하다. 새로운 마케팅 접근법도 결국 '어떻게 다르게 할 것인가?' 를 통해 고객 마음속에 들어가기 위한 노력이다.

직원을 채용할 때도 지원자의 창의력을 보기 위해 기업들마다 온갖 다양한 채용방법을 쓰고 있다. 일반 지원자로부터 창의력을 가진 지원자를 걸러내는 것이 쉽지 않기 때문에 기업들마다 채용방법을 사외비로 다룰 정도다.

얼마 전까지만 해도 튀는 행동을 하면 왕따의 대상이었지만 이젠 튀는 사람이 인정받는 세상이다. 뒤집어 보기, 거꾸로 보기, 삐딱하게 보기 등이 바로 '어떻게 다르게' 할 것인가에서 나온 것임은 두말할 것도 없다. 'Yes' 로 일관하는 사람보다는 'No' 를 과감하게 말할 수 있는 사람이 더 인정받는다. 그리고 그 'No' 뒤에 다른 사람과는 다른 혁신적인 아이디어를 제시하면 더욱 환영이다.

매일 한 번씩만이라도 스스로에게 물어보자. 어쩌면 운명이 달라질지도 모른다.

"내가 이걸 다시 한다면 어떻게 다르게 할 것인가?"

· '무엇을(know-what)' 이 아닌 '어떻게(know-how)' 에 집중하라.
· 본 것을 보고 또 보라. 그러면 완전히 새로운 것이 보일 것이다.
· 경험의 노예가 되지 말라. 내일이면 당신이 가진 경험의 가치는 과거
  의 것이 될 뿐이다.
· 새로운 것은 습관적 생각과 행동으로부터 자유로울 때 나온다.
· 혼자만의 독립된 시간과 공간을 확보하라.

상사는 당신 하기 나름이다

내 성적표의 '가정통신란'에는 언제나 '허약하다'는 선생님의 코멘트가 들어가 있었다. 몸이 약했던 나는 체육시간이 가장 싫었다. 자신이 듣기 싫은 피드백일수록 다시는 그 소리가 나오지 않도록 노력하여 완전히 그 문제에서 벗어나게 되었다는 훌륭한 사례도 있지만, 내 경우는 그렇지 못했다. 몸이 허약하다는 말은 체육활동에 대한 일종의 '면죄부'가 되었고, 따라서 체육을 잘 못하는 건 당연한 것이었다.

그렇다고 체육활동에서 언제나 꼴찌를 한 것도 아니었다. 그럼에도 내 뇌리에는, 나는 체육을 잘 할 수 없는 사람이라는 부정적

자성예언으로 가득했다. 지금 와서 생각해보면 그때 난 내 체력에 대해 생각하기보다 체육활동과 무관한 선생님의 말에 따라 나를 한정 짓고, 그 한계 안에서만 움직였다. 몸이 허약하다는 선생님의 말이 바로 체육시간에서의 내가 된 것이다.

우리가 일을 할 때도 마찬가지인 것 같다. 현재 상황을 사실에 근거하여 객관적으로 보고 판단하기보다는 자신에게 부각되는 한두 가지 요인에 따라 판단하는 경우가 많다. 우리가 직장에서 하는 일에는 언제나 평가가 따른다. 그 평가는 승진 · 교육 · 보상 · 인정과 연결된다. 더욱 중요한 것은 성과 평가 결과에 따라 내 급여가 결정되니 직장에서의 업무 가운데 가장 신경 써야 하는 것이 바로 이 성과관리다.

글로벌기업은 잘 짜여진 성과관리 시스템을 갖추고 있어서 성과 평가 시점에 불필요한 논쟁이 비교적 적다. 그러나 성과관리 시스템이 잘 짜여 있다는 말이 곧 그 시스템대로 성과 평가가 이루어진다는 말은 아니다.

조직개발 컨설팅을 진행하면서 발견한 점은 바로 성과 평가에 대한 문제가 모든 조직에 존재한다는 것이다. 성과관리 시스템이 잘 짜여진 조직이든, 그렇지 못한 조직이든, 정도의 차이는 있지만 성과 평가에 대한 문제는 어느 조직에나 주리를 틀고 앉아 회사에 대한 직원들의 신뢰를 좀 먹고 있다.

　한 조직을 컨설팅 할 때의 경험이다. 성과 평가에 대한 직원들의 신뢰가 거의 바닥 수준이었다. 글로벌기업으로서의 회사 명성을 감안한다면 도저히 믿기 어려운 결과였다. 그 회사 성과 평가 시스템이 다른 회사의 벤치마킹 대상이라는 것을 잘 알고 있는 나로서는 놀라지 않을 수 없었다.

　각 조직에서 몇 명씩 뽑아서 왜 그런 결과가 나왔는지 '포커스 그룹 논의'를 한 적이 있다. 말하자면 현재 성과관리 시스템의 근본적인 문제가 무엇인지 그들의 눈을 통해 찾아보려 한 것이다. 외부로부터의 방해를 차단하기 위해 호텔을 빌려 만 하루 동안 현재 성과관리가 어떻게 이루어지고 있는지 요모조모로 해부해 보았다.

　내가 발견한 점은 그 회사의 성과관리 시스템에는 그렇게 심각한 문제가 없다는 것이었다. 진단 결과를 듣기 위해 임원 회의가 소집되었고, 그 자리에서 나는 비싼 컨설팅 비용을 지불해야 하는 그들에게 "당신 회사 성과 시스템에 MRI 진단까지 해보았지만 몹쓸 암에 대한 소견은 보이지 않습니다"라는 말을 먼저 했다. 순간 "그럼 뭐야?", "근데 왜 그렇게 난리들이었어?"라는 말이 튀어나왔다.

그 다음, 나는 말을 이어나갔다.

"그렇지만 문제는 분명 있습니다. 시스템상으로는 큰 문제가 없지만 직원들은 아주 큰 문제가 있다고 인식하고 있습니다. 말하자면 인식의 문제가 존재한다는 겁니다. 그것도 심각할 정도로……. 지금 제 소견에는 시스템 문제보다 인식의 문제가 더 심각합니다. 그리고 이 부분은 쉽게 치유되기 어렵습니다. 신체적 질환보다 정신질환을 치료하기가 더 어려운 것처럼 말입니다. 그 원인이 어디에서 온 거라고 생각하십니까?"

회의실 안은 다시 조용해졌다.

나는 임원들을 두 개 팀으로 나누어 시간을 주고 왜 그렇게 큰 인식의 문제가 회사 내에 존재하는지 논의해서 발표하게 했다. 분명 내가 기대하는 답이 나올 거라 생각하며. 문제 있는 그룹이나 조직 안에는 문제가 무엇인지, 그 문제를 어떻게 해결해야 하는지 아는 사람들이 언제나 있다. 다만 조직이나 구성원이 그들의 입을 막고 있을 뿐이다.

그들은 여러 요인들을 제시했다. 그 중에 역시 내가 기대한 답이 있었다. 리더십이 이슈였다. 그제서야 나는 이 조직의 문제는 성과관리 시스템이 아니라, 시스템을 운용하는 리더십이 문제라는 말로 내 진단 결과를 제시했다. 성과관리 시스템과 실제 리더들의 관리

행동은 서로 '따로국밥'이었다. 직원들은 시스템 문제라고 생각하고 심지어 인사부를 성토했지만 문제의 핵심은 성과관리를 하는 리더들에게 있었다. 물론 그 이후 처방은 리더십 행동에 포커스가 맞추어졌다.

이 경우처럼 잘 짜여진 시스템도 사람이 운용하기 때문에 언제나 휴먼에러가 존재한다. 선생님 말씀만 듣고 체육을 잘 할 수 없는 사람이라고 단정했던 나처럼, 당신 또한 휴먼에러를 범할 수 있는 상사의 말만 듣고 스스로를 그 안에 가두어 둘 수 있다. 내가 체육활동에 대한 점수가 어떻게 매겨지는지 생각해보지도 않았던 것처럼 당신은 힘들여 일한 것에 대한 평가가 어떤 매커니즘에 따라 내려지는지 제대로 알고 있지 못할 수도 있다. 중요한 것은 내 관점에서가 아니라 평가자의 관점에서 아는 것이다.

명확히 알고 있다고 답변하지 못하는 사람일수록 평가대상에 들어가지도 않는 불필요한 일을 열심히 하거나 심지어는 거기에 목숨 걸고 밤샘한다. 그냥, 잘, 열심히, 최선을 다해 일하는 사람에게는 그렇게 그냥, 잘, 열심히, 최선을 다해 평가해줄 수밖에 없다. 이 모든 말들에는 자의적 해석의 폭이 크게 존재하기 때문에 상사와 당신 사이 기대치의 간격도 그만큼 크다.

이런 경우 성과 평가 시점에 가서 평가가 잘 내려질 거라고 은근히 기대하고 있었는데, 자신을 저평가한 상사에 대해 심한 실망감에 휩싸일 수 있다. 또 스스로 낮은 기준을 가졌던 자신보다 터무니없게 높게 준 상사의 평가 결과 때문에 "이거 대체 어찌된 일이야?"라고 어리둥절해 하며 굴러온 떡을 삼키기에 급급할 수도 있다.

어느 것도 별반 도움이 되지 않는다. 당장 좋은 결과를 받았지만 그것이 오히려 성과달성 노력을 지속해야 하는 당신의 마음자세에서 팽팽함을 치워버리는 결과를 초래할 수 있다. 뿐만 아니라 성과에 대한 노력 외의 요소에 신경 쓰게 하는 치명적 독약이 될 수도 있다.

지름길이 언제나 좋은 것은 아니다. 현실은 녹록하지 않다. 당장은 지름길을 발견한 사람이 영리하고 대단한 것처럼 보이지만 정도(正道)를 밟는 사람일수록 장기적으로 성공할 가능성이 높다.

같은 성과관리 시스템을 사용하는 리더들도 개인에 따라 강, 약이 다르다. 내 경우 한국인 상사와 일했을 때보다는 외국인 상사와 일했을 때 그 기준이 훨씬 명확했다. 또 객관적이었으며, 가끔은 도달하지 못할 것 같은 목표수준을 가지고 1년을 정신없이 뛸 수 있었다. 물론 일의 강도는 높았지만 돌아오는 성취감 또한 그만큼 더 높았고, 내 노력의 결과에 따라 비교적 공정하고 객관적으로 평가받았다.

그 이유는 간단했다. 성과계획을 수립할 때 내가 먼저 성과수준을 준비해서 왜 성과수준을 그렇게 잡았는지에 대해 상사와 대화시간을 충분히 가질 수 있었기 때문이다. 물론 이 경우 상사도 내게 자신의 기대치를 충분히 말해준다. 주로 내가 먼저 이야기하면 상사가 질문을 하는 형태로 대화가 이어졌지만, 그 시간 동안 어떤 경우에도 일방적으로 결론이 내려진 적은 없었다.

서로 합리적으로 대화할 수 있기 때문에 상대방에 대한 충분한 이해가 가능하게 되고, 그 결과 내가 수정하거나 상사가 자신이 생각했던 수준을 수정해 줌으로써 상호 인정한 선에서 성과수준이 결정되었다.

상사와 갖는 이런 형태의 대화에는 이점이 한 가지 더 있다. 상사의 관점을 듣는 동안 내 시야가 상사의 수준으로 높아진다는 것이다. 내가 내 입장을 고집하지 않고 그것에서 자유로워지면 나는 상사의 수준에서 회사 전반을 볼 수 있는 기회를 가질 수 있다.

이 룰은 다른 상황에도 적용된다. 내 입장을 절대 고수한다고 생각하고 대화에 임하면 그 수준밖에 가질 수 없다. 그러나 내가 그렇게 생각하더라도 상대와 유연하게 대화를 이끌어가면 내 입장의 폭이 훨씬 확대된다. 그 확대된 폭 안에서 훨씬 양질의 결정이 내려질 수 있다.

상사가 조금이라도 시간의 여유가 있어 보이면 나는 그를 찾아가 내 성과 과정에 대한 피드백을 요청했다. 또는 이메일이나 비서를 통해 성과 피드백 회의를 요청했다. 내가 항해해 가는 방향이 그가 생각한 방향과 맞는지 중간에 확인을 하기 위해서다. 가장 좋은 것은 그가 부르기 전에 미리 찾아가는 것이다.

대부분의 경우 그는 기꺼이 내 성과행동이나 그간의 결과에 대해 피드백해주며 조언도 아끼지 않았다. 그때 나도 추가적으로 도움이 필요한 것을 요청하기도 했다. 어떤 경우에는 추가지원을 받아내기 위해 의도적으로 피드백 미팅을 청한 적도 있다.

성과활동이 진행되는 중간에 성과수준이나 평가기준을 수정해야 할 필요가 생길 때도 있다. 중간 대화를 자주 가지면 가질수록 방향 확인이 수월하기 때문에 너무 멀어진 뒤에야 알게 되는 실수를 피할 수 있다. 서로 아무 이야기가 없다가 평가시점에 가서 "나는 이렇게 수정된 줄 알았다"고 이야기해도 소용없다. 그때는 상호 불편한 감정만 갖게 될 뿐이다.

성과 평가 기준은 주로 질(quality), 양(quantity), 기한(timeliness),

예산(budget)의 네 가지 요소를 구체적인 숫자를 통해 측정이 가능하도록 표현하는 것이 좋다. "측정할 수 없는 것은 관리할 수 없다"는 피터 드러커의 말처럼 구체적인 숫자로 나와야 상사와 나, 양자 모두 관리할 수 있고 평가할 수 있다.

조직에서 잘 나가는 사람일수록 자기가 무슨 일을 어느 정도 수준까지, 그리고 언제까지 해야 하는지 명확하게 알고 있다. 그리고 자신이 필요한 예산도 충분히 고려하여 사전에 승인을 받아낸다. 그러니 일을 잘할 수밖에 없고 일을 잘하니 잘 나갈 수밖에 없다. 중간에 예산을 더 달라느니, 기한을 연장해 달라느니 하는 구걸을 하지 않고 품위있게 자기 일을 한다.

간혹 상사가 일을 잘할 수 있도록 지원해주기보다 대충하는 것을 더 좋아하는 경우도 있다. 뭘 그리 복잡하고 힘들게 하느냐고 나올 수도 있다. 그렇다고 하더라도 최대한 성과기준과 수준을 명확히 하는 것이 좋다. 그런 상사일수록 평가도 대충하며, 결정적으로 자기 직원의 성과를 알리고 또 인정받을 수 있게 해줘야 하는 상황에서 자기체면 유지에 급급하기 쉽다. 또한, 그런 상사일수록 대화에 잘 끌어들여 당신의 성과 평가에 대한 틀을 명확하게 만들어둬야 한다.

쉬운 일은 아니다. 하지만 "남편은 아내 하기 나름"이라는 말이 있듯 "상사도 당신 하기 나름"이다.

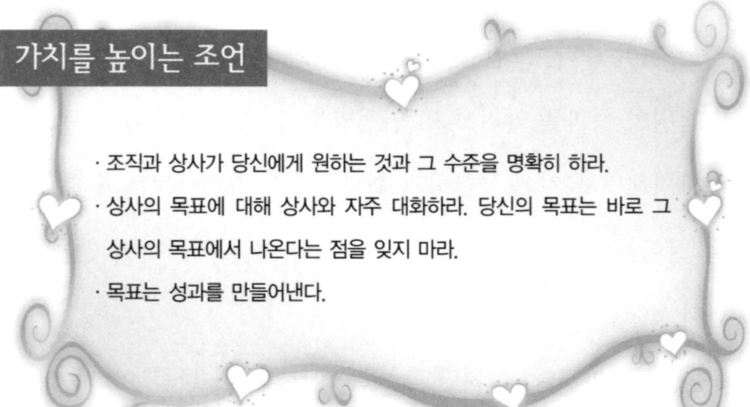

라이벌보다 먼저 배워라

일을 통해 내가 가장 큰 영향을 받았던 것은 조직개발 (organization development) 업무다. 그 업무야말로 내가 혼신을 다해 즐겼던 일이다. 일을 즐긴다는 말에는 어폐가 있을지 모르지만 나는 정말 그 일을 아주 많이 좋아했고 또 즐겼다. 나 스스로 일이 취미라고 말할 정도였으니.

한번은 정신없이 관련 자료를 찾다 보니 아침 6시였다. 경비아저씨가 아침 순찰차 들어와 깜짝 놀라며 "아니 밤을 꼬박 새셨습니까?" 할 때서야 비로소 제정신으로 돌아왔고, 8시 30분부터 시작하는 회의가 기억났다. 회의시간에 단 몇 초라도 늦는 걸 절대 용납하지 않는 게르만족 상사의 얼굴을 떠올리는 순간, 서둘러 집으로 차를 몰았다. 그리고는 얼른 샤워를 끝내고 옷만 갈아입고 바로 사무실로 되돌아와 꼬박 오전회의 자리를 지킬 정도로 일에 거의 미쳐 있었다.

그러나 되돌아보면 그때가 내 커리어에서 가장 행복했던 순간이었다. 어딘가에 몰입할 수 있다는 것이야말로 축복이고 선물이다. 정신분석학자 산도르 페렌치는 환자들이 시간적 여유가 많은 일요일에 유달리 히스테리와 우울증 증세에 시달리는 경우가 많다는 사실을 발견하고, 그 증상을 '일요신경증'이라고 불렀다. 또 다른 조사에서는 '사람이 어떤 목표 하나에 집중할 때 심지어는 몸까지 더 좋아진다'는 사실을 알아냈다.

내 경우에도 미친 듯이 몰입해서 일할 그 시기에 육체적으로 가장 건강했던 것 같고, 정신적으로도 가장 적극적이고 에너지가 넘쳤던 것 같다. 집에서는 남편이 걱정 어린 눈으로 지켜보고 부모님은 건강을 염려하셨지만, 오히려 내 에너지는 언제나 최고도로 충전되어 있었다.

'어떻게 그게 가능했을까'를 생각하면서 지금도 가끔 혼자 웃을 때가 있다. 더욱 재미있는 건 그때를 생각하기만 해도 이상(李霜)의 「날개」에 나오는 것처럼 겨드랑이에서 날개가 돋아나는 것 같다.

아마도 그 답은 칙센트미하이가 한 말에서 찾을 수 있을 것 같다.

"몰입에 뒤이어 오는 행복감은 스스로의 힘으로 만든 것이어서 우리의 의식을 그만큼 고양시키고 성숙시킨다. 삶을 행복하게 가꾸어주는 것은 행복감이 아니라 깊이 빠져드는 몰입이다."

그런데 그러한 몰입도 어딘가에서 올 텐데, 그건 어디서 오는 것일까? 내 경우는 인식조차 하지 못했던 것을 새롭게 하나씩 알아가는 것에서 또 다른 몰입을 위한 에너지를 충전시켰던 것 같다. 몰랐던 것을 하나씩 깨우쳐가는 즐거움은 다른 즐거움에 비길 바가 못된다.

똑같은 일을 반복하면 신나지 않다. 새로운 일을 하게 될 때 비로소 잠자던 뇌가 가동되고 온몸에 퍼진 실핏줄까지 잠에서 깨어나는 것처럼 활기가 생긴다.

나를 그렇게 '몰입의 즐거움'으로 몰아넣었던 '조직개발' 업무는 아주 광범위한 활동을 포함한다. 경영 시스템 구축, 프로세스 혁신, 비전개발, 조직구조 재편성, 기능 부서별 통합 및 역할 재구성, 변화관리, 핵심 인재개발, 경력개발 등 변화하는 환경에 적절하게 대응할 수 있는 조직을 만들기 위한 제반 활동이 그 범주 안에 속하는데, 잘 들여다보면 이런 일이 일상적인 일이 아님을 알 수 있다.

대부분의 경우 프로젝트성 업무로 한두 번에 그친다. 왜냐하면 기업으로 하여금 그런 활동을 하게 만드는 환경 자체가 지속적으로 바뀌기 때문에 동일한 프로젝트를 재탕하는 일은 거의 없다. 만약 그렇다면 이미 그 조직은 죽은 조직이다.

그러다 보니 언제나 공부하고 여기저기 사례나 관련 자료를 뒤져봐야 한다. 항상 공부하지 않으면 업무 자체를 진행할 수 없기 때문에 그 일을 하면서 나는 '몰입의 즐거움'을 느꼈을 뿐만 아니라 '학습'의 중요성 또한 배웠다. 요즘은 '교육'이란 말보다는 '학습'이란 말을 더 많이 쓴다. 교육 뒤에 으레 따라 나오는 '시킨다'는 말은 교육 대상자를 수동적 존재로 만들기 때문이다. 반면에 '학습'이란 말은 '자기주도'를 전제로 하기 때문에 스스로를 주체적 존재로 인식하게 한다.

20년이 넘는 기간 동안 기업이 주는 안전망 속에서 일하다 그 품에서 벗어나 컨설팅과 코칭 서비스를 통해 다양한 산업에 속한 다양한 기업들과 함께 일하는 동안, 또 다른 것들을 배우고 느끼게 되었다.

이름만 대면 누구나 알 수 있는 우리나라 대표격인 어떤 기업은 교육 업무를 일종의 3D업무로 여겨서 교육 업무로 배치받는 사람을 좌천된 것으로 여겼다. 그래서 그 일을 맡게 된 사람을 달래기 위해 위로주까지 살 정도라고 한다. 그와는 달리 무선통신 기업 가운데 하나는 교육을 회사의 경쟁력을 확보하는 중요한 방법으로 생각해서 가장 뛰어난 사람을 배치한다.

앞서 언급한 회사는 여기저기 돌던 사람에게 다시 한번 기회를 준다는 식으로 교육 업무를 배정하지만, 뒤의 회사는 교육 업무를 맡기기 위해 미국에서 교육공학을 공부하거나 전략을 공부한 사람을 뽑으려고 헤드헌터까지 동원해서 긴 시간 공들여 채용한다.

그러다 보니 두 회사가 기획해서 만든 교육체계부터 다르다. 한 회사는 10년 전 교육이나 지금의 교육이나 별반 다를 게 없지만, 또 다른 회사는 교육체계가 매년 수정하는 전략과 철저하게 연계되어 있어서 10년이 넘는 기간 동안 조직개발 일을 해온 나도 혀를 내두를 정도다.

이런 회사일수록 교육 기회를 일종의 특혜로 생각하지만 어떤 기업은 교육은 할 일 없어서 시간 남는 사람이 자리 채워주는 정도로 생각한다. 더 가관인 것은 교육에 참가하러 가는 사람이 동료나 부하 직원에게 "나 잠깐 들어가서 머리 좀 식히고 올게"라고 한다.

참 기막힐 노릇이다. 이 사람이 임원직급에 있는 사람이라면 그 회사의 경쟁력은 보나마나 한 것이다. 이런 사람들은 대부분 교육장에서도 방해가 된다. 교육을 평가할 때도 교육시설이나 음식에 대해서만 꼼꼼히 평가한다. 마치 무슨 콘도 투숙 후 시설에 대한 만족도를 묻는 엽서에 쓰듯이.

만약 이 책을 읽는 당신이 다니는 회사가 이렇다면 나는 서둘러 보따리 싸라고 말하고 싶다. 더 있어봤자 별 볼일 없는 회사다. 어쩌면 그 회사에 오래 근무했다는 것이 오히려 시장에서 당신의 가치를 더 떨어뜨릴지 모른다.

당신의 시장가치는 어떤 회사에서 어떤 일을 하며 보냈느냐에 따라 상당히 달라진다. 회사가 경쟁력이 없다면 그 회사에서 일하는 사람도 경쟁력이 없다고 받아들여지는 것이 시장의 법칙이다. 같은 학교, 같은 학과, 심지어 학번도 같지만 어떤 회사에서 일했느냐에 따라 몇 천만 원까지 연봉 차이가 나는 경우가 얼마든지 있다.

경쟁력 있는 회사일수록 외부 환경 변화에 능동적이다. 실제 변화가 오기도 전에 이미 대응태세에 들어가 있다. 그런 회사일수록 환경 변화를 감지하는 더듬이가 잘 발달되어 있다.

이들이 조직 변화를 위해 가장 먼저 쓰는 것이 바로 교육이다. 교육을 단순한 스킬이나 지식을 높이기 위해 사용하는 시대는 이미 물 건너갔다. 앞서가는 기업은 그것이 전략의 변화든, 조직구조에 대한 변화든, 아니면 행동에 대한 변화든, 변화의 첫 단계로 교육을 활용한다. 새로운 전략은 새로운 행동을 필요로 하기 때문에 교육 내용도 전략 실행에 필요한 새로운 행동을 이끌어내기 위한 것에 맞쳐져 있다.

회사는 기대하는 새로운 행동을 미리 보여주는 사람에게 호감을 갖지 않을 수 없다. 그렇기 때문에 우선 이런 형태의 교육은 절대 미루지 말고 누구보다 먼저 참가하라고 권하고 싶다.

그러나 실제 기업체 강의를 나가 보면 매번 교육을 미루는 사람이 있다. 수차례 미루다가 해 넘기기 직전에 간신히 들어와서는 그것도 다 끝내지 못하고 중간에 들락날락거리다가 마지막 날 오후는 아예 가버린다.

이는 그 사람이 교육에 대한 우선순위를 최하위에 두고 있다는 것을 말해준다. 아마 그는 죽을 때까지 미루고 있을 것이며, 불행히도 자신의 승진과 연봉 인상도 함께 미루어진다는 사실을 깨닫지 못한다.

교육 일을 하면서 많이 들었던 레퍼토리를 열거하면 이렇다. "일이 너무 많아서……", "갑작스런 일이 떨어져서……" 또는 "오늘까지 끝내야 할 일이 있어서……", 거짓말 좀 보태면 백 가지도 넘는 변명들이다. 그들은 자신이 하는 말이 "나는 업무 처리에 문제가 있는 사람입니다"로 해석된다는 것을 알지 못한다.

당일 아침에 교육에 참가하라는 것도 아니고 대부분 연간 스케줄로 움직이는데, 오늘 당장 끝내야 할 일 때문에 교육에 참석하기 어렵다는 얘기는 그 사람의 프로젝트 관리 능력을 여실히 드러내는 것이다. 급한 불 끄기에만 바쁜 이런 사람을 우리는 '소방수'(진짜 소방수 아저씨들이 알면 화내겠지만)라고 부른다.

그러나 성과가 좋은 사람일수록 업무관리를 깔끔하게 잘한다. 그들은 급한 일보다는 중요한 일에 우선순위를 두기 때문에 늘 안정되어 있다.

한번은 사내에 고객지원과 관련한 워크숍이 있었는데 미국 본사에서 직접 와 진행하기로 되어 있었다. 고객지원부서장은 1차 참석 대상이었다. 그러나 그는 다른 급한 일로 참석하지 못하고 차장을 보냈다. 고객지원부서는 아니지만 우리 부서와도 관련되어 있어서 나도 그 교육에 참석하기로 일정을 잡아두고 있었다.

이틀간의 워크숍이 끝난 후, 부서장 회의에서 바로 이 프로그램에 대한 논의가 있었다. 아젠다에 없던 주제였다. 이유인즉 고객사에서 구입한 우리 제품에 문제가 생겼으나, 고객지원부서가 제대로 대응해주지 않아 사장 앞으로 불만 편지를 보낸 것이다. 바로 그날 아침 그 편지를 받아 든 사장은 부서장 회의에서 회사의 고객 불만 대응에 대한 프로세스를 재점검하고 나섰다.

사장이 고객지원부서장에게 "지난주 교육 내용을 우리 프로세스 개선에 적용한다면 어떤 점을 어떻게 바꿀 수 있겠습니까?"라고 질문했다.

교육에 참석하지 않은 그로서는 대답할 길이 막연했고 결국 그 교육에 참석한 나에게로 답변을 바라는 시선이 돌아왔다. 원래 그 교육은 고객불만 접수 후의 내부 프로세스를 개선하기 위해 본사에서 외부업체에 용역을 주어 개발한 것이다. 고객불만처리 프로세스 개선 프로젝트가 글로벌 차원에서 진행될 거라는 메시지가 이미 그 프로그램 안에 들어 있었다. 그럼에도 교육참가를 미룬 담당 부서장은 그날 회의가 끝날 때까지 거의 한마디도 못했다.

그동안 교육이라고 하면 주로 계층별 교육이어서 받은 사람이나 안 받은 사람이나 큰 차이가 없었다. 기업을 둘러싼 사업환경 자체에 큰 변화가 없었기 때문에 교육이 가져다 주는 것이 크게 새로운 것이 아니었다. 그러나 이젠 많이 달라졌다. 시시각각으로 변화하는 환경에 대응하기 위해 빠른 시간 내에 대응전략을 수립하고 그 전략대로 사람들이 행동하기를 기대한다.

어떻게 하면 전 조직이 새로운 행동으로 방향전환을 할 수 있겠는가? 가장 효과적인 수단이 바로 교육이다. 물론 교육에도 우선순위가 있을 것이다. 모든 교육마다 다 참석할 수는 없지만 적어도 그 교육이 어떤 교육이고 그로 인해 내가 어떤 혜택을 받을 수 있는지에 대해 꼼꼼히 따져봐야 한다. 무조건 당장의 업무 때문에 연기하는 것은 바람직하지 않다. 회사에서 그 교육을 실시하는 이유가 무엇인지 생각해보고, 필요하다면 교육 담당자에게 배경에 대해 물어봐야 한다.

기업마다 교육 전략이 다르다. 어떤 기업은 과장으로 승진하면 과장교육 대상자가 되지만, 다른 기업은 과장 승진예정자에게 과장교육을 실시한다. 왜냐하면 과장이 되고 나서 과장교육을 실시하면 교육 효과가 나올 때까지 몇 개월 동안 과장으로서의 역할을 제대로 수행하지 못하는 블랙홀이 생기기 때문이다. 현명한 판단이다.

혹시 당신이 근무하는 회사가 허용한다면 가급적 몇 달 뒤에 예정되어 있는 교육이라 하더라도 그것을 당겨서 받도록 하라. 미리 배우고 미리 활용하여 당신의 행동에서 그것이 나타나게 하라. 잊지 말아야 한다. 위로 올라갈수록 그 자리는 경쟁에서 이긴 사람이 차지한다는 사실을. 바로 그 작은 차이가 당신을 다른 동료와 다르게 만들어준다.

· 모든 변화의 첫 단계는 교육으로 시작된다.

· 당신의 회사가 더 이상 새로운 것을 학습할 기회를 주지 않는다면 과감히 그곳을 떠나라.

· 당장의 성과는 당신의 현재 가치를 보장하지만, 교육은 당신의 미래 가치를 책임진다.

· 미래의 핵심 역량은 학습 능력뿐이다.

적극적으로 신세를 져라

둘째 아이가 여섯, 일곱 살 때쯤이었던 것 같다. 세발자전거를 섭렵하고 더 이상 배울 것이 없다는 듯 한동안 자전거를 멀리 하던 녀석이 갑자기 두발자전거를 타겠다고 으름장을 놓고 나섰다. 아직은 다리가 짧아서 위험하니 1년 더 기다렸다 시작하라고 권해도 막무가내였다. 매일같이 졸라대니, 결국 아이를 데리고 근처 공원으로 갔다. 드디어 두발자전거 타기가 시작되었다.

"두발자전거는 어떻게 도전해야 하는가?"에 대한 남편의 장황한 연설이 끝나기가 무섭게 둘째 아이가 자전거에 올라탔다. 너무나 갑작스런 돌출 행동에 놀란 남편이 허겁지겁 자전거 뒤로 달려들었다. 뒤에서 잡아주는 아빠를 확인한 아들은 페달에 힘을 주기 시작했고 자전거는 조금씩 움직이는 듯했다. 그러나 그것도 잠깐, 자전거는 급작스레 오른쪽으로 꺾이더니 기우뚱거렸다. 남편의 비명소리와 함께 자전거가 다시 제자리를 찾는 것 같더니 이번에는 왼쪽으로 기울었다.

이러기를 한참 거듭하더니 갑자기 남편 목소리 톤이 올라가기 시작했다. 둘째 아이도 질세라 아빠에게 큰소리를 질러댔다.

"아빠가 잘못 잡아줘서 넘어질 뻔했다고!"

한동안 시간이 지나자 싸움의 승세는 아이 쪽으로 기울고 있었다. 아이는 아직 멀쩡한데도 남편의 다리는 휘청거리기 시작했고 목소리에 벌써 힘이 빠지기 시작했다. 그래도 포기하지 못한 아이는 저 혼자 넘어져도 다시 일어나 자전거를 세우고는 안장에 엉덩이를 갖다 얹었다. 보기에 안쓰러울 정도였다.

좀 지나자 아이도 지쳤는지 "조금만 잡아주면 할 수 있는데……" 하면서 원망스런 눈으로 아빠를 쳐다본다. 그 시선이 워낙 집요해서 아빠가 딱 5분만 더 하자며 다시 잡아주었다.

이번에는 꽤 앞으로 나갔다. 비교적 안정감이 들었는지 남편이 잡아주던 손을 놓았다. 그래도 자전거는 계속 앞으로 전진했다. 얼마 못 가 다시 넘어지기는 했지만 혼자 타고 간 거리가 꽤 되었다.

그러자 작은 아이는 아빠에게 이렇게 잡으라는 둥, 저렇게 잡으라는 둥 주문이 많아졌다. 아마 스스로 어느 정도 감을 잡아서 어떤 도움이 필요한지 나름대로 확신이 선 모양이었다.

한창 신이 난 남편과 아이가 한몸이 되어 5분 정도 더 자전거를 잡고 늘어졌을까, 아이의 환호성이 들렸다. 드디어 혼자 자전거를 타고 이리저리 신나게 돌아다닐 수 있게 된 것이다.

그날 한 시간이 넘게 그 장면을 지켜보고 나서 새롭게 깨달은 게 있었다. 적어도 내 눈에 비친 것은 아빠가 아이를 코칭한 것이 아니었다. 두발자전거 타기에 성공한 것은 순전히 아빠를 코치로 효과적으로 활용한 그 녀석의 노력 덕택이었다. 물론 아빠는 자기 탓이라 혼자 생각하겠지만 천만의 말씀이다.

어린 나이임에도 저 혼자 할 수 있는 것과 다른 사람으로부터 도움이 필요한 것을 구분해서 도움이 필요하다고 판단한 순간(아빠가 심한 눈치를 줬음에도 불구하고), 즉각 아빠를 끌어들였다. 결국 결과는 아빠의 도움에 의해서가 아니라 아이 스스로 만든 것이었다. 물론 두 사람의 파트너십이 기여한 바가 크지만, 어쨌든 아이는 결국 그날 두발자전거 타기에 성공하고야 말았다.

비록 어린 아이의 자전거 타기이긴 하지만 이 이야기는 어느 곳에나 적용 가능하다고 본다. 스포츠 코칭에도 적용할 수 있고 우리가 근무하는 조직에도 얼마든지 적용할 수 있다. 머리 나쁜 사람일수록 손발이 고생한다고 하지 않던가. 무조건 열심히 하기보다는 어떤 부분을 어떻게 다르게 할 것인지 먼저 생각하고 행동으로 들어가는 것이 중요하다.

오랜 조직생활과 또 현장에서 다양한 조직의 리더들을 코칭하면서 절실히 느낀 점은 성공한 사람은 자신이 부족한 부분을 노출하는 데 두려움이 없다는 것이다. 상대가 누구든 자신이 필요한 부분을 잘 알 것 같은 사람을(상사 아니면 동료, 심지어 부하 직원이라도) 찾아가 그들의 생각을 듣는 데 주저함이 없다. 말하자면 항상 다른 사람에게 코칭과 조언을 요청할 준비가 되어 있다.

코칭에 대해 많은 사람들이 잘못된 믿음을 가지고 있다. 심지어 인사부에 근무하는 스텝들도 잘못된 편견을 많이 가지고 있다. 코칭은 성과에 문제가 있는 사람에게 주어지는 마지막 기회라고 믿고 있는 것이 바로 그것이다.

상사에게서 코칭을 받아보는 게 어떠냐는 말을 듣는 순간 대부분 사람들의 얼굴은 굳어지고, 좀 심한 경우 모멸감과 배신감을 가지고 코치를 대면하게 된다. 그런 경우 코치가 첫 대면을 잘 다루지 않으면 십중팔구 코칭은 실패한다.

물론 문제가 있을 때 그 문제 해결을 위해 코치를 연결해주는 경우도 많다. 그러나 새로운 업무를 맡거나, 승진한 경우, 또는 회사의 차세대 리더인 경우, 향후 어떤 일을 맡기에 적임자라는 판단이 서는 경우 등 코칭을 받아야 할 이유는 참으로 많다. 코칭은 회피해야 할 대상이 아니라 오히려 커리어를 밟아가는 동안 언제나 자신과 동행해야 할 파트너로 인식하고 활용해야 한다.

골프의 황제라고 불리는 타이거 우즈에게도 코치가 있지 않은가. 1997년 우즈가 필드를 장악하고 스무살의 나이에 프로골프 메이저 대회에서 우승한 후 집에 앉아 자신의 경기 장면을 담은 비디오 테이프를 보다가 스윙에 문제가 있다는 점을 발견하였다.

그 사실을 알고 난 후 우즈는 자신의 코치인 부치 하먼에게 코칭을 요청한다. 물론 우승하기는 했지만 자신의 더 높은 목표인 잭 니클라우스를 이기기 위해서는 현재의 스윙만으로 어렵다고 판단했고, 따라서 기꺼이 자신의 부족한 점을 스스로 오픈하고 코칭을 요청한 것이다. 코치의 지도를 따른 결과 그 해 우즈는 6개 프로대회에서 연속 우승하는 쾌거를 올렸다.

현재 코치로서 일을 하고 있는 나도 코칭의 덕을 톡톡히 본 사람 가운데 하나다. 내가 처음 매니저가 되었을 때였다. 과장에서 부장으로 바로 승진하는 바람에 단계를 밟아가는 동안 얻을 수 있는 경험과 지식 없이 바로 부장 역할을 해야 했다. 그러니 얼마나 부족한 점이 많았겠는가.

여기저기 좌충우돌하느라 정신없던 순간, 이대로는 정말 자존심 상해서 도저히 안 되겠다는 생각이 들었다. 당장 6개월 내에 끝내야 하는 전략적 과제도 여러 개 있었고, 여성부장 1호라는 부담감 때문에 심리적으로도 많이 힘들었다.

당시 내 상사는 독일인이었다. 내부에서 '게슈타포'라고 불릴 정도로 정확하고 확실한 사람이었다. 그에게 걸렸다 싶으면 일찍 손드는 게 상책이라는 말이 있을 정도였다. 거미줄에 걸린 벌레가 그 트랩에서 벗어나려 애쓰면 애쓸수록 거미줄에 더 지독하게 옭아매이는 것처럼, 그에게 일단 걸리면 괜한 몸짓하지 말고 일찍 손드는 게 낫다는 것이 먼저 경험한 동료들의 진심 어린 충고였다.

그는 독일에서 인사조직을 전략적으로 잘 이끌었던 경험자였다. 그래서인지 분명 내게 도움을 줄 수 있을 것이라는 생각이 들었다. '나 잡아 잡수세요' 하며 거미줄을 향해 제 발로 걸어 들어가는 느낌이 들긴 했지만 일단 비서를 통해 미팅을 요청했다. 물론 미팅의 목적도 함께 알려줬다. 미팅 전에 그의 도움과 지원이 필요한 부분에 대해 나름대로 정리해놓고 보니 내게 코칭이 필요하다는 것이 더 확실해졌다.

사장과 회의실에 마주 앉아 그동안 내가 어떤 일을 했고 그 과정에서 어떤 어려운 점을 느꼈는지 솔직하게 마음을 터놓았다. 앞으로 6개월 동안 끝내야 할 일도 언급하면서 코칭이 필요하다는 말을 했다.

가만히 듣고 있던 사장은 처음이어서 그런 어려움을 겪는 것이니 너무 걱정하지 말고 조급하게 생각하지도 말라는 말로 먼저 편안한 마음이 들게 해주었다. 잔뜩 긴장하고 있던 내게 어떤 부분에서 코칭을 받고 싶으냐고 물어왔다. 사전에 준비해둔 대로 내 생각을 차분히 전달했다.

당시 가장 시급한 과제는 HP본사에서 실시하는 매니지먼트 시스템에 대한 내부 심사를 무리 없이 통과하는 것이었다. 관련 자료를 검토해본 결과 심사는 2명이 짝을 지어 진행하는데 둘 다 다른 나라에서 파견하고 있었다.

한 명의 심사위원은 사업을 총괄하는 사람으로서 사업적인 측면을 주로 심사하는데 우리에게 배정된 사람은 HP 캐나다 사장이었다. 다른 한 명은 품질경영 시스템을 실제 책임지고 있는 사람으로서 HP의 경영에 있어서 품질을 극대화하는 데 필요한 요건을 잘 알고 있는 사람이었다. 말하자면 나와 같은 역할을 하는 사람이었다.

본사 품질경영조직이 내부 심사를 주도하고 있었기 때문에 품질경영부서장은 가장 기술적으로 심사 내용을 잘 이해하고 있는 사람이었다.

내 이야기를 다 듣고 나서 사장은 내게 거꾸로 물어왔다. 다른 조직(나라)의 사장에게서 코칭을 받고 싶은지, 아니면 전문성을 가진 다른 나라 품질경영부서 책임자로부터 코칭을 받고 싶은지 말해달라는 것이었다.

품질경영 시스템이 아무리 잘 되어 있다고 하더라도 높은 수준의 사업 성과를 만들어내지 못한다면, 그 시스템이 의미있다고 말하기 힘들 것이다. 그래서 나는 품질경영에 대한 전문적인 부분보다는 사업을 책임지는 최고 책임자의 관점에서 현재 내가 속한 조직의 품질경영 시스템을 들여다보고 싶었고, 또 좋은 심사 결과를 만들어보고 싶었다. 한 번도 해본 적이 없긴 하지만 회사 전체 차원의 중요한 일인 만큼 확실하게 해내고 싶었다.

그는 내 목을 거미줄로 조이기는커녕 내게 적합한 코치를 매칭하기 위해 본사 품질경영조직의 총괄 책임자와 의논해보겠다고 했다. 뜻밖의 긍정적인 대답이었다. 책임추궁을 예상하고 바짝 긴장하고 갔으나 그는 본사에 직접 커뮤니케이션하면서까지 나를 지원해주겠다고 나선 것이다.

그 후 나는 사업 성과가 아주 뛰어난 HP 미국에서 계측장비 사업을 총괄하는 사장에게서 직접 코칭을 받는 행운을 갖게 되었다. 철저한 '게슈타포'인 내 상사는 그에게 부탁하는 메모를 보내주면서 코칭의 효과를 측정하기 위한 기준까지 제시했다. 1년 6개월 정도 그 사장에게서 코칭을 받으며 품질경영 시스템에 대한 비지니스쪽의 관점을 이해할 수 있었다. 뿐만 아니라 내 상사가 사업 성과를 만들어내는 데에 집중할 수 있게 하기 위해 내가 어떻게 시스템적으로 지원해줘야 하는지에 대해서도 감을 잡을 수 있었다.

당시 인도 조직은 품질경영 시스템 심사만의 관점에서 볼 때는 아주 높은 점수를 받았지만 사업 성과는 그다지 좋지 않았다. 그래서 그런지 그는 경영 시스템을 갖추기 위해 나 혼자 이리 뛰고 저리 뛰지 말 것을 강력히 주문했다. 왜냐하면 실제 실행은 결국 각 부서장들의 리더십하에 조직 전체가 시스템에 따라 사업운용을 해야 하기 때문이다.

그는 나로 하여금 비즈니스 측면에서 내부 경영 시스템을 볼 수 있게 코칭해주었다. 그때 그로부터 받았던 코칭 덕분에 나는 모든 일을 비즈니스 측면에서 검토하고 결정하는 좋은 습관을 갖게 되었다.

실리콘밸리에 있는 미국 본사를 방문할 때마다 나는 산타로자에 있는 사장 사무실에 들러 직접 코칭을 받기도 했고 전화나 이메일을 활용하기도 했다. 직접 그분 사무실을 방문하면 그는 캘리포니아 와인으로 유명한 나파밸리로 나를 초대하여 와인을 곁들인 저녁식사를 하면서, 내가 당면했던 문제를 스스로 해결할 수 있도록 대화를 주도했다. 시간에 여유가 있는 경우에는 한국 조직보다 한 단계 위에 있는 조직, 또는 본사 조직에서 일하는 핵심들에 대한 이야기도 자세히 들을 수 있었다.

한마디로 그분 덕분에 조직을 큰 그림에서 볼 수 있었고 각 조직 간의 유기적 관계 또한 알게 되었다. 더구나 그것이 세계시장을 겨냥한 사업을 책임지고 있는 사람의 관점이었으니 내게는 더할 나위 없는 기회였다. 그분이 일본으로 출장 오게 되었을 때 한국에 들러 내게 하루라는 긴 시간을 내준 적도 있다.

그와 함께한 1년 6개월 동안 나는 어떻게 하면 각 기능 부서가 사업 성과를 낸다는 공동의 목표를 향해 고유영역을 유지하면서도 시너지를 만들어갈 수 있는지 엄격한 수업을 받았다. 그리고 각기 다른 악기들이 모여 사람들에게 감동을 선사하는 오케스트라처럼, 조직도 다른 기능 부서들이 제각각의 음색으로 한 목표를 향해 같은 곡을 연주하는 오케스트라라는 점을 경험하였다.

내 상사는 한국보다 먼저 내부 심사를 받기로 되어 있는 독일에 가서 심사 과정을 지켜볼 수 있게 배려해주기도 했다. 뿐만 아니라 당시 부서장 회의를 혁신하고 싶어했던 그는 독일 조직의 임원진 회의를 내가 참관할 수 있게 모든 것을 주선해주기도 했다.

상사의 이런 지원으로 나는 처음 맡게 된 내부 심사를 성공적으로 마칠 수 있었다. 결과는 당시 우리가 목표로 했던 것보다 훨씬 좋았다. 물론 그 일로 인해 공장 경험이 없던 나를 우려하던 동료 매니저들의 인식 또한 상당 부분 바꿀 수 있었고, 나는 보다 협력적인 분위기에서 내 부서에 주어진 책임과 역할을 수행해나갈 수 있게 되었다.

혹시 뭔가 잘 안 되고 있는데도 누가 알게 될까 '쉬쉬!' 하고 있는가? 그것이야말로 자기 쪽박 자기가 차는 격이다. 대부분의 조직에는 내가 손만 내밀면 도와줄 준비가 되어 있는 사람들이 얼마든지 있다. 내가 부족하다는 점을 인정하면 부족한 점을 메우는 것보다 중요한 게 없다는 사실도 알 수 있다. 그러나 인정하지 않는 손에는 언젠가 끊어질 썩은 동아줄만이 있을 뿐이다.

미 프로야구 사상 최고의 홈런을 친 행크 아론에게 신문기자가 찾아와 인터뷰를 했다.

"당신은 어떻게 그렇게 많은 홈런을 칠 수 있었습니까?"

기자의 물음에 행크 아론은 답했다.

“나는 한번도 나 자신이 경기한다고 생각해 본 적이 없습니다.
나는 언제나 내 자신이 경기하는 모습을 스탠드에서 관람하고 있었
을 뿐입니다.”

역시 고수다운 답변이다. 이런 경우를 우리는 셀프 코칭의 경지
에 올랐다고 말한다. 물론 가장 중요한 것은 셀프 코칭을 통해 자신
을 지속적으로 다듬어가는 것이지만 ‘중이 제 머리 깎지 못한다’ 는
옛말처럼 자신을 객관적으로 본다는 것은 쉬운 일이 아니다.

뭔가 제대로 안 돌아간다는 느낌이 들면 자신을 객관적으로 봐
줄 수 있는 사람을 찾아 코칭을 요청하라고 권하고 싶다. 앞에서 얘
기한 것처럼 코칭은 결코 모자라는 사람이 받는 것이 아니다. 더 잘
하려는 사람이 찾는 파트너다. 그 파트너는 당신만큼 당신의 성공
을 기원하고 기뻐해주는 사람이다.

“내 귀가 나를 현명하게 해주었다.”

세계를 무대로 말을 몰았던 징기스칸이 남긴 말이다.

· 모든 것을 다 잘 할 수 있다고 느낀다면 그때야말로 코칭이 필요한 때라는 점을 기억하라.

· 피드백은 선물이다. 선물을 사양하지 말라.

· 커리어는 항해와 같다. 단기적 전략이 아닌 장기적 전략에 근거한 여행을 계획하라. 코칭은 당신으로 하여금 방향을 잃지 않고 목적지 항구에 도달하도록 이끌어준다.

당신의 뒷모습에 주목하라

매달 월급을 받는 사람이라면 대다수가 자주 경험할 것이다. 직장에서 고비를 겪고 난 다음엔 으레 마음속에 '사표'라는 글자가 떠오른다. "이거 아니면 먹고 살지 못할까!" 또는 "여기 아니면 일할 곳 없을까!" 하면서 마음을 모질게 먹어보지만 손은 어느새 책상 위의 서류로 가 있다. 힘든 정도가 좀 심하다 싶으면 마음 맞는 동료를 불러내 회사 근처 생맥주집을 찾아 생맥주 몇 잔 비우며 화나던 마음도 함께 비운다.

그렇게 일하다 보면 1년이 가고, 또 2년이 가고, 10년도 가버리는 게 시간이다. 중간중간 월급도 오르고 또 승진도 하면서 나중에는 그만두겠다고 으름장을 놓는 횟수도 줄어들지 않았던가.

적어도 내 경우는 그랬다. 중요한 일들을 성공적으로 해치우다 보면 자신감도 점점 커지고, 사실 생각해보면 별로 무서울 것이 없었다. 경력의 사다리를 밟아 올라갈수록 영향력의 범위도 커졌고, 비록 한 회사에서 오래 일하기는 했지만 좀 지루하다 싶으면 다른 부서로 옮겨가 새로운 일을 할 수 있는 기회도 있었다. 그만하면 행운인 셈이었다.

사표를 쓰지 않는 이상 평화 행진이 그렇게 언제나 지속될 줄 알았다. 그러나 다른 기업이나 다른 산업에서의 경험을 원하면서도 자의적으로 사표를 내지 못하고 있던 내게 드디어 타의적으로 회사를 떠나야 할 순간이 왔다.

본사에서 글로벌 전략을 검토하던 중 한국에 생산과 연구소를 두는 것이 비효율적인 것은 물론이고 전략적으로도 큰 의미가 없다는 판단을 내린 것이다. 당시 내가 속해 있던 한국 조직은 사업에 대한 결정을 내리는 데 있어 본사의 영향력에서 벗어나 독자적인 재량권을 갖기 위해 처절하리만큼 안간힘을 쓰던 때였다.

사장의 그런 노력을 구체적으로 지원하기 위한 조직이 바로 내가 이끌던 부서였다. 새로하는 프로젝트에 피곤한 줄 모르고 신나게 일하던 나는 물론이거니와 새로운 비전을 달성하기 위해 열심히 뛰던 모든 직원들이 허탈한 기분에 손을 놓게 되었다. 문을 닫는 것으로 본사에서 결정했기 때문에 소속된 모든 사람들은 회사를 떠나야 했다. 구조조정이란 말 자체가 회사에 없었을 정도로 일자리에 대한 보장이 완벽하다고 믿었던 회사였으니 얼마나 기가 막혔겠는가.

내가 했던 마지막 프로젝트가 바로 직원들을 위한 아웃플레이스먼트(outplacement)였다. 외부 컨설팅사의 도움을 받아 직원들이 새로운 직장을 잘 찾아갈 수 있게 도와주는 것이 프로젝트의 목적이었다. 컨설팅업체 선정이 끝나고 실제 컨설턴트가 투입되면서 퇴직을 위한 구체적인 프로세스가 진행되었다. 대부분의 직원들이 장기근속자였기 때문에 다른 회사로의 이직은 생각조차 하지 않고 오로지 내가 다니던 회사를 평생직장처럼 여겼었다. 그러다 보니 퇴직 절차는 그들 모두에게 아주 생소했다. 적성검사부터 시작해서 인터뷰 스킬, 연봉협상 스킬, 헤드헌팅 회사를 활용하는 법 등에 대한 섹션이 열리기 시작하면서 사내에는 퇴직 분위기가 높아졌다.

당시 친하게 지내던 동료 부서장과 퇴근 후 생맥주잔을 기울이며 자주 대화를 하곤 했는데, 하루는 그가 이런 말을 했다. 모두 하는 이야기가 퇴직이야기여서 자기도 자신이 도대체 얼마나 경쟁력이 있는지 알아보기 위해 스스로에 대해 SWOT 분석을 해보았는

데, 무슨 약점이 그리 많은지 깜짝 놀랐다는 것이다.

"이런데 누가 나를 뽑아주겠습니까? 약점을 보완할 정도로 나를 메이크업 하는 게 도대체 말이나 되는 소립니까?" 하면서 한숨을 쉬었다.

물론 단점이 없는 사람은 없다. 경쟁력을 높이기 위해 단점을 없애겠다는 말은 어쩌면 가장 비현실적인 것인지도 모른다. 그러면 어떻게 해야 하는가? 어떻게 해야 나를 인터뷰한 사람이 "좋습니다. 함께 일해봅시다!"라고 말하게 할 수 있는가?

사실 그 동료는 상당히 경쟁력이 높은 사람이었다. 마케팅 가운데서도 인바운드(in-bound) 마케팅과 아웃바운드(out-bound) 마케팅을 모두 경험했고, 국내 대기업과 글로벌기업을 두루 경험한 것은 물론 외국어 능력도 뛰어났다. 전략적으로 의사결정을 내릴 수 있는 역량도 갖고 있으면서 동시에 결정된 사항을 조직 내에 효과적으로 커뮤니케이션 함으로써 다른 부서로부터 지원을 끌어낼 수 있을 만큼 인간관계도 잘 다져온 사람이며, 기획능력도 상당한 수준이었다. 주변에서 하는 이야기를 핵심 사안별로 잘 정리하는 것은 회사에서 이미 정평이 나 있었다.

한 가지 단점이라면 좋은 회사에 근무하면서 너무 내부 네트워크 개발에만 치중한 것이었다. 그 위치라면 우리 회사를 넘어 업계에 두루 영향력을 미칠 수 있을 정도로 활발한 대외 활동을 했어야 했는데 그 부분을 소홀히 한 것은 아쉬운 점이었다. 그렇지만 그건 그의 많은 강점에 비하면 오히려 사소한 것이었고, 그는 현재 처한 상황을 너무 의식한 나머지 자신이 이미 가지고 있는 강점들을 객관적으로 보는 데 실패하고 있었다. 자신의 강점을 지나치게 과소평가하고 있었던 것이다.

물론 부족한 면을 더 보강하고 단점을 강점으로 만드는 것은 상당히 의미있는 일이고 필요한 일이다. 그렇지만 그렇게 하는 데 걸리는 시간을 고려할 때, 이미 가지고 있는 장점을 잘 다듬어서 먹고 싶은 메뉴로 만드는 것과 비교하여 어느 것이 더 쉬운지에 대해서도 한번 생각해 봐야 한다. 굳이 메뉴로 만들 만한 것이 없다면 단점을 보강이라도 해야겠지만, 어느 정도 직장생활을 한 사람이라면 얼마든지 이미 경험한 것을 하나의 상품으로 만들 수 있다. '구슬이서 말이라도 꿰어야 보배'라는 말도 있지 않은가.

이런 경우 이력서를 한번 작성해보라고 권하고 싶다. 그동안 참여했던 크고 작은 프로젝트, 그리고 자신이 진행하거나 지원했던 업무 등을 적어 보면 내가 걸어온 길이 한눈에 들어온다. 사소한 것이라도 잘라내지 말고 일단 다 적어라. 그런 다음 그 일들을 통해 내가 새롭게 얻은 것이 무엇인지, 그리고 그것을 역량이라고 한다면 어떤 이름을 붙일 수 있는지 생각해보고 적당한 이름이 떠오르면 옆에 적어둔다.

이젠 그 역량 리스트만 잘 살펴보라. 그쯤 되면 두드러지는 역량이 눈에 띌 것이다. 가장 많이 나온 것 순서대로 세 가지만 뽑아보라. 그 세 가지가 바로 자신이 직장생활을 하면서 가장 많은 시간과 노력을 들여 일한 것은 물론이고, 다른 사람에 비해 잘 해낼 수 있는 분야라고 할 수 있다.

그 세 가지를 묶어서 자신을 어떤 사람이라고 표현할 수 있을지, 일종의 카피문장을 만든다고 생각하고 한번 머리를 쥐어짜보라. 아마도 놀랄 정도로 멋지게 묘사된 한 사람이 보일 것이다. 바로 그 사람이 당신이다. 단점 투성이로만 보이던 사람이 멋진 경쟁력의 옷을 입고 당당하게 서 있지 않는가.

"사람들은 종종 자신들이 기대하고 있던 것이나 공평하다고 생각하는 것이 충족되지 않는다는 이유로 손에 넣을 수 있는 보상마저도 포기합니다."

이 말은 미국 국립영장류연구센터에서 '네이처' 잡지에 게재한 연구보고서에 나오는 얘기다. 원숭이를 연구한 것으로 인간행동에 대해 서술한 것인데, 마치 흰쥐 실험을 통해 깜짝 놀랄 만한 의학

연구실적을 발표하는 것과 흡사하다. 어쨌든 이 보고서가 지적한 현상은 우리 일상생활에서 아주 쉽게 목격할 수 있다. 이미 많이 가지고 있는데도 불구하고 가지고 있지 않은 한 가지 때문에 불행해하는 사람들이 얼마나 많은가.

잦은 실패는 단점이 많아서, 또는 역량이 부족해서이기보다는 있는 장점을 전략화하거나 경쟁력 있게 상품화하지 못하는 데 있다. 어느 기업도 완벽한 사람을 찾으려는 바보같은 짓은 하지 않는다. 지금 필요로 하는 그 자리에 적합한 사람을 찾을 뿐이다. 내 강점으로 잘 상품화되어 있는 역량을, 상대방이 그 자리에 적합하다고 판단할 수 있게만 한다면 그 자리는 바로 내 자리가 되는 것이다.

회사 안에서도 자신의 강점을 다른 사람에게 알리는 것이 중요하다. 특히 조직의 고위층에는 더욱 그러하다. 조직이 처한 상황이 시시각각 변하기 때문에 새로운 상황은 새로운 역량을 필요로 한다.

그때 필요로 하는 역량이 바로 당신의 강점이라는 사실을 조직 내에서 아는 사람이 많을수록 당신을 추천하는 사람이 많아진다. 그러면 그 자리는 바로 당신의 자리가 된다. 사업의 변화속도가 빠르면 빠를수록 이런 일은 자주 일어난다.

그동안 해온 일들을 일일이 적어보려고 해도 별로 적을 게 없는 경우도 있다. 그렇다면 참 할 말이 없다. 무슨 프로젝트에 좀 들어가라고 하면 이래저래 핑계 대고 요리조리 빠진다. 딱 내 일만 끝내고 힘든 일에서 빠질 때는 좋았겠지만, 막상 이력서를 적어보면 한 일이 별로 없어 꽤나 난감할 것이다. 그래서 인생은 좀 손해보면서 사는 것이 장기적으로는 오히려 남는 장사인지도 모른다.

별로 적을 게 없다는 생각이 들면 지금이라도 정신 차려 여기저기 뛰어들어 부딪쳐보고, 그 일을 통해 강점을 더욱 강화하고 나서 이력서에 다시 한 줄 멋지게 적어보라.

좀 심하다고 할지 모르지만 성공한 사람들은 매달 이력서를 수정한다고 한다. 매달이 너무 빠르면 두 달에 한번, 그도 힘들다면 분기에 한번 이력서를 수정한다고 생각해보라. 회사를 그만두기 위해 맨날 이력서만 잡으라는 말이 아니다. 자기 인생의 손익계산서, 또는 대차대조표가 훤히 보일 것이다. 그러면 어느 부분을 어떻게 해서 이익이 남게 할 수 있는지 길이 보일 것이다. 자신의 재무상태를 잘 관리하는 사람일수록 들고 나는 것을 잘 관리한다.

자신이 지원하는 자리에 맞게, 또는 그 회사에 맞게 이력서를 다르게 만드는 것도 좋은 접근 방법이다. 자신의 강점을 일반적으로 서술하기보다는 회사에서 찾는 그 자리에 맞게 이력서를 재구성하는 것이다. 또는 회사 내에서도 자신의 강점이 빛을 발할 수 있는 부서를 눈독들일 필요가 있다. 그런 부서가 있다면 그 부서에 맞게 자신의 강점을 어필하도록 하라. 자신에게 의존하게 하면 파워는 나에게로 온다. 그렇게 하려면 먼저 지원하는 자리에 대한 사전정보가 필요하다.

꼭 다른 회사에 지원하지 않는 경우에도 자신의 이력서를 수시로 수정해보는 것이 필요하다. 그때 고려해야 할 사항은 최근의 트렌드다. 시장은 언제나 그 자리에 정지된 상태로 있는 게 아니다. 그러므로 내 가치도 시장에 따라 유동적일 수밖에 없다. 내 직위가 바뀌거나 하는 일이 바뀔 때마다 내 가치도 함께 바뀐다.

이력서를 자주 수정하다 보면 내 가치의 이동흐름을 알 수 있다. 지금 현재 내 강점이 얼마나 유효할지, 그리고 내 강점의 가치를 더 높여줄 수 있는 요인들에는 어떤 것들이 있는지, 이런 질문들을 하다 보면 자신의 강점을 더 가치있게 해주는 통찰력 또한 얻을 수 있다. 그러면 전략적 커리어 관리가 가능해진다.

단점보다 강점에 집중하라는 말은 단점을 언제나 그대로 두라는 뜻이 아니다. 충분한 여유만 있다면 단점까지 신경 쓸 수 있지만 시간이나 자원에 한계가 있다면 먼저 강점에 우선순위를 두라는 말이다.

"내가 나를 가장 잘 안다"는 말은 완전 거짓말이다. 내가 아는 것은 반쪽뿐이다. 우리 가운데 어느 누구도 자신의 뒷모습은 볼 수 없다. 거기에서 바로 우리의 맹점이 나온다. 그렇기 때문에 우리에게는 뒷모습을 비춰볼 거울이 필요하다. 그 거울을 통해 수시로 자신의 강점과 경쟁력을 재점검하여 필요한 조치를 취해야 한다. 과거의 성공을 너무 오래 즐기다가 세간의 관심에서 사라진 기업이 있듯 개인도 마찬가지다.

지금까지의 강점을 너무 즐기다 보면 유효기간이 끝났는지도 모른 채 있다가 폐기처분되기 십상이다. 강점도 시간에 따라 바꿔줄 때만 강점으로 남을 수 있다. 영원불멸의 강점은 없다.

"흐르지 않는 물에는 물고기가 살지 않고, 다만 썩고 냄새 날 뿐이다."

가치를 높이는 조언

- 당신의 능력을 회사의 핵심 활동에 맞추어라.
- 당신의 강점을 전략적으로 상품화하라.
- 수시로 당신의 이력서를 수정하여, 당신의 강점이 아직도 유효한지 확인하라.
- 성공한 대부분의 사람은 자신의 20퍼센트에 80퍼센트를 집중했다는 점을 기억하라.

당신의 현재 강점 : 차후 경력을 계획할 때 활용할 수 있는 당신 자신의 긍정적인 부분 (예 : 경력, 교육, 기술 지식, 이전 가능한 구체적 스킬, 개인적인 성향, 인맥 등)

당신의 현재 약점 : 당신이 더 열심히 개발해야 할 부분 (예 : 경력 부족, 맞지 않는 전공, 직무 지식 부족, 일반적 스킬 부족, 외부 네트워크 부족 등)

당신의 미래 기회 : 당신이 어떻게 해볼 수 있는 것은 아니지만 앞으로 당신에게 이익을 줄 수 있는 외부의 긍정적인 상황 (예 : 전망이 밝은 분야, 학습 기회, 당신의 경험과 스킬이 더 많이 필요해짐, 당신의 경력을 앞당겨줄 수 있음, 현재 인맥활용 가능, 새로운 경험이나 스킬을 습득할 수 있음 등)

당신의 미래 위험 : 당신의 의지와는 상관없이 부정적인 영향을 미칠 수 있는 외부 요인들 (예 : 줄어드는 취업 기회, 치열한 경쟁, 경력을 앞당길 기회 부족, 전공에 대한 수요 부족, 제한적인 개발기회 등)

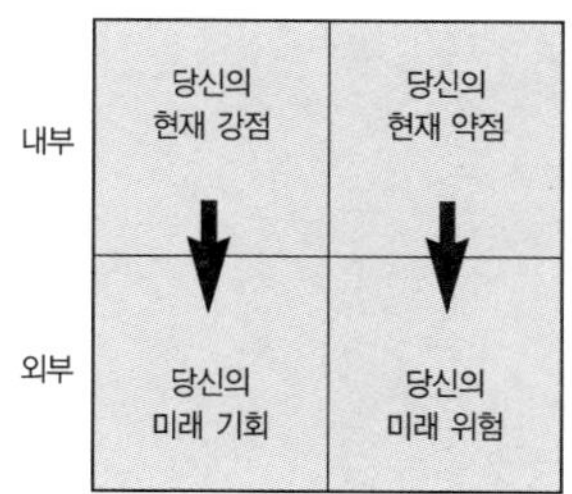

경력을 개발할 목적으로 SWOT 분석을 하려면 먼저 자신의 현재 상황을 제대로 평가해봐야 한다. 강점을 보다 잘 활용하면서 약점을 극복하려면 무엇을 해야 할까? 선택한 경력분야에서 어떤 기회와 위험이 존재할까?

SWOT을 통해 자신의 현재 뿐만 아니라 미래, 내부 뿐만 아니라 외부의 기회와 위험요소를 분석하면 훨씬 포괄적인 관점에서 자신의 항로를 결정할 수 있다.

실제 시장에서는 이미 기회가 줄어들고 있는 데도 불구하고 내부적인 관점에만 치우쳐 그동안의 대우에 만족하고 있다가 어느 순간 형편없어진 자신의 가치를 놓고 실망하는 경우가 많다. 더구나 요즘처럼 빨리 돌아가는 세상에서는 더욱 그렇다. 내 가치는 내가 미리 디자인하여 준비하는 것이 성공하는 사람들의 공통적인 모습이며, SWOT 분석이 이를 도울 것이다.

물론 분석에만 끝나서는 곤란하다. 분석은 차후 행동을 취하기 위한 사전활동일 뿐이다. 분석이 끝난 후에는 자신만의 경력 개발 전략을 수립하고 구체적인 행동 계획을 수립하여 하나씩 실행에 옮겨야 한다. 물론 실행 과정에서도 SWOT 분석은 필요하다.

기업의 마케팅 원칙을 개인 마케팅에도 얼마든지 활용할 수 있다. 지식이나 경험을 통합적으로 활용하는 것이야말로 21세기가 필요로 하는 것이다.

3

Jump
마음껏 능력껏 도약

그림을 크게 보라

이젠 성격보다 능력이다

일부를 전체라 착각하지 마라

당신은 다이아몬드를 만들 줄 안다

누구에게도 밀리지 마라

갇힌 새장은 좁다

정치는 여자에게 유리하다

중요한 것은 Want가 아닌 Need

트렌드를 좇아라

진심은 전해지고 있는가

스포트라이트는 당신을 비추고 있다

갈대처럼 흔들리지 마라

당신의 조각은 생각보다 값지다

그림을 크게 보라

기업경영에서 가장 많이 사용되는 단어는 아마도 '전략'이라는 말일 것이다. 그 단어 앞뒤에 어떤 말을 갖다 놓아도 어울릴 정도다. 전략적 리더십, 전략적 사고, 전략적 요충지, 전략적 우선순위, 경쟁 전략, 가격 전략, 비교우위 전략, 영업 전략…….

전시도 아니건만 우리가 사용하는 언어는 거의 전시 상황을 방불케 하고 있다. 아침에 출근해서 하루 종일 시간을 보내는 직장이 전시 상황과 다름없기 때문에 우리의 언어도 그 상황에 맞는 절박한 단어들을 찾는지 모르겠다. 우리가 일상적으로 나누는 대화에서 경쟁사를

‘적’으로 살짝 바꿔놓으면 군대의 작전회의를 방불케 할 것이다.

웃기는 얘기지만 언젠가 임원 회의에서 그런 생각을 해본 적이 있다. “우리 회의는 임원 회의가 아니라 전시의 작전회의”라고. 우리가 인식하지 못하는 사이에 ‘전략’은 우리 사고의 대부분을 점령하고 있다. 당신이 리더라면 또는 리더가 되기를 원한다면 ‘전략’이라는 말은 피해갈 수 없는 거대한 산이라는 점을 잊어선 안 된다.

『전략의 본질』이라는 책에서 저자는 전쟁사를 통해 전략의 여러 모습을 말하고 있다. 그는 전략을 구성하는 두 가지 관점을 이야기한다. 하나는 ‘리얼리즘’이고 다른 하나는 ‘이상주의’다. 이 관점에 나도 철저히 동의한다. ‘전략적 사고’라고 하면 ‘리얼리즘’과 ‘이상주의’를 절묘하게 매칭하여 시장에서의 우위를 점할 수 있는 방향을 찾아내는 것이다. 둘 중 어느 하나도 놓칠 수 없으며, 다만 우리가 판단할 수 있는 것은 두 가지를 어떻게 섞는 것이 최대 효과점이 될 수 있느냐는 것이다.

전략에 있어 또 다른 중요한 점은 ‘상대적’이라는 것이다. 전략의 가장 기본적인 목적은 경쟁사를 이기는 것이다. 어떤 때는 크게 이겨야 할 때도 있겠지만, 또 어떤 때는 그저 이기기만 해도 충분할 때가 있다. 싸움에는 자원이 투입되기 때문에 상대가 누구냐를 제대로 아는 것은 자원 투입을 위한 전략적 판단에 있어 아주 중요한 요소로 작용한다. 지금도 우리는 싸움에는 이기지만 전쟁에서는 지는 이야기를 자주 듣고 있다.

직업전선에 뛰어들어 한동안 잘 나가는 것 같다가 갑자기 브레이크가 걸리는 지점이 바로 전략적 사고가 필요한 시점이다. 기어를 변경하는 것이 필요한데도 그게 잘 되지 않아 앞으로 가야 할 차가 뒤로 밀리는 것처럼, 힘들게 올라온 여기서 오점을 남기고 그 자리에 주저앉느냐, 아니면 더 높은 속도를 내면서 질주할 수 있느냐의 기로에 서게 된다.

이전까지는 다른 사람이 닦아놓은 길을 열심히 뛰는 것만으로도 성과를 인정받을 수 있었지만 이때부터는 게임의 법칙이 달라진다. 승진은 반드시 역할 변화를 수반한다. 그동안 주로 '몸'을 써왔다면 이제는 '머리'를 쓸 것을 요구받는다. 새로운 시도를 위해 개념조차 존재하지 않았던 것에 개념을 부여하면서 일을 해야 한다.

리더가 되기 전부터 조금씩 '머리쓰기 연습'을 해왔다면 이때부터 비교적 덜 힘들게 기어를 변경할 수 있지만, '때가 되면'이라고 미루면서 당장 떨어지는 일을 하기에 급급했던 당신이라면 아마도 기어변경에 어려움을 겪을 것이다.

145

우리는 '현재' 때문에 바쁜 것이 아니라 '미래' 때문에 바빠야 한다. 조직에 들어온 이상 일차적 목표는 대부분 사다리를 밟고 위로 올라가는 것이다(물론 다른 경우도 있지만). 그러나 불행히도 올라갈 수 있는 자리는 한정되어 있으며, 직급이 위로 올라갈수록 바늘귀는 점점 좁아진다는 사실을 기억해야 한다.

그 '정글의 법칙'을 이해한다면 이제부터는 전략적으로 생각하는 훈련을 해야 한다.

이승엽의 타율이 타고난 재능에서 나오는 게 아니라 텅빈 연습장에서 수천 번씩 휘둘러대는 야구방망이에서 나왔다는 사실은, 그의 끝없는 노력을 대변한다. 야구선수는 많지만 누구나 이승엽의 타율을 가질 수 없는 것처럼 우리가 함께 일하는 직장에서도 누구나 전략적으로 생각하고 판단하는 건 아니다. 다만 부단히 연습한 사람만이 그렇게 생각하고, 말하고, 또 판단할 수 있을 뿐이다.

그 위치에 있는 것도 아닌데 어떻게 전략적 사고 훈련을 할 수 있느냐고 반문할지도 모른다. 우리가 직시해야 할 점은 전략적으로 생각하고 판단하는 위치에 있는 사람에게는 더 이상의 연습 기회가 주어지지 않는다는 것이다. 그 위치에 서면 오로지 게임만이 있을 뿐이다.

당신이 그 위치에 있지 않다고 생각하는 바로 그때가 적기다. 조직에 치명적 실수를 안겨줄 일이 없으니 마음 놓고 연습만 하면 된다. 그 위치에서는 가끔 헛방망이를 날려도 누가 크게 뭐라고 하지 않는다.

내가 처음으로 전략에 관심을 갖게 된 것은 HP본사에서 AMP (Account Management Program)라는 프로그램을 런칭하면서부터다. 어느 규모 이상의 고객사를 별도로 관리하는 프로그램이었는데, 국내에서는 글로벌기업 수준에 오른 단 하나의 기업이 HP의 AMP 대상이었다.

이 프로그램을 한국에 런칭하기 위해 나를 포함한 각 나라의 담당자들이 홍콩에 모여 오리엔테이션을 받았다. 이어 소개된 런칭 로드맵을 놓고 각 국가에서 어떻게 진행할 것인지 논의가 벌어졌다.

이 논의 과정은 나로 하여금 완전히 새로운 것에 눈을 뜨게 하였다. 처음으로 영업을 회사 단위에서 보기 시작한 것이다. AMP는 우리 회사의 사업성공이 목적이 아니라 고객이 자기사업을 성공적으로 이끌어갈 수 있도록 지원해주는 것이었다. 말하자면 일종의 영업 컨설팅이었는데 지금처럼 컨설팅이 광범위하게 적용되던 때가 아니어서 그 컨셉은 아주 획기적이었다.

갑작스런 영업 전략의 방향 전환이 궁금해진 나로서는 거의 매일 홍콩의 내 상사에게 전화하거나 이메일을 보내서 질문하고 그로부터

147

대답을 듣는 시간을 가졌다. 온갖 자질구레한 것에서부터 막후에 숨어 있는 배경에 이르기까지 참으로 많은 이야기를 들을 수 있었다.

그제서야 비로소 AMP가, 세상이 제품 영업에서 컨설팅 영업으로 선회한 것을 말해주는 첫 번째 신호탄이라는 사실을 알게 되었다.

실제 영업팀과 함께 그 프로그램을 진행하면서 내게도 '전략적 사고'라는 말이 들어왔고, 그것이 얼마나 다이나믹한 것인지 체험할 수 있었다. 아마도 나는 영업에서 직접 이 일을 했던 사람보다 더 많이 흥분했던 것으로 기억한다. 왜냐하면 내가 영업의 현실에서 한발 떨어져서 어떻게 돌아가는 것인지 제대로 볼 수 있는 위치에 있었기 때문이다.

이때의 경험은 내 전체 커리어에 대단히 중요한 변곡점이 되었다. 이후 본사에서는 이전과는 다른 전략적 프로그램들을 대거 쏟아내기 시작했고 나는 그것을 국내에 도입하는 1차 창구역할을 했다.

영업 전략이 바뀌면서 곧이어 영업 리더십에 변화를 주는 여러 프로그램들이 소개되었다. 새로운 전략을 실행하려면 새로운 리더십 행동이 필요한 만큼 본사에서는 새로운 리더십 프로그램을 내려보냈고, 그 일은 또 다시 나를 흥분시켰다. 그때 내가 가장 크게 배운 것은 전략과 리더십을 정략결혼시키는 것이었다.

아무리 잘 짜여진 전략도 성공적으로 실행해줄 리더십이 없다면 그저 그런 삼류 프로그램과 별반 다를 게 없다. 모든 프로그램은 이전과는 형식면에서 완전히 달랐다. 철저히 개인행동의 변화에 집중되었다. 그때 한 것이 지금의 일대일 임원 코칭과 흡사한 것이다.

리더의 행동 뒤에는 피드백이 따르고, 그 피드백을 받은 리더는 새로운 행동을 보여줘야 했다. 새로운 행동은 일반적 리더십 행동이 아니라 우리 전략과 연계된 것이어야 했다. 모든 것이 전략과 연계되도록 정교하게 짜여져 있었다.

많은 변화 프로그램들을 직접 진행하면서 나는 변화를 불러일으키는 요인들에 관심을 가지기 시작했다. 그런 시각을 가지고 변화의 매커니즘을 지켜보니 새로운 것들이 눈에 들어왔다. 그러다 궁금한 점이 생기면 홍콩이나 미국에 연락해서 물어보고, 그러면서 나는 또 하나 새롭게 알게 된 것에 흥분했다. 회사에 출근하는 것이 저녁에 퇴근하는 것보다 즐거울 정도였다.

당시 나는 내 위치를 충분히 활용한 것 같다. AMP 대상이 되는 고객사를 이끄는 사업본부장과의 잦은 대화를 통해 영업 현장과 우리 전략에 대한 안목을 가질 수 있었다. 우리 전략뿐만 아니라 경쟁사 제품과 전략, 고객들의 반응, 본사의 사업 전략 등에 대해 관심을 가지면서 본사에서 오는 문서들을 유심히 읽어보는 습관도 생겼다. 그리고 그런 문서가 오게 된 배경에 대해서도 궁금해하고, 만약 내가 답을 모르면 즉시 영업과 마케팅의 담당자들과 대화하면서 궁금증을 풀어나갔다.

그렇게 해나가다 보니 부분에 고정되어 있던 내 시야가 전체로 옮겨가고 어느 순간부터 내게도 상황이나 사실을 통합적으로 보는 시각이 생겼다. 퍼즐 맞추기에 도움이 되는 조각인지 아닌지 쉽게 구분이 되고, 필요없는 조각을 잡고 이리저리 시도하는 낭비를 하지 않게 되었다.

전략적인 사고라는 말을 자주 하지만 '전략'이란 말을 제대로 이해하지 않으면 사고의 방향에 아무런 도움도 되지 않는다. 전략은 간단히 말해 "어떻게 하면 시장에서 이길 수 있는가?"에 대한 대답이라고 할 수 있다.

시장에서 이기기 위해 전략적으로 생각하고 판단을 내리려면, 평소에 다음 사항들을 많이 생각하고 나름대로 답을 가지고 있어야 한다.

① 시장 또는 산업에 대한 이해

② 경쟁사에 대한 이해

③ 우리 회사의 사업 전략과 실행방안에 대한 이해

④ "사업 전략과 관련하여 나는 무엇을 어떻게 해야 하는가"에

대한 이해

위의 ①, ②, ③을 매일 하는 일에 잘 녹아들게 하는 사람을 우리는 전략적인 사람이라고 부른다. 그런 사람들은 자신의 목표와 업무가 전략 실행에 어떻게 연결되는지를 명확하게 알기 때문에 회사 입장에서 보면 자원의 효용 가치를 최대화 시켜주는 사람이라고 볼 수 있다.

이 네 가지에 대해 어느 정도 이해하고 있다는 판단이 서면 이제부터 걷기연습으로 옮겨가면 된다. 아기가 처음 자신의 두 발로 일어설 때 십중팔구는 무엇인가 잡고 일어선다. 그 자리에서 갑자기 두 발로 서는 경우는 거의 없다.

어떤 특정 상황에서 '어떻게(how to)'에 대한 판단을 내리기 전에 먼저 큰 그림을 그려보는 것이 좋다. 책상 위에 하얀 캔버스가 놓여 있다고 상상하면서 연필로 스케치하듯 상황을 해석하고 나름대로 판단을 내려본다. 이 부분은 결코 녹록지 않다. 상황을 해석하려고 해도 기준이 있어야 가능하며 그것이 명확하지 않으면 해석이 마음대로 된다.

미술시간에 하얀 캔버스를 내려다볼 때 가졌던 막막함을 떠올리면 아마 내 말에 동의할 것이다. 뭐든 첫 획을 긋는 것이 어렵다. 일단 긋고 나면 그 다음에는 부담감이 줄어든다. 내가 바로 그 자리에 있다고 생각하고, 피해갈 수 없는 막다른 골목이라 가정하고, 지금 나에게 주어진 것만 가지고 해석하여 상황을 정리해보자.

그러고 나서 상사가 어떻게 판단하는지 지켜보라. 그를 찾아가 물어도 좋고, 회의시간에 그가 말하는 것을 들어봐도 좋다. 아니면 그가 작성한 문서를 가져다 읽어봐도 좋다. 일단 그는 어떻게 생각했고 그 결과 무엇을 제시했는지 지켜보자.

그 다음은 그의 판단과 내 판단의 차이점을 비교해보는 것이다. 같은 상황임에도 불구하고 왜 그렇게 다른 판단이 나왔는지, 혹시 내 판단에 전략적 오류가 있었다면 그건 어디에서 비롯된 것인지, 그 오류가 다른 판단을 내릴 때도 재현될 수 있는 것인지 아니면 일회성으로 끝나는 것인지 스스로에게 물어보라.

이렇게 질문하고 답하고, 또 질문하고 답하다 보면 어느 순간 상사의 수준에서 생각하는 자신을 발견할 수 있다. 상사가 가지고 있는 사고의 매커니즘이 내게 들어옴으로써 내 몸 안에서 성공적으로 이식되고 있다는 것을 느낄 수 있다.

상사가 할 말이 내 머릿속에서 만들어지고 가끔은 그의 입을 통해 나오는 말이 내 머릿속에 있는 말과 같아진다. 얼마나 짜릿한 순간인가?

다음 단계에서는 상사의 말에서 오류를 찾아보도록 한다. 데이터나 정보 또는 사례를 활용해보는 것도 좋은 방법이다. 어느 부분에서는 마치 몸이 가려운 것처럼 "어, 저게 아닌데" 또는 "……때문에 내 생각에는 이렇게 가야 할 것 같은데" 하는 의문들이 생긴다. 말하자면 나의 독특한 관점이 생기기 시작한 것이다.

또 하나 좋은 방법은(HP에서 많이 회자되던 방식이다) "5천 피트 상공에서 내려다보기"다. 내가 지상에서 5천 피트 높이에 있다고 가정하고 그 위치에서 지상을 내려다본다고 생각하자. 좀 더 적나라하게 말하면, 상황을 사장이나 사업본부장 또는 다른 최고 책임자 위치에서 보라는 것이다.

가까이에서 보면 자세히 볼 수 있다는 장점은 있지만 다른 것들과의 유기적인 관계를 볼 수 있는 시야는 갖지 못한다. 관계는 어느 정도의 거리감(distance)을 가지고 있을 때에 비로소 눈에 들어온다. 미술관에서 그림을 감상할 때도 마찬가지다. 가까이에서 질감까지 자세히 봐야 할 때도 있지만 뒤로 물러나 다른 여백과의 관계 속에서 보면 그림의 전체 모습을 제대로 볼 수 있다.

내가 속한 조직 내부를 자세히 둘러보면 전략적인 사람이 있기 마련이다. 마케팅 업무를 하는 사람은 대체로 어느 정도의 전략적 마인드를 가지고 있기에 내 경우에는 최대한 그런 사람들과 시간을 많이 가지려고 했다. 시간관리란 결국 그런 것 아닌가. 덜 중요한

일에 대한 관심을 줄이고 중요한 일에 시간과 에너지를 투입하는
것 말이다.

깊이 있는 이야기는 회사 밖에서 나온다. 회사라는 공식적 공간
에서 벗어나 편안한 제3의 공간에서 전략적 대화를 즐겨보라. 회사
밖에서 긴장을 풀고 나누는 대화 속에는 양질의 정보가 많이 들어
있다. 전략적으로 생각하는 사람은 사고의 범위가 무제한적이다.
그래서 화제는 언제나 자유롭게 경계를 넘나들기 마련이다.

시와 소설 같은 문학작품만 읽던 나는 어느새 그런 책들을 밀어
내고 그들과 대화를 이어가기 위해 경영 서적을 읽기 시작했다. 대
개는 그런 책들 속에 현장에서 뛰는 사람들과 나누는 뜨거운 이야
기들이 전문적으로 잘 정리되어 있다. 이렇게 현장의 사람들이 뭔
가를 거품 물며 이야기하면 나는 그것의 핵심을 정리해주는 역할을
맡게 된다. 그러면서 자연스레 전략적인 사람으로 포지셔닝되
고……. 참 신나는 시간들이었다.

전략적 사고는 윗사람들에게나 필요한 것, 또는 마케팅이나 기획
팀에서 필요한 것이라고 생각한다면 리더로서의 당신의 경쟁력은
이미 수준 이하다. 그것은 당신이 하는 일이 무엇이든, 어디에 있든
얼마든지 활용 가능한 것이고 당신에게 많은 유익을 가져다준다.

나는 오늘 저녁 당장 전략적 결정을 내려야 한다. 두 아들이 유

학 간 덕분에 집을 좁혀가도 된다. 이젠 굳이 강남을 고집해야 할 이유도 없어졌다. 아이들 유학비를 감당하기 위해서는 지금 대출받은 돈 중에서 2억원 정도를 갚아 이자 부담을 줄이는 것이 필요하다. 그리고 남편의 직장과 내 일을 고려할 때 강남에 인접한 곳이 좋다. 이런 조건 속에서 새로 이사가야 할 집을 찾아야 한다. 전략적 사고를 거치면 좋은 전략적 대안을 마련할 수 있다. 전략적 사고는 가정에서도 필요한 것이다.

인간관계에 적용하는 것도 물론 유효하다. 내가 가끔 전화해도 괜찮을 사람과 자주 전화를 해서 근황을 알고 있어야 할 사람, 그 또한 내 전략적 판단을 필요로 하는 일이다. 그러고 보니 '전략적'이라는 말은 어디에나 어울리는 것 같다.

가치를 높이는 조언

· 큰 그림을 보기 위해 내게 필요한 사람이 누구인지 파악하라.
· 당신의 업무 영역 밖의 사람들과 어울려라. 그들은 당신의 폭을 확장시켜줄 귀한 사람들이다.
· 회사의 사업 전략이나 조직 전략을 반복해서 들여다보라. 그리고 그것에 당신이 기여할 수 있는 바가 무엇인지 찾아라.
· 당신의 성공은 무엇을 가지고 있느냐가 아니라 그것을 어떻게 사용하느냐에 달려 있다는 점을 기억하라.

이젠 성격보다 능력이다

정치학자 제임스 맥그리거 번스는 "지도자는 권력을 거래하는 상인 같은 사람이 아니라 사람들의 마음속에 깊이 파고드는 원칙과 가치를 만드는 사람"이라고 했다.

이 말은 내게 두 가지 시사점을 준다. 하나는 리더십의 개념에 전환이 왔다는 것이다. 기존의 권력 중심적 리더십에서 영향력 중심적 리더십으로의 전환이다. 다른 하나는 그럼에도 불구하고 이렇게 이분법적으로 "A가 아니라 B다"라는 식으로 단정하기엔 현실적인 이슈들이 너무나 많이 존재한다는 점이다.

조직마다 이슈가 다르겠지만 그것들을 해결하는 데 필요한 원칙과 가치를 만드는 것이 바로 리더십 활동의 핵심이 되어야 한다. 다행히도 나는 그런 조직에서 일해왔기 때문에 이 말이 사실이라는 것을 증언할 수 있는 몇 안 되는 사람이라고 생각한다.

직원을 채용하고 인사고과 권한을 갖는다고 해서 다 리더는 아니다. 리더 위치에 있지만 리더답게 행동하지 못하는 리더도 많다. 특히 임원급에 그러한 사람이 포진해 있다면 기업으로서는 여간 큰 부담이 아니다.

리더십은 직위나 직급이나 특권을 의미하는 것이 아니라 두 가지 측면에서 책임을 질 수 있는 사람이 보여주는 행동을 말한다. 하나는 비즈니스 측면에서의 책임을 말하고, 다른 하나는 사람과 관련하여 리더로서 책임지는 것을 말한다. 그러나 가장 중요한 점은 이 두 가지 측면의 리더십 행동이 모두 조직의 비전이나 미션, 그리고 전략에 명확하게 연결되어 있어야 한다는 것이다.

만약 리더십 행동이 조직전체 차원에서의 상위 목표와 연결되어 있지 않다면 그는 조직이 나가고자 하는 방향과는 다른 엉뚱한 쪽으로 팀을 끌고 갈 수 있다. 그렇게 되면 조직은 분산될 것이고 결국 목표 달성은 요원해진다. 그래서 리더십 이슈는 더 이상 교육 이슈가 아니라 비즈니스 이슈다.

GE는 바로 이런 이유 때문에 리더십 연구에 대한 투자를 아까워하지 않는다. 수년 전 존슨앤드존슨도 가파른 성장세를 전망했지만 동시에 그 성장을 방해하는 내부적 장애요소로 리더십 이슈를 제기한 적이 있다. 그 이후 그들은 리더십이 사업의 걸림돌이 아니라 경쟁우위가 될 수 있게 하기 위해 리더십 개발에 대대적인 투자를 결정하였다.

비즈니스와 관련한 리더십 책임은 일종의 컴퓨터의 하드웨어와 같은 것을 의미한다. 자신이 책임지고 있는 팀을 통하여 기업차원에서 추구하는 비전이나 전략이 성공적으로 실행될 수 있게 리더십을 발휘하는 것이다. 성과를 내기 위한 리더십 활동은 여기에 속한다.

팀의 목표를 설정하고 그것을 달성하기 위하여 구체적인 실행계획을 수립할 뿐만 아니라, 수립된 계획의 성공적인 실행까지 모두 책임지는 것이 바로 리더십의 반쪽에 해당된다.

이러한 리더십 활동의 결과는 구체적인 숫자로 나오기 때문에 성과에 바로 반영된다. 그러다 보니 리더들이 이 부분에 대한 비중을 많이 두는데, 유념해야 할 점은 리더의 활동이 사업에만 너무 지나치게 치중되면 직원들은 단기적인 목표 달성에만 관심을 갖게 된다는 사실이다. 또한 보여주는 것에만 신경을 쓰기 때문에 조직이 균형을 잡기 어려워진다.

두 번째, 사람과 관련한 리더십 책임은 바로 변화를 이끌어가는 리더십 행동을 말한다. 기업의 핵심 가치, 사업 관행, 그리고 조직과 개인의 행동이 조직의 지향점과 잘 연계될 수 있게 리더십을 발휘하는 것이다.

기업의 핵심 가치가 직원들에 의해 실행되고 올바른 사업 관행이 조직 내에 정착될 수 있도록 영향력을 발휘하는 것을 의미한다. 당장의 사업 성과뿐만 아니라 미래에도 경쟁력 있는 기업으로 남을 수 있도록 직원 개개인의 역량을 개발하고 동기부여 해주고 필요한 코칭을 제공해주는 리더십 행동이 이에 속한다.

하드웨어가 아무리 멋져도 그것이 돌아가게 해주는 소프트웨어가 없으면 무용지물이 되듯 사람과 관련한 리더십 행동은 조직 내에서 소프트웨어의 역할을 한다.

실제 기업의 지속적 성공은 지금 당장 성과를 내야 할 뿐만 아니라 미래에도 그 성공이 유지될 수 있게 시장의 변화에 따라 조직을 변화해나갈 수 있느냐에 달려 있다. 바꾸어 말하면 현재와 미래를 동시에 집중해야 한다는 점인데 문제는 그 둘 사이에서 어떻게 균형을 유지하느냐는 것이 과제다. 균형이 반드시 5 대 5를 의미하는 것은 아니기 때문이다.

불확실하고 불명확한 상황에도 불구하고 기업은 뭔가를 판단하고 결정하여 앞으로 나가야 한다. 그야말로 리더 조직은 기업 내에서 가장 중요한 전략적 역할을 맡고 있고, 그들에 따라 기업의 성공과 수명이 좌우된다.

리더가 어느 레벨에 있느냐에 따라 구체적인 역할은 달라진다. 초급 리더일수록 업무와 관련하여 리더십을 발휘하고, 중간급으로 오르게 되면 업무와 관련해서는 초급자에게 위임하고 사람과 관련된 일에 보다 많은 시간을 보내야 한다. 그러나 중간급에 있으면서도 기술적인 부분 하나하나까지 일일이 지시하고 체크하는 매니저가 많다. 사원급 부장 또는 과장급 임원은 아직도 조직 내에 많다. 해야 할 일은 안 하고 안 해도 될 일을 하니 역할의 누수현상이 일어난다. 임원급에 있는 리더라면 자기 시간의 대부분을 보이지 않는 것에 투입해야 한다.

예를 들어, 환경 변화의 흐름을 읽고 사업에 어떤 영향을 미칠지 파악하여 판단하고 또 적시에 결정을 내려주는 것이 그것이다. 직접 사업에 관여하지 않는다 하더라도 자신의 통찰력을 다른 임원들과 공유하면서 양질의 의사결정이 내려지는 데 기여해야 한다.

역할의 이런 차이가 제대로 조직 내에 정착되면 직급이 높을수록 퇴근시간이 늦어진다. 윗사람 눈치보느라 할 일 없이 자리를 지키는 부하 직원의 고충은 말끔히 사라진다.

"시간은 리더에게 가장 중요한 자원이다. 시간을 관리하지 못하는 리더는 다른 것도 관리할 수 없다." 피터 드러커가 한 말이다.

조직 내에 리더가 해야 할 일이 명확하게 정의되어 있으면 개인으로서도 해야 할 일과 하지 말아야 할 일의 구분이 분명하다. 그러나 역할과 책임을 명확하게 규정한 조직은 흔하지 않다. 설사 그런 규정이 존재한다고 해도 현실 상황을 그대로 반영하기는 어렵다. 왜냐하면 현실 상황은 빈번히 바뀌는데 그때마다 규정을 개정하고 새로운 역할과 책임에 따라 행동할 수 있게 하는 것이 쉬운 일이 아니기 때문이다.

법이라고 모든 것을 다 정의할 수 없는 것처럼 기업 내의 규정 또한 모든 경우의 수를 다 서술해놓기는 어렵다. 이런 상황에서는 비록 규정에 없더라도 리더가 상황 판단을 해줘야 한다.

직원들이 가장 일하기 싫어하는 상사는 '사람은 좋은데 배울 것은 별로 없는 상사'다. 현실은 성격 좋은 리더를 원하는 게 아니라 팀을 확실하게 끌어갈 수 있는 리더를 원한다. 달성하겠다고 말한 것을 실제 만들어내는 리더를 원한다. 그리고 팀 내의 모든 구성원들이 자기 목표를 달성할 수 있도록 영향력을 행사할 수 있는 리더를 원한다.

내 경험에 비추어보면 내가 가장 많이 성장할 수 있었던 때는 독일 상사 밑에서 혹독한 시간을 보냈을 때인 것 같다. 회사를 그만두고 싶을 정도로 힘들기도 하고, 또 내 능력에 한계를 느껴 절망한 적이 한두 번이 아니었다. 내가 몸담았던 곳과는 완전히 다른 조직에 가서 맨땅에 헤딩하고 있었으니, 상사도 원망되고 냉정한 시선의 동료 매니저들도 매정하고 이기심으로 뭉쳐진 사람들처럼 보였다.

그러나 그 시절은 내게 있어 태릉 선수촌과 같았다. 매일 기록갱신이 일어나고 매일 새로운 근육이 만들어졌다. 시간이 지나면서 어려움을 기회로 받아들이는 여유까지 생겼다.

어려운 순간에서 헤쳐나올 때마다, 내 머리가 구덩이 밖으로 채 나오지 않았는데도 불구하고 그 지독한 독일 병정은 매번 똑같은 질문을 또 던졌다.

"방금 겪은 어려움을 통해 무엇을 배웠나(What did you learn)?"

단 한 문장에 불과한 그 질문이 내 인생을 바꿔놓았다. 그 질문을 통해 나는 내가 막 발을 빼려는 구덩이를 객관적으로 볼 수 있었고, 나로 하여금 그 구덩이에서 살아나오게 한 요인이 무엇이었는지 정리할 수 있었다. 그것은 내 역량이 되어주었고 어떤 상황에서 그 역량이 힘을 발휘할 수 있는지에 대해서도 생각하게 해주었다.

물론 실패했을 때도 그는 뒤집어서 또 질문했다.

"실패의 원인이 뭐라고 생각하나?"

그는 반드시 내 입으로 실패 요인을 끌어낼 때까지 내 얼굴을 쳐다보았다. 그런 호된 과정을 거치면서 실패 요인을 정확하게 짚어낼 수 있어야 비로소 실패에서 자유로울 수 있다는 중요한 진실을 나중에야 깨달았다. 실패 요인을 끄집어내는 바로 그 순간 나는 내 머릿속에서 죽어도 잊혀지지 않을 정도의 학습이 주는 강력한 경련을 경험했다.

실패는 새로운 점프를 위한 선물이었다. 나는 더 이상 실패의 노예가 아니었고, 그 실패는 실패로써 기억되는 게 아니라 학습으로 기억되었다.

내가 거쳐 왔던 상사들을 보면서 나 나름대로 바람직한 리더는 어떤 사람이어야 하는지에 대한 모습이 어느 정도 형성되었다. 그것은 단순히 책을 통한 것이 아니기 때문에 쉽게 바뀔 것 같지 않다.

리더는 '착한 사람 콤플렉스'에서 벗어나 다양한 측면에서 지적 자극을 줄 수 있어야 한다는 것이 바로 그것이다. 그렇게 되면 상대방의 역량 수준을 더 높은 곳으로 끌어올릴 수 있고, 발전된 역량이 업무에 투입되어 성과 또한 향상된다. 그래서 리더가 1차적 목표로 하는 것은 성과가 아니라 사람이어야 한다는 것이 내가 그들로부터 배운 교훈이다.

반면 상사로부터 인정받고 동료들과도 잘 지내며 어느 정도 큰 소리치며 즐기던 시절은 오히려 내게 쥐약이었다. 편안함이 중독인 줄도 모르고 거기에 점점 빠져들었다. 편안함은 사람을 무기력하게 만들고 도전하려는 시도를 막는다. "그만하면 됐어", "이 정도만 해도 돼", "뭐하러 그렇게 자신을 괴롭혀?" 이렇게 말하면서.

안전지대에 갇힌 사람에게는 날아갈 날개가 없다. 원래 있던 날개도 그곳에서는 그 기능이 점점 퇴화한다. 안전지대로 가고 있다는 느낌이 든다면 얼른 그곳에서 튀어나와야 한다. 퇴화하여 지구상에서 아예 멸종된 동물처럼, 조직에서도 퇴화하는 직원에게는 퇴출만이 기다리고 있을 뿐이다. 비록 순간의 달콤함이 유혹하더라도 불편한 곳을 찾아 스스로 기어나와야 한다. 그 불편함에 대한 도전만이 나를 진화하게 해준다는 사실을 기억해야 한다. 그때 안전지대에서 튀어나오지 않았다면 지금 나는 어떤 모습일까를 가끔 생각하곤 하는데 아찔해진다.

어느 조직이든 다양한 리더십이 존재한다. 그리고 그 리더십 간에 충돌이 일어나고, 그 충돌은 기업의 발전을 더디게 하거나 아예 앞으로 나가지 못하게 붙잡는다. 그러나 핵심 계층에 올바른 리더십이 뿌리내리고 있다면 그 조직은 크게 걱정할 게 없다. 내게 있어 독일 상사는 그런 존재였다. 조직 내에 원칙을 심고 사람들이 그 원칙에 따라 행동할 수 있게 영향력을 행사하는 리더십을 보여줬다. 사람들은 모두 다 다른 존재이기 때문에 함께 일했던 다른 매니저는 그를 나와는 다르게 평가할지 모른다.

그러나 리더는 내가 어떤 눈을 가질 것인가에 대한 답을 알고 있어야 한다. 내 눈은 세상을 보는 것을 가능하게 하는 한편, 나의 세상보기를 스크린하기도 한다. 그렇기 때문에 우리는 보지 않아도 될 것을 보고, 또 꼭 봐야 할 것을 놓치는 것은 아닌지 수시로 내 눈이 보는 것과 보지 못하는 것을 확인해야 한다.

내가 막 HP에 들어갔을 때 사장은 미국인이었다. 회사 설립 초기였으니 아무래도 그의 역할은 조직을 갖추는 것에 맞춰져 있었을 것이다. 조직을 구성하는 것에서부터 그 조직이 제대로 돌아가게 하고, 본사의 경영철학이 이곳에서도 살아 움직이게 하는 것이 그의 역할이었다. 진용만 잘 갖춘다고 조직이 돌아가는 것은 아니다. 조직 행동을 만드는 데 가장 중요한 것이 리더십이기 때문에 조직이 의도한 대로 움직일 수 있도록 올바른 리더십을 심는 것 또한 그의 일이었을 것이다.

그 미국인 사장에 대한 일화가 많지만 경영 원칙과 조직 행동을 뿌리내리게 한 대표적인 이야기가 있다. 사장은 출장갔다가 돌아올 때 비행기 안에서 여행경비를 정산하여 양식에 따라 깔끔하게 정리하고, 출근하는 첫날 바로 비서 책상 위에 놓곤 했다. 이전에는 낮은 직급의 부서장들도 대개 출장갔다오면 으레 영수증만 던졌는데, 그 이야기가 퍼지면서 그들의 습관이 확 바뀌었음은 말할 것도 없었다.

그뿐이 아니었다. 부인이 함께 간 경우에는 어김없이 식사비용을 둘로 나누어서 자기 비용만 회사에 청구하였다. 그거 몇 푼 되는데 그러냐고 항변하는 통 큰 사람이 있을지도 모르겠지만, 센트까지 나누는 그의 쫀쫀한(?) 행동은 조직 전체에 큰 영향을 미쳤다.

그의 이야기가 전해지면서 직원들은 아주 자연스레 그의 행동을 따라 했고, 비용에 있어 공과 사를 엄격하게 구분하는 행동이 조직 내에 자리잡았다.

사장은 단 한 번도 그렇게 해야 한다고 목소리 높여 말하지 않았지만 그의 행동은 다른 사람들의 행동 변화를 가져왔다. 그는 예외가 인정될 수 없는 부분에서 스스로 지키는 모습을 보여주었다. 예외를 인정하면 그것이 아무리 작은 것이라도 결국에는 상식이 되어버리고 그때는 엄격하게 다루고 싶어도 이미 늦다.

그 사장의 행동을 리더십에서는 모델링(modeling)이라고 한다. 이처럼 올바른 리더십은 조직에 막대한 영향을 미친다. 리더 위치에 있다면 올바른 행동을 조직에 보여주고 그것이 다른 사람들에 의해 모방될 수 있도록 본보기가 되어야 한다. 당신이 리더가 아니라면 올바른 리더를 모델로 삼아 스스로 올바른 리더십의 본보기가 될 수 있도록 애써야 한다.

이유는 간단하다. 왜냐하면 기업은 점점 편법보다는 정직하게 사업을 할 것이기 때문이다. 기업을 견제하는 시민단체의 영향력이 커지고 있고, 점점 현명해지는 고객은 기업들이 올바른 리더십을 발휘할 것을 요구하기 때문이다.

한 리더의 사소한 행동이 직원들에게 영향을 미치면 그들도 그 행동을 따라하게 되고, 결국 조직 행동이 된다. 조직 행동이 거듭되면 그것은 조직 문화로 자리잡는다. 조직 문화를 바꾼다는 말을 하지만 그건 문화의 힘을 몰라서 하는 말이다. 문화로 자리잡는다면 바꾼다는 것은 거의 불가능하다. 설사 가능하다고 해도 아주 오랜 시간을 거쳐 점진적으로 바뀔 뿐이다.

내가 HP에서 만났던 리더들은 어떤 조건에서도 본보기가 될 만한 훌륭한 리더십을 보여줬고 그들의 행동은 내가 리더가 되었을 때 그대로 내 행동이 되었다. 나 또한 내 행동을 통해 올바른 리더십을 보여주기 위해 애썼다. 그들이 나를 올바른 리더로 기억해주기를 바란다.

내가 만났던 그들의 영향은 여기서 그치지 않는다. 나는 리더십 강의를 할 때마다 그들의 올바른 리더십에 대해 언급한다. 내 강의를 들은 사람들이 그렇게 따라하기를 기대하며, 그리고 나는 이 책에도 그들의 이야기를 빠뜨리지 않는다. 더 많은 사람들이 그들을 따라하기를 꿈꾸기 때문이다.

"한 명의 리더가 세상을 바꿀 수도 있는 강한 힘을 가지고 있다는 점을 기억하며……."

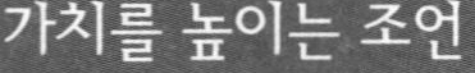

· 리더는 조직의 원칙과 가치가 행동으로 나오게 하는 사람이다.
· 리더는 다른 사람의 능력을 실제보다 더 크게 만들어주는 사람이다.
· 리더의 목표는 성과 달성이 아니라 사람을 이끄는 것이다.
· 리더는 현재의 성과뿐만 아니라 미래의 성과까지 책임져야 한다.

· 리더는 비전을 수립하고 조직이 나아가야 할 방향을 정한다.

· 리더는 가치를 수립하고 그것이 살아있게 한다.

· 리더는 높은 수준의 업무 기준과 기대치를 가지고 있다.

· 리더는 의미를 부여한다.

· 리더는 책임질 줄 안다.

· 리더는 다른 사람들에게 동기를 불어넣어 준다.

· 리더는 다른 사람들을 하나로 묶어 일체감을 갖게 한다.

· 리더는 다른 사람들을 의사결정 과정에 참여시킨다.

· 리더는 잘 경청하고, 잘 설명해준다.

· 리더는 스스로 본보기가 되어준다.

· 리더는 조직을 대표한다.

· 리더는 구성원들을 이끌어가지만 그들의 지원을 받는다.

· 리더는 모든 것을 긍정적으로 본다.

· 리더는 언제나 기회를 찾는다.

· 리더는 승리에 초점을 맞춘다.

· 리더는 새로운 실험을 마다하지 않으며 위험을 즐긴다.

일부를 전체라 착각하지 마라

이그나즈 제멜바이즈란 의사 이야기가 있다. 그의 이야기는 『내 안의 상자를 깨라』라는 책의 앞부분에 잠깐 언급되어 있다. 1800년대 중반 오스트리아의 비엔나 시립병원 산부인과에서 근무했던 그는 자기 병동에 입원해 있던 산모들은 10명에 1명씩 사망하는 반면, 다른 병동에 입원해 있던 산모는 50명에 1명씩 사망한다는 기막힌 데이터를 접하게 되었다.

양쪽 병동의 조건을 똑같게 만들어도 역시 사망률의 격차가 줄어들지 않았다. 다만 알게 된 것은 다른 병동에서는 산파가 아이를 받는 대신 자기 병동에서는 의사가 그 일을 했다는 점이다. 그때 그가 4개월 동안 다른 병원으로 파견 나갔다가 돌아와 보니 사망률이 현저하게 감소되어 있었다. 놀란 그는 원인을 조사했는데 문제는 엉뚱한 곳에 있었다.

자신이 파견 나가 있던 사이에 일해준 사람들과 자신의 작업수행 과정을 비교해본 그는 바로 자신의 손이 문제라는 사실을 발견한다. 그 당시는 세균에 대한 인식이 부족했던 때라 환자를 돌보는 틈틈이 시체를 가지고 연구를 했었는데, 그때 손에 묻어 있던 세균이 산모를 감염시켰던 것이다.

그 이후 염소와 석회용액에 손을 씻고, 환자를 돌보게 되면서 산모들의 사망률은 100명당 1명으로 떨어졌다.

이 이야기처럼 우리가 잘 알고 있다고 생각하는 곳에도 오류가 존재한다. 내가 모르는 것이 있다고 생각하면 알기 위한 노력을 하지만, 다 알고 있다고 생각하는 한 그런 노력을 하지 않는다. 그런 의미에서 "아는 것이 죄다"는 말은 맞다.

세상은 세 가지 요소로 구성되어 있다고 한다. 자세히 적어보면 다음과 같다.

① 나는 내가 무엇을 알고 있는지 안다(I know what I know).

우리가 지식·공부·경험 등을 통해 알고 있는 것을 말한다. 우

171

리가 무심코 "난 알아요(서태지의 노래처럼)"라고 말하는 대부분이 여기에 속한다. 또는 상대방이 잘 모른다고 얕보거나 무시할 때의 아는 것도 바로 여기에서 나온다. 이 부분은 우리에게 권한과 힘, 그리고 우월적인 지위를 가져다주는 것은 물론 높은 수준의 자기만족감도 준다.

② 나는 내가 무엇을 모르는지 알고 있다(I know what I don't know).

이 부분을 깨닫게 되면 우리는 '학습'을 하게 된다. 그러나 학습을 해서 알게 되는 것도 다른 누군가의 학습에 의해 이미 밝혀진 것만 알 수 있다.

③ 나는 내가 모르고 있는 것이 무엇인지 모른다(I don't know what I don't know).

이 부분은 아직 아무도 모르고 있는, 누구에 의해서도 알려지지 않은 미지(未知)의 부분이다.

세상은 무지 복잡하고 서로 얽혀 있지만 이렇게 세 가지 요소로 구분해놓고 보면 단순하기 그지없다. 그러나 중요한 점은 ①번인 "내가 알고 있는 것이 무엇인지 알고 있다"에 해당하는 부분이 전체의 5퍼센트 밖에 되지 않는다는 점이다.

더 기막힌 것은 ②번인(여기까지 오는 것도 쉬운 일이 아니다. 어느 위치에서 상당히 고수단계에 있는 사람들만이 부단한 학습을 통해 다른 사람의 아는 것을 자신의 것으로 만들 수 있다. 대부분의 사람들은 여기까지도 못 온다). "내가 모르는 것이 무엇인지 안다"까지 가도 우주의 10퍼센트 밖에 알지 못한다고 한다.

나머지 90퍼센트는 미지(未知)의 상태에 있다는 것이다. 바꿔 말하면 우리가 알아야 할 것이 그만큼 많다는 의미도 되고, 또 다른 한편에서는 우리가 알고 있다는 것은 사실 먼지만큼도 안 된다는 경고의 의미이기도 하다. 그런데 우리는 미미한 정도의 '아는 것'을 가지고 전체를 판단하는 실수를 자주 범한다.

사소하게는 다른 사람과의 인간관계에서 뿐만 아니라 중요한 결정을 내릴 때도 이런 실수의 가능성은 언제나 존재한다. 말하자면 내 상자 안에 갇혀서 상자 밖의 90퍼센트를 놓치고 있으면서도 내가 아는 5퍼센트를 가지고 "나는 모두 알고 있다", 또는 "내가 아는 것이 맞다"고 목에 핏대를 세우면서 주장한다. 이런 '일상화된 방어 행동'으로 인해 장님이 되는 것이다.

기억하고 싶지도 않은 일이지만 가끔 되살아나는 그 기억은 지금도 앞으로 전진하기만 하려는 내게 브레이크 역할을 해준다. 그 기억은 나의 좌충우돌에 대한 것이다. 처음으로 리더 위치에 올랐을 때였으니 의욕은 충천해 있었지만 실제 리더로서의 경험과 역량은 일천했던 시절이다.

영업조직에서 공장으로 근무지를 옮겼을 때의 일이다. 하던 일도 완전히 달랐고 조직분위기는 말할 것도 없고, 조직구성원들의 배경과 성향 또한 완전히 달랐다. 말하자면 나는 그곳의 이방인이었다. 그 조직을 오케스트라라고 한다면 연주연습을 할 때마다 이상한 소리를 내는 것은 나였다. 조율한다고 나름대로 노력은 하지만 불쑥불쑥 내 소리가 튀어올랐다.

한마디로 죽기보다 싫은 순간들의 연속이었다. 그러나 그러면 그럴수록 내 안에서는 이상한 오기가 생겨났다. 한번 멋지게 히트해서 그동안의 모든 것을 한방에 만회하고, 사람들의 시선을 완전히 뒤집어놓으며 모두 내게 의존하게 만들겠다는 것이었다. 그런 것일수록 함부로 떠벌리기보다는 아무도 모르게 준비해 회의실에서 사람들을 깜짝 놀라게 해야 효과가 최대한 날 거라는 것이 그때 생각이었다.

내가 그곳으로 간 지 얼마 되지 않았을 때 프로젝트 하나를 끝낼 때마다 상사는 내게 새로운 일을 던져줬다. 아무도 하지 않던 일이 대부분이었다. 그 일들이 나를 계발하기 위한 것인지, 아니면 코너까지 몰아부쳐 날 내보내고 새로운 사람을 뽑겠다는 것인지, 그도 아니면 아무도 할 사람이 없어서 그냥 던져준 것인지, 나는 늘 그 사람의 의중을 파악하기에 급급했다. 그가 던지는 새로운 일들이 내 목을 조여오던 때였으니 내 피해의식은 커져만 갔다.

한번은 상사가 나를 회의실로 불렀다. 당시 조직을 독립적인 조직으로 만들어가겠다는 결심을 말하면서, 그러기 위해서는 '사업계획 프로세스(business planning process)를 제대로 밟아서 새로운 비전을 개발하고 그에 맞게 하부 단위의 실행계획까지 수립하는 것이 필요하다는 것이었다. 각 기능 부서별로 별도 진행되는 사업계획 수립 프로세스를 통합해서 진행해야 자원의 효용 가치도 극대화할 수 있다는 점을 강조했다. 조직전체 차원에서 사업계획을 수립하고 실제 실행 여부까지 모니터링 하는 프로세스를 만들어야 한다는 것이 그의 핵심이었다.

거기까지 말한 그는 잠깐 말을 멈추고는 내 얼굴을 쳐다봤다. 순간 '또 걸려들었구나!' 하는 생각이 머리를 스치며, '아이고 어떻게 빠져나가지? 지금도 죽을 지경인데……' 하는 생각만이 가득했다. 그때 비로소 나는 침묵은 어떤 말보다 파워가 강하다는 사실을 터득했다. 그는 내 행동을 관찰하듯 하면서 여전히 아무 말도 없이 나를 보기만 했다.

힘겨루기에서 밀린 나는 결국 기가 죽어 되물었다.

"누가 그 중요한 일을 맡는 것이 적합하다고 생각하십니까?"

나름대로 선공(先攻)이라고 생각하면서 던진 공이었는데 그 공은 고스란히 내게 다시 날아왔다.

"당신은 누가 적임자라고 생각합니까? 그리고 왜 그 사람이라고 생각하는 것이지요?"

역시 강공이었다. 어쨌든 나는 여기서 빠져나가야 했다.

"재무팀이 적합할 것 같습니다. 회사의 전반적인 재무 사항을 잘 알고 있어서 투자에 대한 결정에서도 좋은 영향을 미칠 것입니다. 그리고 회사 내에서 이미 비슷한 일을 해오고 있었습니다. 아마 잘 할 겁니다."

그렇지만 그의 다음 말은 훨씬 길었다.

"바로 그 부분 때문에 나는 재무팀이 적합하지 않다고 생각합니다. 여기 있는 모든 사람은 기존의 방식에 익숙해 있어 새로운 관점에서 보기 어렵습니다. 이들이 그동안 잘해왔지만 바로 그 점이 앞으로 나가는 길에는 장애가 될 겁니다. 재무팀은 숫자에 관한 한 전문가이지만 숫자를 뛰어넘는 생각을 하기는 어렵습니다. 그렇다면 그들은 벌써 다른 부서로 가야 했습니다. 그건 그들의 전문 영역도 아닙니다. 나는 이전과는 다른 프로세스로 사업을 봐야 한다고 생각합니다. 그래야만 우리가 만들어내는 것이 이전과는 다른 것이 될 수 있습니다.”

결국 나를 지목하고 만나자고 한 것이 틀림없다는 속내가 드러났다. 이쯤 되자 내 전의(戰意)가 상실되기 시작했다. 아예 백기를 들어버렸다.

“그럼 제가 적임자라는 생각이십니까?”

“그렇습니다.”

“저는 아직까지 한번도 사업계획 프로세스를 이끌어본 적이 없습니다. 더구나 저는 엔지니어링에 대한 경험과 지식도 없습니다. 새로운 도약을 꿈꾸는 가장 중요한 단계에서 이 중요한 프로세스를 제가 맡을 수는 없습니다. 그건 회사 입장에서 볼 때도 위험한 결정입니다.”

“지금 말한 모든 것이 바로 내가 당신이 해야 한다고 말하는 이유입니다. 엔지니어링에 경험과 지식이 없기 때문에 그 한계에 얽매이지 않을 수 있습니다. 우리가 가지고 있는 기술력만으로는 새로운 도약을 할 수 없습니다. 그것이 무엇이든 우리는 새로운 기술을 찾아야 합니다. 그러나 우리 사업에 익숙한 사람들은 이미 알고 있는 것과 관련하여 미래를 생각할 것입니다. 당신이 그들을 자극해줘야 합니다. 우리 회사 내에도 벤치마킹할 곳이 많이 있습니다.

글로벌기업의 장점이 무엇입니까? 많은 조직들이 다양한 시도들을 하고 있으니 그들로부터 배우면 됩니다. 그들을 불러들여 우리가 가진 한계와 가능성이 무엇인지 직접 깨달아야 합니다. 본사 컨설팅팀도 활용할 수 있습니다. 한번도 해본 적이 없다는 말도 그렇습니다. 지금 한번이라도 해봐야 나중에 해봤다는 말을 할 거 아닙니까? 지금 해보지 않으면 언제나 한번도 해본 적 없다는 말만 하게 될 겁니다.”

'아이고, 죽었구나!' 하는 생각이 들면서도 다른 한편에서는 '또 하나 새로 배워보자'는 마음이 솟구쳤다. 그의 시선은 집요했고 그의 말에는 힘이 넘쳤다. 결국 나는 “하겠습니다”로 항복하고야 말았다. 그러나 나는 그 일을 맡으면서 내가 기대했던 것보다 엄청나게 많은 것을 배웠다. 상사와의 대화를 통해 처음으로 '다르게 생각하기, 뒤집어 생각하기, 상자 밖에서 생각하기, 한계 파괴하기' 등과 같은 것에 부딪쳤다. 그리고 그렇게 해보고 싶다는 충동도 일어났다.

약속대로 그는 모든 지원을 아끼지 않았다. 벤치마킹을 위해 미국의 다른 조직을 방문하고, 본사 팀을 만나고, 또 본사 컨설턴트를 한국으로 데려오기도 하고, 외부 컨설팅 기관을 통해 새로운 사업 계획 수립 기법을 모든 리더들에게 학습할 기회를 만들어주기도 했

'다. 그때 처음 접해본 '시나리오 계획 수립(scenario planning)'은 나를 무척이나 흥분하게 만들었다. 사업 환경의 다이나믹한 에너지를 직접 느낄 수 있었다.

비즈니스의 전략적 방향에 따라 전체 조직이 통합적으로 움직여야 했기 때문에 모든 부서장들과 많은 이야기를 나눴다. 그들과 대화를 하면서 비로소 그들의 업무를 이해할 수 있었다. 이전에는 그들의 업무를 내 눈으로 본 것에 의존했지만 그들과 대화하면서 내가 본 것이 실제 그들이 하는 일과 상당한 차이가 있음을 알게 되었다. 견해의 차이는 대부분 내가 만든 것이었다. 나는 내가 보고 싶은 것만 보고 있었지 사실(fact)을 놓치고 있었다.

다른 사람이 이미 하고 있는 것을 살펴보는 것도 상자 밖으로 나오거나 상자크기 자체를 키울 수 있는 좋은 시도가 된다. 내 경우 미국의 사업 조직을 방문하면서 기존의 내 상자 크기를 많이 확장시킬 수 있었다. 어떤 부분에 있어서는 아예 새로운 상자가 만들어지기도 했다.

가만히 보면 조직 내에서 역량과 성과가 뛰어난 사람일수록 자기가 알고 있는 것을 다른 사람에게 개방하는 것을 그다지 불편해하지 않는다. 뿐만 아니라 다른 사람이 하는 것을 호기심을 가지고 관심 있게 지켜보는 특성을 가지고 있다. 그렇게 함으로써 자신의 영향력의 크기를 점점 키워간다.

상자 밖으로 나오는 다양한 방법들을 가능하게 해주는 가장 중요한 것은 바로 사고방식이고 존재 방식이라고 할 수 있다. 자신이 항상 옳은 것은 아니며, 자신도 틀릴 수 있다고 유연하게 생각할 수 있을 때 스킬이 의미있어진다. 똑같이 도요타 자동차를 방문하고 와도 어떤 점을 배웠는지 말해보라고 하면 사람마다 차이가 있다. 그 차이는 다름 아닌 개인의 사고와 존재 방식에서 비롯된다.

그때 부딪쳐가면서 얻은 경험은 어느 교육보다 가치 있는 산교육이었다. 나는 지금도 말한다. 교육장 안에서 배우는 것에 너무 의존하지 말라고. 교육이 변화의 자극이나 촉매제 역할은 하지만 진정한 교육 효과는 실행 과정에서 만들어진다. 직접 현장에서 깨져보는 것만큼 큰 교육은 없다. 아프기는 하지만 그것이야말로 내 경험이 되고 그 경험이 단단한 근육으로 다듬어지기 때문에, 만든 사람의 지식이 아니라 내 소유가 된다. 이보다 지식의 소유권 이전이 확실한 것은 없다.

책도 자신의 한계를 확장시켜주는 좋은 도구다. 자기 분야의 책만 읽는 것이 아니라 폭넓은 주제에 관심을 갖는 것이 필요하다. 완전히 다른 주제를 통해 자기 문제를 새롭게 볼 수 있기 때문이다.

다른 분야에 있는 사람들과 만나는 것도 도움이 된다. 때론 집안의 가족들과 시간을 보내다가 새로운 아이디어를 횡재하는 경우도 있다. 폴라로이드 카메라가 발명된 이야기가 바로 그 경우다.

랜드 씨는 휴가중 딸에게 사진을 찍어주면서 함께 놀고 있었는데 딸이 찍은 사진을 즉시 볼 수 있게 해달라고 떼를 쓰는 바람에 즉석카메라를 생각하게 되었다. 그는 실제 즉석카메라를 만들어 폴라로이드라는 회사를 설립했다.

상자 밖으로 나오기 위해서는 자극제가 필요하다. 상자 안에서 거저 상자 밖으로 나올 수는 없다. 패러다임 전환(paradigm shift)이 일어나기 위해서는 패러다임 마비(paradigm paralysis)라는 전 단계가 있다. 기존의 패러다임으로는 더 이상 문제가 해결되지 않을 때 사람들은 생각을 달리하기 시작한다.

그러나 패러다임 마비가 왔을 때가 되어서야 시선을 돌리면 이미 너무 늦다. 사업의 성공을 지속적으로 이끌어가는 기업이나 자기변신에 뛰어난 개인들은 한창 잘 나갈 때 '내부적 자기 파괴'를 의도적으로 만든다. 연구 조사 결과에 따르면 뛰어난 연구조직은 그렇지 않은 조직에 비해 연구실 외부와의 커뮤니케이션을 훨씬 활발하게 갖는 것으로 나타났다.

‘일상화된 방어 행동’에 빠지지 않게 해줄 나만의 방법을 만들어
두는 것이 필요하다. 책 읽기, 다양한 사람 만나기, 사례 찾아보기,
일단 덮어놓고 정지해보기, 교육에 참석하기 등 자신에게 맞는 방
법을 찾아 여러 시도들을 하다 보면 어느 순간에 자기 상자의 틀을
박차고 나올 수 있다. 그런 과정을 통해 상자의 크기는 더욱 확장되
고 리더로서의 영향력의 범위는 더욱 넓어질 것이다.

가치를 높이는 조언

- 우리 모두는 보고 싶은 것만 보려 하기 때문에 정작 봐야 할 것은 놓칠 수 있다.
- 적어도 한 해에 하나 정도는 새로운 프로젝트를 하도록 한다.
- 자신만의 비법을 공개하라. 그러면 다른 누군가도 당신에게 그의 비법을 공개할 것이다.
- 현장에서 깨져보는 것보다 좋은 교육은 없다.
- 새로운 정보, 새로운 장소, 새로운 음식, 새로운 행동에 자신을 던져라.

당신은 다이아몬드를 만들 줄 안다

사람들은 자기가 가진 생각의 크기 이상을 넘지 못한다는 말이 있다. 내가 무엇을 어떻게 생각하느냐는 것이 바로 내 크기가 된다. 비판에는 능하지만 정작 아이디어를 내는 데는 궁색하고, 통제는 잘하지만 함께 일하는 사람에게 가능성을 심어주는 데는 인색한 리더들이 많다.

이런 경우를 잘 들여다보면 그들은 대개 다른 사람들로부터 지원을 받아보지 못한 경험적 한계를 가진 사람들이다. 자기 경험과 생각의 크기 이상을 넘지 못하고 그 안에 머물러 있다. 사랑도 받아본 사람이 할 수 있고 칭찬도 가슴 뜨겁게 그것을 받아본 사람만이

183

남에게 해줄 수 있다. 주변을 돌아보면 자기 성에 갇힌 리더들이 참으로 많다.

어쩌다 뭔가 해보려는 사람이 있으면 여러 변명을 들이대며 기어이 그 뜻을 꺾어놓으려 한다. 혹시라도 안 꺾이면 권위에 대한 도전으로 확대 해석하여 자신을 난공불락의 방어벽 속에 가둬버린다. 통제를 수단으로 삼는 리더에게는 모든 것이 통제의 대상이다. 심지어 부하 직원의 연애관이나 자녀 교육관마저 자신의 통제 수단으로 착각하여 넘지 말아야 할 선을 넘는다. 현재 당신의 상사가 이런 사람이 아니라면 당신은 무척 재수 좋은 사람이다.

아무리 생각해도 나도 그런 재수 좋은 사람 가운데 하나였다. 함께 일했던 상사들을 떠올려보면 대체로 통제형보다는 지원형에 더 가까웠고, 나 스스로도 통제형 상사를 피해가기 위해 안간힘을 썼다. 통제에 대해서는 저항의 날을 세우는 나의 개인적 성향도 한몫한 것 같다. 내가 날을 세운다고 조직에서 다 받아들여지는 것이 아닌데도, 저항해서 내 뜻을 이루었으니 나는 억세게 운이 좋은 셈이다.

매년 한해의 성과 과정과 결과를 돌아보고 그에 대해 평가하는 시즌은 보통 11월이나 12월경이다. 기업마다 일정이 조금 다를 수

는 있지만 대체로 해를 넘기기 전에 그 해의 개인별 성과에 대해 평
가하고, 그 평가 결과에 따라 다음 해 연봉을 결정하는 것이 성과관
리의 일반적인 관례다.

그런데 이런 성과관리 프로세스도 개인에 따라 활용의 정도는
엄청나게 차이가 있다. 어떤 상사는 이 프로세스를 하나의 관례로
간단히 끝내지만, 또 다른 상사는 부하 직원의 성과 과정과 결과를
검토하는 미팅에 서너 시간 이상을 쏟기도 한다.

한때 내 상사였던 외국인은 이런 성과 검토(performance review)
미팅에 최소한 3시간을 투자했다. 내가 처음으로 매니저가 되었을
때는 샌드위치를 배달시켜가면서 거의 하루 근무시간을 회의실에
서 그와 보낸 적도 있다. 처음에는 머리에 쥐가 날 정도로 힘들었
다. 거의 나를 다 벗는다고 해도 과언이 아닐 정도로 세부적인 부분
에까지 논의가 이어졌다. 그러나 해를 거듭하며 그것은 단순히 과
거의 성과 결과를 평가하는 것만이 아니라 다음 해의 성과를 만들
어내는 내 행동이나 스킬까지 논의하는 자리가 되었기 때문에, 마
음먹기에 따라서는 평가 대상자도 얼마든지 그 기회를 전략적으로
활용할 수 있었다.

가장 기억에 남는 부분은 화제가 성과 결과로부터 개발 계획으로
넘어갈 때다. 여기에서는 이미 지나간 일에 대한 이야기가 아니라

앞으로 어떻게 해야 하는지에 대해 상사로부터 구체적인 지원을 약속받는 자리이기 때문에 내 쪽에서 이야기를 주도하는 경우가 많다.

물론 상사가 주는 대로 받기만 하고 나오면 그만이지만 하나라도 더 약속을 받으려면, 또는 나에 대한 상사의 관점을 하나라도 더 들으려면 좀 더 주도적이어야 한다.

공이 내 쪽으로 오면서 한번은 내가 상사에게 역으로 물었다. 당신이 생각하기에 내 강점이 무엇이냐고. 잠깐 눈을 맞추고 나를 보던 그의 입에서 뜻밖의 말이 나왔다. "학습 능력(learning ability)이 당신이 가진 가장 큰 강점입니다"라는 것이었다.

전략적 마인드나 갈등 관리와 같은 구체적인 것을 예상하고 던진 질문이었으나 예상 밖의 대답에, 순간 나는 그 대답을 어떻게 해석해야 할지 당황스러웠다. 그리고는 이 사람이 나를 그저 그런 정도로 보고 있다고 생각해서 슬럼프에 빠진 적이 있다.

그러나 시간이 지나면서 그는 그것이 진정 내 강점이라는 것을 상황이 바뀔 때마다 여러 차례 언급해주었고 나는 그가 한 말의 진정한 의미를 그때서야 알게 되었다. 사실 학습 능력이란 어떤 것이든 학습해서 자신의 역량으로 만들 수 있는 능력이니 가장 근본적인 능력이라고 할 수 있다. 그 사람은 내가 인식조차 하지 못하고 있던 내 강점을 끌어내어 내가 그것을 인식하게 해주었다. 뿐만 아니라 오랫동안 내가 진정 그것을 나의 강점으로 만들 수 있는 기회를 주었다.

리더십을 기르는 가장 좋은 방법은 리드해보게 하는 것이다. 그는 나에게 그런 기회를 주었다. 내가 처음 해보는 것이나 내가 속했던 조직이 처음 해보는 일들을 많이 던져주었다. 그가 던져준 일의 대부분은 내 강점인 '학습 능력'을 활용해서 할 수 있는 일들이었다. 힘들지만 그 과정을 거치면서 내게 하나씩 근육이 붙는 것을 느낄 수 있었다.

처음에는 골탕 먹이려고 이러는 게 아닌가 하는 생각이 들기도 했다. 그러나 나중에는 오기가 생겼고, 결국 그 오기는 과제를 끝낼 수 있게 해주었다. 당시는 너무나 힘들게 하는 상사라고 생각했고 퇴사까지 생각했지만, 지금 나는 그를 최고의 리더라 부르는 데 주저함이 없다. 달콤하고 부드러운 칭찬만 하는 사람은 리더가 아니다. 힘든 이야기를 해야 할 때 그것을 할 수 있는 사람이 리더다.

그와 일하면서 내 몸에 붙은 근력으로 인해 나는 다른 운동 종목도 선뜻 도전할 수 있게 되었다. 실행은 확신을 낳고 그 확신은 새로운 도전을 가능하게 한다. 그는 내게 그런 불을 붙여준 사람이다.

내가 그에게서 배운 많은 교훈 가운데 가장 큰 것은 리더의 가장 중요한 역할이 다음 세대 리더를 개발하고 육성하는 것이라는 점이다. 그러기 위해 그는 자신의 다음 단계 매니저들이 해오는 일을 한 번도 그냥 넘기는 법이 없었다. 언제나 노란 딱지에는 그의 피드백이 잔뜩 적혀 있었다. 지면이 부족하다 싶으면 그는 미팅을 제안해왔다. 중요한 과제일 경우에는 긴 시간 동안의 논쟁도 서슴지 않았다. 물론 그의 의견을 따른 경우가 대부분이었지만 그와 가진 논쟁은 당연히 내게 학습으로 이어졌고 내 근육을 튼튼하게 하는 데 일조했다.

그는 자기 매니저들이 상사에 대한 예의로 일부러 고스톱에서 져주는 게임을 원하지 않았다. 팽팽한 고스톱 판이 우리에게 제공되었고, 우리는 그 팽팽한 긴장감이 끊어지지 않도록 최선을 다해야 했다. 우리가 최선을 다한 만큼 우리 뇌속에 저장되어 있던 지식이나 경험들은 되살아났고 그 상황에서 새로운 지식으로 업그레이드 되어갔다.

중세 그리스 시대의 현자들이 즐겼을 법한 담론에 가까운 토론이 부서장 회의에서 오갔다. 당시 그 자리에 참석했던 모든 부서장들은 누구랄 것 없이 서로에게 지적 자극을 주는 스승이었다.

그는 모든 매니저에게 그런 열정을 쏟았다. 재무 책임자에게는 비즈니스 마인드를 심어주려 했고, 연구소장에게는 생산 프로세스를 알게 하려 애쓰면서 개발자의 눈에 좋은 제품이 아니라 생산되는 과정에서 품질문제를 최소로 낮출 수 있는 제품개발을 독려했다. 개발자가 이미 확보하고 있는 기술을 제품으로 구현하는 것보다 고객이 필요로 하는 제품을 개발하게 하기 위해, 그들이 고객의 생생한 소리를 들을 수 있도록 핵심 고객 방문을 요구하기도 했다.

생산 책임자는 개발부에서 개발한 대로 생산만 하는 소극적 범주에서 벗어나 생산하기 어려운 제품 디자인에 대해서는 개발부를 대상으로 목소리를 높여줄 것을 주문했다. 일단 출고된 제품에 대해서는 고객 서비스가 알아서 할 일이라는 기존 시각에서 벗어나 생산자로서의 책임의식을 가지고 고객 서비스팀과 협력해야 할 이유를 깨닫게 하였다.

그렇다고 그가 무조건적으로 요구만 한 것은 아니다. 사업 전략이 필요로 하는 핵심 역량을 찾아 해당 직원이 그런 역량을 갖출 수 있도록 모든 투자와 지원을 아끼지 않았다. 해외연수나 다른 기업을 방문하는 것뿐만 아니라 본사의 컨설팅 조직을 한국으로 불러 역량개발을 위한 워크숍을 실시하기도 했다.

생산 라인에서 일하는 직원들도 예외는 아니었다. 그들에게도 매일 새로워질 것을 요구하였다. 그들에게 일어난 변화는 더 놀라웠다. 생산 노동자로 스스로를 비하했던 직원들은 자신들을 생산 전문가로 새롭게 인식하기 시작했고, 그에 걸맞는 행동을 보여주었다.

처음에는 힘들고 고단하던 매일매일이었지만 시간이 어느 정도 지나면서 그런 모든 노력들이 조직전체로부터 지원을 받기 시작했다. 마지못해 따라나서다 어느새 자신을 돌아보니 각 분야에서 역량을 인정받는 수준까지 업그레이드 되었다는 것을 그제서야 알게 된 것이다. 노력한 만큼 아름다운 근육이 자신의 몸에 울퉁불퉁 생겨난 것을 보았다. 그런 변화를 스스로만 느끼는 게 아니라 조직 내·외부로부터 자신들이 만든 변화에 대한 인정을 받으면서 우리 모두의 내면에는 단단한 자부심과 자긍심이 자리 잡아갔다. 그가 사장으로 근무하는 동안 엄청난 새로운 시도들이 조직 곳곳에서 일어났다.

로버트 잉거솔은 "훌륭한 리더는 다른 사람을 실제보다 더 뛰어나게 훈련시키는 사람이다"라고 했다. 그런 새로운 시도들을 통해 나를 비롯한 많은 사람들은 원래 자신이 가진 크기보다 훨씬 더 커질 수 있었다. 다이아몬드도 흙 속에 묻혀 있을 때는 그냥 하나의 돌에 불과하다. 그러나 세공사의 손을 거치면 가장 아름다운 보석이 되어 고가에 거래된다.

사람도 마찬가지다. 리더의 손을 거치면서 누구나 탐내는 보석 같은 핵심 인재가 된다. 리더에게는 다음 세대 리더를 개발하는 것만큼 크고 의미 있는 보상은 없다.

"진흙 속에 묻혀 있는 사람을 찾아 그의 장점을 극대화함으로써 보석과 같은 존재로 성공시키는 것, 그것이 바로 리더의 성공이다."

가치를 높이는 조언

- 리더는 달콤하고 칭찬만 하는 사람이 아니라, 필요하다면 듣기 싫어하는 소리도 할 수 있어야 한다.
- 리더의 가장 중요한 역할은 다음 세대 리더를 개발하고 육성하는 일이다.
- 활발한 토론은 훌륭한 지적 자극제라는 점을 기억하라.
- 키워주는 리더에게는 추종자가 넘쳐나지만, 스스로 탁월한 리더에게는 외로움이 있을 뿐이다.

누구에게도 밀리지 마라

리더가 되면서 가장 많이 생각하는 것 중 하나가 바로 '파워'다. 나는 이것을 일종의 필요악과 같은 존재로 본다. 너무 많으면 남용의 문제가 생길 수 있고 또 부족하면 나를 무력하게 하는 것이 바로 '파워'다. 살아있는 것의 역사는 '파워'를 중심으로 이루어졌다고 해도 지나친 말이 아니다.

'파워' 자체로는 아무런 문제도 일어나지 않는다. 다만 그 '파워'의 정도가 서로 다를 때, 바로 그 자리가 문제의 진원지가 된다. 모든 사람이 다 다르듯, '파워'를 둘러싼 양상도 제각기 다른 모습을 띨 수밖에 없다.

내가 지금 일하고 있는 이 공간을 한번 생각해보자. 파워만 가지고도 얼마든지 현재 조직상황을 해석할 수 있다. 어떤 사람은 파워 부족으로 인해 일을 제대로 처리하지 못하고 있고, 또 어떤 이는 일 자체보다는 파워만을 쫓아다니면서 많은 갈등을 일으킨다. 상사는 파워가 줄어들까 노심초사하느라 부하 직원에게 작은 것 하나도 위임하지 못한다. 자, 이제 이 책을 읽는 당신은 어떤가?

리더가 되면 파워는 가까이 할 수도, 그렇다고 멀리할 수도 없는 뜨거운 감자임을 깨닫게 된다. 파워 없는 리더십 발휘가 얼마나 어려운지 알기 때문이다.

실제 현장에서 파워가 충분하지 않아 하던 말을 접고 발길을 돌려본 적이 있는 사람은 아마도 내 말을 뼈저리게 느낄 것이다. 얼마나 등 뒤가 가려웠던가. 그리고 뒤에 남아있는 사람들끼리 나눌 대화를 생각하며 밤잠을 설쳐본 사람은 파워의 힘을 알 것이다.

대부분의 조직에서 파워를 둘러싸고 일어나는 일을 보면, 어떻게 하면 파워를 더 많이 가지느냐에 집중되어 있다. 하루에 24시간밖에 주어지지 않는 것처럼 파워도 상당히 제한적이다. 파워의 제한성은 그 자체로서 이미 다툼을 내포하고 있다. 먹을 것이 많은 곳에는 다툼이 일어나지 않는다. 널려 있는 자연이 다 먹을 건데 굳이 다투어야 할 이유가 없다.

그러나 자원이 제한된 곳일수록 그것을 쟁취하려는 다툼이 일어나기 마련이다. 제한적인 파워를 서로 많이 갖겠다고 하면 갈등이 발생하고 결국엔 제로섬 게임에 휘말린다.

우리가 일하는 조직에서 파워를 둘러싼 다툼이 일어나는 것은 이런 자연 생태계에서 일어나는 일과 매우 흡사하다. 그것은 어쩌면 당연한 것이라 나쁘다고 몰아부칠 수 있는 게 아닌지도 모른다. 우리나 우리가 속한 조직이 제한된 자원으로 움직이고 있는 건 자연 생태계와 별반 다를 바 없기 때문이다.

그렇기 때문에 파워를 효과적으로 사용하기 위한 학습은 필요하다. 기왕이면 다툼이 조직의 건강에 미치는 영향을 최대한 낮추어야 한다. 경쟁사와 경쟁해야 할 힘을 내부 경쟁에 몽땅 사용해선 곤란하다. 그래서 상당수의 조직이 조직 내에 비합법적인 힘이 합법적인 힘을 앞지르지 않게 하기 위해 조직관리를 하고 있다.

처음 매니저가 되어 참석한 첫 회의실에서 마치 투명인간처럼 소리없이 오가는 파워의 움직임을 보면서 하늘이 까마득해짐을 느꼈다. 과연 내가 이곳에서 살아갈 수 있을까 하는 막막함이었다. 그래서 파워가 있어 보이는 사람 곁에는 오히려 더 가까이 가지 못했다. 그러나 나와는 반대로 그 사람 주변에는 언제나 많은 사람들이 들끓었다.

거기 온 사람들 수만큼 많은 양의 정보들이 오갔을 거라는 생각을 하면서 나는 심한 소외감에 시달렸다. 왕따가 별게 아니라 바로 그게 왕따였다. 도무지 나는 그곳에서 목숨을 부지할 수 있을 것 같지 않았다.

변방에서 어른거리는 내가 심히 불쌍해 보였는지, 하루는 내 상사가 나를 불렀다. 그날 그와 나는 파워에 대한 이야기를 두 시간이 넘게 나눴던 것 같다. 그게 내가 조직 내 파워를 공식적으로 접한 첫날이었다. 그날 나눴던 대화를 한 마디로 요약하면 '파워는 상호관계에서 흘러다니는 유동적 존재' 라는 것이었다.

그는 마지막으로 내게 한 가지 충고를 해주고 회의실을 나갔다.

"앞으로는 김상무와 이야기해야 할 필요성이 있을 때, 그 사람 자리로 가지 말고 그 사람이 당신 자리로 오게 해봐요. 내가 지켜본다는 것을 잊지 말아요."

당시 김상무와 나는 비록 같은 상사의 직속 부하였지만 그는 나보다 직급이나 나이, 경력에 있어 훨씬 앞선 사람이었다. 한국 실정을 몰라도 한참 모르는 미국 사람의 말이니 잊어버리자고 마음을 덮었다. 그러나 자리로 돌아오자마자 나는 곧 파워에 대한 생각으로 빠져들었다. 그날 이후 파워는 내 머리에서 떠나지 않고 머물러 있으면서 이런저런 상황이 될 때마다 불쑥불쑥 튀어 올랐다.

파워는 내게 왔다가 또 어떤 상황에서는 상대편으로 옮겨가기도 하는 그런 존재다. 내게서 빠져나가 상대방의 힘을 채워주기도 하지만 하기에 따라서는 그것이 내게로 굴러들어와 내 힘을 채워주기도 할 수 있는 것이다.

결국 나도 그 흐름을 탈 수 있어야 한다는 것을 깨달았다. 어떤 때는 나 스스로 파워를 포기할 줄도 알아야 하지만, 또 어떤 때는 절대 양보하지 않는 강함도 보여야 한다는 것을 인식하게 되었다.

상사가 말한 대로 그를 내 자리로 끌어들이는 노력을 한번 해보고 싶어졌다. 문제는 '어떻게' 하느냐였다. 문화적 인식에 대해 생각이 미치자마자 이내 하나마나 한 일이라는 생각이 들었다. 우리 문화에서는 연장자가 연하를 자기자리로 부르는 건 하나도 이상할 게 없지 않은가? 더구나 직급도 나보다 높으니 그게 뭐 크게 문제될 것도 없다. 나 또한 그 자리로 가서 이야기 좀 듣는다고 큰일나는 것도 아니지 않은가?

그러나 재무부의 박상무는 달랐다. 그는 도무지 자리에 앉아 있지 않는다. 여기저기 다니느라 언제나 바쁘다. 그리고 할 얘기가 있으면 언제나 내 자리로 내려왔다. 한번도 나를 자기 자리로 부른 적이 없었다. 문화적이라는 이야기로 넘어가기에 두 사람은 아주 달랐다.

상사가 아마도 이 부분을 지적한 게 아니냐는 생각이 들었다. 김 상무나 나나 좀 더 다르게 할 수 있는 여지가 있었다. 안 되면 돌아가더라도 일단 피드백을 들었으니 한번 시도해보고 싶었다. 고양이 목에 어떻게 방울을 다느냐의 문제로 며칠을 고민했다. 누구에게 부탁할 수도 없는 일이니 그날부터 파워와 관련한 리더십 기사와 책을 찾아 읽기 시작했다.

파워에 대한 지식이 늘어나면서 그와 나, 둘 다 바뀌어야 한다는 생각이 점점 확실해졌다. 그의 태도는 다른 사람을 복종케 했고, 그 복종은 창의적으로 생각하기보다 그 사람의 생각을 무조건적으로 수용하게 했다. 기껏 창의적으로 생각한다고 해도 그가 인정하는 범위 안에 있어야 했다. 물론 그 사람이 말로 어떤 위협을 준 것은 아니지만 그렇다고 자유롭게 생각할 수 있는 대화 분위기를 만든 것 또한 아니었다.

그의 태도 자체보다 그것이 조직에 미치는 영향을 사장이 고려한 것 같았다. 사장의 통찰력이 놀라웠다. 결국 나는 내가 안전하다고 느끼는 정도의 잽(jab)을 그를 향해 조금씩 뻗어보기로 결심했다. 그가 모르는 정보를 조금씩 그에게 주기 시작했다. 그 자리에서 감추려고 애는 썼지만 그 정보를 접하는 그의 얼굴에는 처음 듣는

말이라는 표정이 역력했다. 해외 출장에서 들은 미국 조직 이야기
도 그에게 들려줬다. 조직개발 측면에서 새롭게 오가고 있는 것이
어떤 것인지에 대해서도 공개가 허락되는 한 그에게 공개했다. 그
런 잽은 정확히 그의 관심을 내게로 끌어왔다. 어느 시점이 되자 별
일이 없는데도 그가 내 자리로 오기 시작했던 것이다.

파워는 어디에서 나오는가? 그 원천을 알면 '파워 만들기'는 쉬
워진다. 이제 그 이야기를 좀 더 해보자. 리더 위치에 올라온 사람
은 누구나 파워를 필요로 한다. 그게 있으면 당신이 하고자 하는 일
을 좀 더 쉽게 끝낼 수 있다. 그러나 그게 없으면 좀 더 비굴한 방법
으로 일을 해야 한다. 그것도 잘한다는 보장 없이.

행동과학 측면에서는 파워를 인식의 문제라고 본다. 실제 파워
가 존재하기보다는 어떤 사람이 파워를 가지고 있다고 인식하는 순
간, 우리는 그 사람이 자신을 통제하도록 허용한다. 그때 비로소 그
에게 파워가 존재하기 시작한다. 어떤 사람이 통제권을 가지고 있
을 때 우리는 그 사람이 파워를 가지고 있다고 말한다.

행동과학적인 측면에서는 파워의 근원을 일반적으로 다음 여섯
가지로 본다.

첫째, 강제적 권력(coercive power)

둘째, 보상 권력(reward power)

셋째, 합법적 권력(legitimate power)

넷째, 정보 권력(information power)

다섯째, 준거적 권력(reference power)

여섯째, 전문가 권력(expert power)

강제적 권력은 순응하지 않을 경우 일어날 수 있는 부정적 결과에 대한 두려움을 갖게 함으로써 내가 갖게 되는 파워를 말하는 것이고, 보상 권력은 말을 잘 들을 경우 대가를 줄 수 있는 위치에 있는 사람이 상대방에 대해 갖는 권력이다. 쉽게 말해 당근과 채찍이라고 볼 수 있다. 합법적 권력은 지위가 주는 힘을 말하며, 조직의 자원을 통제하는 데 사용할 수 있는 공식적인 힘이다. 우리는 매니저로 승진하면서 조직으로부터 합법적인 파워를 부여받는다.

정보 권력은 상대방이 필요로 하는 정보와 지식을 가지고 상대방이 자신에게 의존할 수밖에 없도록 만드는 것이다. 준거적 권력은 상대방이 자신을 동경하거나 존경하고 있을 때 상대방에 대해 갖게 되는 힘으로, 조직 내에 가만히 살펴보면 '조용한 리더'인데도 큰 영향력을 행사하는 준거적 파워를 갖는 사람들이 있다. 굳이 험한 소리를 하지 않아도 모든 사람으로부터 존경받는 리더들이 있는데, 이 파워를 사용하는 사람들은 대단한 내공을 가지고 있다고 볼 수 있다.

마지막은 전문가 권력인데 이는 상대방에 비해 자신이 가진 전문 지식이나 특수 기술 또는 경험이 풍부할 때 생긴다. 지식 사회가 됨에 따라 단순히 직위가 주는 파워보다는 전문성으로부터 나오는 파워가 어느 때보다 중요한 대접을 받고 있다.

내 경우에는 김상무에 비해 쓸 수 있는 파워가 상당히 제한적이었다. 우선 네 번째까지는 명백한 열세였다. 겨우 쓸 수 있는 것은 전문가 권력이었다. 나는 그것을 써서 그가 편안한 마음으로 나를 찾게 만들었다. 그의 일에도 내 도움이 필요한 부분이 있었다.

차이가 있다면 이전에는 그가 나를 마음대로 쓸 수 있었고 나 또한 그것을 허용했지만, 내가 파워에 대해 인식한 후부터 나는 그에게로 가 있는 내 파워를 되찾아온 것은 물론이고 오히려 그가 특정 부문에 있어 나를 찾아오게 한 것이다.

이전에는 없던 파워가 새로 생긴 것이 아니다. 다만 파워가 존재할 수 있도록 분위기를 만들었을 뿐이다. 파워의 속성을 안 후 그가 필요로 하는 도움에, 그의 눈에 띌 만한 데코레이션을 한 것이다. 물론 그가 그 상황을 이상하게 생각하거나, 자신의 힘이 빠져

나갔다는 것을 인식하지 않도록 배려하면서 말이다.

조금의 데코레이션과 분위기 조성을 통해 그와 나는 좋은 파트너가 되었다. 내 도움을 가져다 쓴 그가 내게 필요로 하는 도움을 기꺼이 나눠준 것은 두말할 것도 없다. 이후 나는 개인적인 일까지 그에게 조언을 구할 수 있을 정도가 되었다.

파워 게임은 권모술수에 능하거나 모략가들만 사용하는 것이라는 터부가 우리에게 존재한다. 그러나 그런 정치적 역량 또한 이제 리더십 역량의 하나로 인정받게 되었다. 한 사람이 이기면 상대편은 반드시 지는 게임만 존재하는 건 아니다. 얼마든지 원-윈 게임을 만들 수 있다. 파워를 건설적이고 긍정적으로 활용할 수 있다면 말이다.

그러나 불건전한 파워 게임이 조직의 암적 존재가 된다는 점은 반드시 유념해야 한다. 건강하지 않은 조직일수록 음성적 파워 게임이 판을 치기 때문이다. 조직관리는 이런 음성적 파워 게임을 제거하고 건강한 경쟁과 그 경쟁을 통한 역량의 업그레이드와 조직전체 차원에서의 성과 향상을 만들기 위한 노력을 말한다.

"건강한 파워의 사용, 이게 바로 리더십이다."

· 파워는 실재하는 것이 아니라 단지 우리의 인식 속에서만 존재할 뿐이다.

· 누구에게나 필요한 만큼의 파워는 있다. 다만 그것을 쓰느냐, 쓰지 못하느냐에 달려 있다.

· 칼집 속의 칼은 있으나 마나 한 것이다.

· 지나친 파워는 더 큰 파워를 불러온다는 점을 기억하라.

갇힌 새장은 좁다

회사에 입사하여 근무하면서 3년 정도 지나면 누구나 경력에 대해 고민하기 시작한다. 시기에 약간의 차이는 있겠지만 첫 업무를 어느 정도 경지까지 올려놓게 되면 나름대로 여유가 생기고, 그때의 시간적 여유로 인해 자신이 지나온 길을 돌아보면서 앞으로 가야 할 길에 대해서도 생각하게 된다.

긴 시간 조직에서 일하면서 내가 경험했던 바에 의하면 바로 이 시기에 어떤 고민을 하고 어떤 선택을 하느냐에 따라 경력의 경로가 상당히 달라진다. 이 시기에 만족하고 별 생각 없이 보내는 것은 바람직하지 않다. 사회적 변화나 시장의 흐름 속에서 자신이 지금 하고 있는 일을 냉철하게 바라보는 과정을 주기적으로 가져야 한다.

한번 직장에 발을 디밀었다고 해서 오직 그곳만이 또는 그 일만이 자신이 해야 할 일이라고 대못을 박을 필요는 없다. 멀쩡하게 똑똑하고 다부진 사람도 일단 직장에 들어와 나름대로 일에 재미를 갖기 시작하면서 생각의 날이 점점 무뎌지는 경우를 수없이 보아왔다. 오로지 그 일에만 목숨을 걸기라도 하듯, 아니면 오직 그 회사 이외에는 어떤 회사도 존재하지 않는 것처럼 스스로 어두운 터널에 자신을 가둬두는 사람이 많다.

그렇게 자신을 가둬두는 한, 눈앞에 보이지 않거나 익숙한 냄새 밖에 있는 기회는 모두 놓치고 만다. 자신이 아주 잘하고 있다고 확신하는 것은 좋은 일이지만 그로 인해 다른 가능성을 볼 수 있는 기회를 놓치는 것은 어리석은 일이다. 자신이 잘하고 있다는 생각 때문에 주변의 다른 작은 가능성들은 보지 않는다.

그러나 내 주변의 성공한 사람들을 보면 오히려 주변을 자주 기웃거린 사람이 더 많다. 작고 사소한 가능성에 대해 관심을 갖고 고민하다가 어느 순간 자기에게 익숙한 터널을 뒤로 하고 불확실하지만 새로운 세계로 튀어나온 사람들이 바로 그들이다.

처음에는 작고 사소했지만 그것이 오히려 더 큰 기회와 가치를 만들어준 것이다. 작은 것을 크게 만들어가는 과정에서 내 안에 숨

겨진 다른 가능성을 발견할 수 있다.

대기업의 최연소 임원 자리를 박차고 나와 1인 기업으로 시작하여 자신의 위치를 굳히고 있는 경영 자문가와 저술가도 있다. 기업 내에서 자신이 하던 일이 다른 기업에게도 매력 있을 거라 생각한 내 지인은 그 일을 가공하여 자신만의 상품으로 만들었고, 안전하게 받던 연봉보다 훨씬 많은 수입을 올리고 있다.

한 사업부에서의 경험이 다른 사업부에도 효용 가치가 있을 것이라 판단하여 아직 초기에 있던 새로운 사업부로 옮겨갔던 내 동료는, 그 사업이 커지는 바람에 초고속 승진을 거듭하여 최연소 사업본부장이 되었다. 우리 자신에게 어떤 가능성이 발화를 기다리고 있는지 현재의 우리는 알 수 없다. 그러나 기회를 주어 보면 알 수 있다.

피카소는 "자신이 하려는 바를 분명히 알고 있다면 그 이상은 절대 얻을 수 없을 것이다"라고 했다. 내가 알고 있는 바에 의심을 두기 시작하면 이미 알고 있다고 생각하는 것도 다르게 보일 수 있고, 내 신경망 밖에 있는 것을 볼 수 있는 눈도 생긴다. 비록 한 직장 안에서 오래 일을 한다고 해도 이런 시도가 필요하다. 조직 또한 변화 속에서 진화를 거듭하는 유기체이기 때문에 그 안에서도 얼마든지 다양한 경력 경로를 쌓아갈 수 있다.

지금도 기업 현장에 나가면 많이 받는 질문 가운데 하나가 경력 개발 계획에 대한 것이다. 특히 이제 막 매니저 타이틀을 갖게 된 여성 직원들은 그에 대한 관심이 지대하다. 어떤 계획을 가지고 있었기에 여성이면서 임원 위치에 갈 수 있었는가에 대한 관심과 함께 자신들이 모르는 뭔가 기막힌 것을 내가 알기라도 하듯, 할머니 이야기를 기다리는 아이처럼 눈을 동그랗게 뜨고 물어온다.

그럴 때면 나는 늘 스스로 무안해진다. 왜냐하면 나는 한번도 경력개발 계획 같은 것을 만들어본 적이 없기 때문이다. 기껏 성과 평가 이후 상사와 함께 다음 해 어떻게 자기 개발 노력을 할 것인지 논의하고 교육과정 몇 개를 적는 것 정도가 내가 한 일이었다. 그러니 그들에게 옷을 벗어 보여줄 기막힌 것이 내겐 아무것도 없다.

나보다 좋은 대학을 나와서 승진의 사다리에 먼저 발을 올려놓았던 그 친구들과 다른 나만의 차이점을 굳이 든다면, 기회가 왔을 때 나는 기존의 것을 놓고 그것을 잡았지만 그들은 기존의 것을 놓지 않았다는 것 정도다. 이미 들어선 길에서의 성공이 새로운 기회보다 더 확실하게 보였기 때문에 그들은 굳이 새로운 기회를 잡을 필요를 못 느꼈을 수 있다.

그러나 나는 확실한 것보다 불확실한 것을 잡았다. 새로운 팀으로 가거나 새로운 일을 해보는 불편함을 선택했다. 어떻게 그런 결정을 내렸느냐고? 물론 내게도 망설임과 걱정은 있었다. 그러나 망설임이나 걱정으로 같은 일을 몇 년이고 해야 하는 현실보다 차라리 한번 해보는 것이 낫다는 게 나에게 가장 큰 이유였다.

그리고 정말 그랬다. 내가 불편함을 선택한 이후 나는 많은 다양한 상황에 직면했고, 다양한 사람들을 만나 다양한 경험을 가졌다. 또 다양한 업무 경험을 해볼 수 있는 기회를 가졌다.

그때마다 나는 내 부족함을 인정해야 했고 내 능력의 한계를 지켜봐야 했다. 자존심에 상처를 입은 적이 여러 번이었다. 그런 어려운 시절을 겪으면서도 다른 한편으로는 '성공'에 대한 결벽증에서 벗어날 수 있는 내적인 자유로움이 생겨났다. 뿐만 아니라 나 스스로 대단한 일을 처리해보겠다는 자만심에서도 벗어날 수 있었다. 내가 자만심을 내려놓는 순간, 그리고 내 부족함을 인정하는 순간 내게서 팽팽한 긴장감이 사라지는 것은 물론이거니와 다른 사람들이 가지고 있던 나에 대한 경계가 풀어지는 것을 보았다.

그 다음, 아주 쉽게 서로의 상승을 도와줄 수 있는 협력관계가 만들어졌다. 일단 이 협력관계가 만들어지면 일하기가 훨씬 수월해진다. 그러면서 내 안에 있던 두려움과 걱정이 점점 작아져갔다. 그러자 놀랍게도 한번도 해본 적이 없는 일을 스스로 선택해볼 수 있는 용기가 생겨났다. 이는 참으로 놀라운 선순환의 경험이었다. 자신의 경험을 확장하는 것은 단순한 업무 영역의 확장 뿐만 아니라 자기확신감을 키워주는 내면적 작용에도 매우 중요하다.

내게 있어 가장 어려운 선택은 본사에서 공장으로 갈 때였다. 더구나 기술적인 배경도 전혀 없는 상태에서 공장의 품질경영부서장을 맡는다는 것은 바보나 선택할 일이었다. 물론 당시가 기술적 측면에서의 품질보다는 경영 시스템의 품질로 넘어가기 위한 때이기는 했지만 여전히 제품 품질은 내 소관이었다. 충분히 짐작하겠지만 연구개발과 생산만을 책임지는 조직은 영업과 마케팅 위주의 조직과는 생리부터가 다르다.

심지어 어떤 때는 서로 외국어를 사용한다고 느낄 정도로 용어부터 아주 달라 초기에는 그렇게 외로울 수가 없었다. 외국에서 고국을 그리워하는 이민자처럼 밤잠을 설친 적이 한두 번이 아니었다.

그러나 그때의 힘들었던 경험은 사업의 한 면만을 보고 있던 내게 사업 운영의 완전한 360도를 다 볼 수 있는 기회를 제공해주었다. 말하자면 제품의 형태로 나오기 이전의 모든 내부 프로세스를 다루는 곳이 그곳이었으니, 제품 출시 이후 프로세스를 다루는 영업 · 마케팅 조직에서 일하던 나를 얼마나 확장시켰는지 짐작할 수 있을 것이다.

그때의 경험으로 인해 나는 조직이 공통적으로 갖는 사업 운영의 기본 틀을 볼 수 있게 되었다. 물론 세부사항으로 가면 어느 정도의 차이는 있겠지만, 그 경험은 기존에 내가 가지고 있던 가치의 크기를 엄청나게 키워주는 역할을 했다.

회사를 떠나 다양한 기업을 대상으로 일을 하는 지금의 내게도 그때의 경험은 크게 도움이 된다. 굳이 내가 경험했던 산업에 속하지 않은 기업을 이해하는 것도 크게 어렵지 않다. 사업을 운영하는 매커니즘을 이해하면 조직에 대한 통찰력이 생기는 것은 물론이고, 그 조직을 움직이는 사람에 대한 통찰력 또한 얻을 수 있다. 그런 통찰력이야말로 자신을 경쟁자와 차별화시키는 중요한 전략 포인트가 된다.

어느 정도 조직에서 경험을 쌓았다면 이제는 사업이 어떻게 운영되는지 그 매커니즘을 들여다보기 위해 뭔가를 해야 한다. 그러지 않으면 오로지 매일매일 자신에게 주어지는 일만 할 뿐이다.

자신에게 주어지는 일만 하는 한 큰 도약의 기회는 오지 않는다. 가능성을 보이지 않는 사람에게는 어떤 기업도 미래를 맡기지 않는다는 사실을 기억해야 한다.

그런데 재미있는 것은 이 조직의 매커니즘이라고 하는 것이 수동적인 자세로 쉽게 읽혀지는 단순한 것이 결코 아니라는 점이다. 우리 삶은 너무나 역동적이어서 어떤 것과 어떤 것이 만나서 어떤 화학작용을 할지 직접 일어나기 전까지는 잘 알 수 없다. 멀쩡하던 것도 어느 날 갑자기 문제를 일으키기도 한다. 우리의 예측대로만 조직이 운영되는 것은 아니기 때문에 이왕이면 그 매커니즘을 직접 경험해볼 수 있는 기회를 가져보는 것이 좋다.

외국계 기업의 경우에는 회사 내에서 다양한 직무 경험을 할 수 있는 내부 지원 제도(internal job posting)가 있다. 자신의 경력을 전략적으로 관리하는 사람들은 이런 제도를 잘 활용한다.

일단 직원 채용이 필요하면 외부 채용 프로세스를 밟기 전에 먼저 내부 직원들에게 이메일이나 사내 게시판 등을 통해 알려준다. 대개 공개되는 정보는 외부에 공고하는 것과 비슷한 수준이지만 사내 조직경험이 있기 때문에 공고된 직무를 충분히 알 수 있다. 지금까지 경험해보지 않은 직무에 대한 공고가 났다면 그 직무에서의 경험이 향후 자신의 경력 경로에 어떤 가치를 더해줄 것인지 충분히 고민해보는 것이 필요하다.

대체로 이런 경우, 현재 자기 직급을 낮춰서 부서 이동을 하는 경우는 드물다. 실제 내가 접했던 많은 사람들은 상승 이동이 아니면 이런 기회를 매력 없다고 무시하는 경향이 많았다. 직급을 올려가는 것도 아닌데 뭐하러 굳이 해보지도 않았던 일을 하기 위해 다른 부서로 가겠느냐는 것이다. 그러나 이는 천만의 말씀이다.

한 가지 일만 하면 그에 대한 전문성은 높일 수 있지만 그만큼 좁은 상자 안에서 살아야 한다. 개인에 따라 자신의 전문 영역에서 깊이를 더해가는 것에 보다 많은 가치와 의미를 두는 사람도 있긴 하다.

내가 품질경영부서장으로 일할 때 미국 본사에 간 적이 있었는데 그때 제품 안전을 담당하는 엔지니어에게서 도움을 받아야 할 일이 있었다. 그 사람과의 미팅을 사전에 약속해놓고 당일 회의실에서 기다리고 있었다. 막상 시간이 되어 회의실 문을 열고 들어온 사람은 할아버지 엔지니어였다. 그때의 충격은 정말 대단했다. 손까지 떨 정도로 나이가 많았으나 그의 기술적 해석이 워낙 대단했기 때문에 본사는 그로 하여금 전 세계 제품 안전에 대한 자문 역할을 주었다.

그 할아버지 엔지니어는 그것으로 행복해했다. 자신의 기술 지식을 다른 조직을 위해 공유하는 것이 그가 회사에 기여하는 방법이었고 그는 거기에 만족하고 있었다. 자신의 아들은 같은 회사에서 자기보다 높은 직위에 있었지만 그는 자기 일을 사랑했다. 만약 우리가 그 길을 선택함으로써 행복하다면 그것으로 충분하다.

그러나 그 길을 선택했으면서도 옆에서 승진에 승진을 거듭하는 동료 때문에 퇴근 후 술잔을 기울일 수밖에 없다면 자신을 되돌아볼 필요가 있다. 승진이라는 것은 가만히 들여다보면 시간이 지날수록 힘들어지는 구조를 가지고 있다. 올라갈 자리가 피라미드 형태로 점점 좁아지기 때문에 승진 시기마다 힘든 경쟁을 거치게 되어 있다. 그런데도 달리 갈 마땅한 곳이 없다면 그 힘든 곳만 계속 쳐다보고 있어야 한다.

그러나 다른 경험을 두루 갖추고 있어서 다른 업무로의 수평이동에 대해 준비되어 있다면 그만큼 기회는 넓다. 비록 지금은 동일 직급으로 수평이동을 하더라도 새로운 자리에서의 수직이동을 얼마든지 기대해볼 수 있다. 두 가지의 대안을 갖게 되는 셈이다.

사장 자리를 경력 목표로 잡고 있다면 조직의 핵심 매커니즘을 두루 거치는 것이 크게 도움이 된다. 각 매커니즘마다 나름대로의 속성과 문화를 가지고 있기 때문에 다양한 경험은 조직생활에 필요한 근력을 키우는 데 중요한 역할을 한다. 근력뿐만 아니라 네트워킹을 통해 확실한 인맥을 구축할 수도 있다.

그 인맥은 난제를 만날 때마다 우리의 든든한 지원군으로 탈바꿈하여 내 뒤를 든든하게 받쳐준다. 서로에게 지원군이 되어줄 수 있는 인맥이 있다면 회사를 떠나서도 얼마든지 지원 관계를 이어갈 수 있다.

"세상은 교육받은 삶의 낙오자들로 넘쳐난다"는 말은 맥도날드 제국을 세운 레이 크록이 한 말이다. 그는 학력에 따라 승진시켜주는 것이 아니라 맥도날드 사업의 밑바닥을 거친 사람에게 승진기회를 주는 것으로 유명하다. 사업 프로세스 경험이 풍부한 사람에게는 그만큼 폭넓은 기회가 주어진다.

"우리가 일하고 있는 바로 이곳보다 좋은 교육 장소는 없다는 사실을 기억해야 한다."

가치를 높이는 조언

- '성공'에 대한 강박관념에서 벗어나면 새로운 경험을 위한 공간이 생긴다.
- 다양한 경험은 자기 확신감을 키워준다.
- 자신의 부족함을 인정하면 배움에 대한 욕구가 생긴다.
- 경험은 화학작용을 통해 이전에는 없었던 전혀 새로운 물질을 만들어 낸다.
- 폭넓은 경험은 다양한 커리어 옵션을 준다.

정치는 여자에게 유리하다

24명 정도 참석했던 대기업 상무 승진자들에게 '정치'란 단어에 대한 그들의 첫 느낌이 어떤 것인지에 대해 질문한 적이 있다. 아무거나 머리에 떠오르는 것을 말하게 하고 나는 그들이 말하는 단어를 그대로 플립차트에 적었다.

그때 나왔던 것들은 대체로 이랬다. 사기, 모략, 술수, 부도덕성, 기회주의자, 새치기, 등치기, 이기주의자, 타인에 대한 무관심, 지나친 욕심 등 어느 것 하나 긍정적인 것이 없었다. 그 단어들은 '정치'에 대한 우리의 일반적인 인식을 그대로 드러내주었다.

그렇다면 '조직 정치'는 어떨까? '정치'에 대한 일반적인 인식보다는 좋을까? 그들의 대답은 이전과 별반 다르지 않았다. 그러나 차이점은 있었다. 정치는 제쳐두고도 얼마든지 살아갈 수 있지만 '조직 정치'는 완전히 제쳐둘 수 없는 애물단지 같은 존재라는 인식이 지배적이었다. '조직 정치'에 능할수록 승진이 빠르다는 데는 대부분 동의했다. 그러나 필요하긴 해도 선뜻 사용하기에는 뭔가 망설여진다는 것이다.

내 경우도 별반 다르지 않았다. '조직 정치'를 활용하기에는 불편한 구석이 있다. 그러나 조직에는 하는 말마다 불씨를 던지는 사람이 있는가 하면, 다른 사람의 기분을 상하게 하지 않으면서도 자신의 뜻을 관철시키는 사람들이 있다.

처음에는 자신이 원하는 바를 부드럽게 얻어내는 그들을 교활하다고 생각했지만 시간이 지나면서 그들의 그런 동물적 본능에 부러움을 느꼈다. 부러움은 속에 감추고 그런 지저분한 게임은 하지 않겠다는 말로 속마음을 덮곤 했지만, 제안하는 것마다 승인을 얻어내는 동료 임원이 내가 언젠가는 건너야할 강과 같은 존재라는 점만은 부인할 수 없었다.

아시아 · 태평양 지역 역량 모델개발 프로젝트에 한국 챔피언으로 일한 적이 있다. 기능 부서별 역량과 리더십 역량을 추출해내는 것인데, 리더십 역량을 뽑아내는 작업을 할 때 '조직 정치'가 그 안에 포함된 것을 보고 깜짝 놀랐다. 조직의 건강성을 해치는 것으로 알고 있던 것이 역량으로 분류되어 있었으니 얼마나 놀랐겠는가.

실제 상당수 조직에서는 정치적인 인물이 암적 존재로 여겨져 견제 당한다. 그러나 아이러니하게도 승승장구 승진의 사다리를 올라가는 사람들은 바로 그들이다. 동료들에게는 견제를 당하지만 조직으로부터는 인정을 받고 더 중요한 임무가 그들에게 주어진다. 회사가 잘못하는 것일까?

'조직 정치'를 보는 시각은 개인에 따라 상당한 차이가 있다. 나쁜 경험을 가진 사람은 그것을 나쁜 시각으로 보지만, '조직 정치'에 대해 좋은 경험을 가진 사람은 그것을 긍정적으로 볼 뿐만 아니라 긍정적으로 활용하려고 한다.

다시 말하면 '조직 정치' 그 자체는 중립적인 것이다. 다만 사용하는 사람이 어떻게 사용하느냐에 따라 좋은 것이 될 수도 있고, 때에 따라서는 치명적인 독이 될 수도 있다. 우리가 '조직 정치'를 불편한 시각으로 본다는 것은 어쩌면 바람직한 모델을 보지 못한 데서 오는 것인지도 모른다. 리더들이 사용하는 다른 역량에 비해 '조직 정치'를 바람직하게 사용하는 사람을 보기는 쉽지 않은 것이 현실이다.

그러나 경영의 괴짜로 불리는 톰 피터스는 "정치를 좋아하지 않으면 아무것도 이룰 수 없고 리더가 될 수도 없다"고 잘라 말한다. 그가 교활해서 그런 말을 하는 것일까? 천만의 말씀이다. 그는 정치를 '사람'을 통해 일하는 기술이라고 정의한다. '사람'을 통해 일하지 않는 리더는 없다. 그렇다면 '정치력'을 권모술수나 속임수라고 생각하는 사람은 리더가 될 수 없다는 그의 말이 틀린 말은 아니다.

매일매일 벌어지는 일들은 리더의 정치력을 요구한다. 탈레반에 인질로 잡힌 22명의 목숨을 구하는 데 필요한 것도 정치력이었다. 그들의 목숨은 정치를 지저분한 게임으로 보는 사람에 의해서는 절대 구해질 수 없다. 옳다, 그르다고 말하는 것은 누구나 쉽게 할 수 있는 일이지만 옳지 않은 상황에서도 뭔가 결정하고 최선의 결과를 만들어내야 하는 것이 바로 리더의 몫이다. 탈레반이 인질사건을 벌인 목적, 그들의 사회, 문화, 정치적 배경 등을 충분히 고려하여 그것들의 상호관계와 역동성을 이해한 후, 어렵지만 결정을 내려야 하는 것이 바로 정부의 협상대표자가 가지고 있어야 할 리더십이다. 손해를 보더라도 입장을 고수하는 것이 좋은지, 아니면 손해를 보더라도 양보하는 것이 올바른지에 대한 결정은 바로 리더가 발휘하는 정치력에 따라 달라진다.

그 정치력의 영향력을 생각해보자. 22명의 목숨이 달려있을 뿐만 아니라 수백억 달러의 돈이 왔다 갔다 한다. 또한 세계를 구성하고 있는 힘의 균형과, 향후 일어날 다른 사건에도 영향을 미칠 것이다. 이래도 '정치력'이 지저분한 게임이라고 할 수 있을까?

'정치력'은 효과적인 리더십의 중요요소다. 개인, 팀 또는 조직의 이익을 위해 다른 사람을 이해하고 영향을 미치는 역량이라고 할 수 있다. 그러기 위해서는 조직 내의 상호관계나 조직의 역동성을 객관적으로 이해하는 것이 필요하다.

『비즈니스위크』가 선정한 세계 최고의 리더십 연구·개발 기관인 CCL의 조사에 의하면 정치력이 높은 리더일수록 대인관계가 좋고, 팀을 구성하고 리드하는 데에 어려움을 적게 겪는 것으로 나타났다. 정치력이 부족한 리더에 비해 리더로서 실패할 확률이 적다는 말이다.

조직 정치가 과연 조직의 암적 존재이고 조직의 건강성을 해치기만 할까? 꼭 그런 것만도 아니다. 한 사람의 리더가 대인관계에 문제가 많고 팀을 잘 이끌지 못해서 갈등과 반목이 일어나도록 방치한다면 그가 조직에 미치는 비용효과는 엄청나다. 더구나 그가 핵심사업을 이끌고 있다면 더욱 치명적이다.

어떤 조직도 완전히 정치성이 배제된 곳은 없다. 많은 조직들이 조직 문화 속에서 정치성을 없애기 위해 대대적인 조직 문화 변화 프로젝트를 시도하지만 성공할 리가 없다. 그런 시도는 인간행동과 조직역학을 모르고 무지막지하게 덤비는 일이다. 처음에는 바뀌는 것 같지만 자세히 들여다보면 이전과 크게 다르지 않다. 왜냐하면 더 높은 성과를 내고 싶고 더 잘하고 싶은 마음이 있는 한 그것을 얻기 위한 우리의 정치적 노력은 지속될 것이기 때문이다.

효과적으로 리더십을 발휘하고 싶다면 무엇보다 '조직 정치' 의 현실적 존재를 인정하고 그에 필요한 스킬을 배우는 것이 현명하다. 정치력을 갖춘 리더는 환경 변화나 함께 일하는 사람에 따라 자신이 처한 상황을 분석하고 그 상황에 맞게 자신의 행동을 유연하게 조절해가면서 리더십을 발휘할 줄 안다. 정치력을 리더십 역량에 포함하지 않았던 것은 조직 내에 존재하는 정치성을 의도적으로 부인했기 때문이다. 그러나 우리가 부인한다고 그것이 존재하지 않는 것은 아니다. 다만 그것은 '불편한 진실' 일 뿐이다.

우리는 불확실한 환경에 완전히 노출되어 있다. 우리가 알고 있는 것보다 모르는 것이 훨씬 많다. 조금이라도 명확한 것이 보이는 곳에는 언제나 치열한 경쟁이 존재한다. 그런 곳일수록 우리의 정치력 발휘가 필요한 곳이다.

정치력은 나만 좋은 것을 갖고 상대방이 가진 것을 잃게 하는 제로섬(zero-sum) 게임이 아니다. 조직의 이익을 위해 상황에 맞게 자신의 유연성을 최대한 발휘하는 리더십 역량이다.

리더들이 조직 정치의 부정적인 사용을 지양하고, 건강하고 긍정적으로 사용하는 한 조직과 개인의 성과는 더 높아진다. 왜냐하면 당신은 누구를 파괴시키느냐가 아니라 누구와 함께 파트너십을 만드느냐에 당신을 집중시켜야 한다는 것을 알며, 어떤 것을 포기하고 어떤 것을 얻는 것이 더 효과적인지 판단할 줄도 알기 때문이다.

우리가 올바로 사용하는 한 조직 정치는 효과적으로 리더십을 발휘하는 데 매우 중요한 역량이다.

· '조직 정치' 자체는 원래 중립적이다. 다만 중립적이지 못한 사람에 의해 기울어지는 것뿐이다.
· 정치성이 완전히 배제된 조직은 어디에도 없다는 점을 기억하라.
· 타인을 읽는 능력은 리더십의 핵심이다. 정치력이 바로 그 점을 예민하게 해준다.

중요한 것은 Want가 아닌 Need

'피로스의 승리(pyrrhic victory)'라는 말이 있다. 대가가 너무 커서 패배와 다를 바 없는 승리를 의미하는 말이다.

기원전 타렌툼과 로마와의 전쟁에서 타렌툼이 이피로스의 피로스 왕으로 하여금 로마를 상대로 싸우게 했을 때의 이야기에서 나온 말이다. 알렉산드로스 대왕 이후 가장 위대한 그리스의 전사로 알려진 피로스 왕은 로마와의 여러 차례 전쟁에서 이기기는 했지만 지칠 줄 모르고 들어오는 로마군으로 인해 패전이나 다름없는 이탈리아 원정으로 전쟁을 끝내게 된다. 여러 번의 전쟁을 피해갈 수 있

221

는 다른 전략을 선택할 수 있었음에도 불구하고 이탈리아의 유력자가 되겠다는 꿈 때문에 상황을 현실적으로 보지 못한 채 전쟁에 전쟁을 거듭한 것이다.

로버트 그린은 "모험이 시작되기 전에는 모험에 대한 기대로 흥분하게 마련이고 마음을 끄는 목표 앞에서 우리는 부지불식간에 보고 싶은 것만 보게 된다. 미래의 이득은 크게 보이고 고난은 작게 보인다"라고 말했다.

'피로스의 승리'는 비단 전쟁터에서뿐 아니라 비즈니스 현장에서도 매일 일어나는 일이다. 특히 초급 관리자 시절에는 의미 없는 '피로스의 승리'가 더 많이 일어난다. 관리자로서의 역량을 보여주고 싶은 욕심에 많은 일들을 무리하게 시도한다. 의욕은 좋지만 현실성을 무시한 채 계획을 세운다. 실행 과정에서 다른 부서가 해야 될 일을 굳이 내가 하려다보니 부서 간에 갈등이 일어나고 업무의 효율성도 떨어진다.

자신이 무리한 시도를 하는 경우도 있지만 상사의 무리한 시도를 어떻게 하지 못해 함께 무리수를 두는 경우도 많다. '피로스의 승리'가 진정한 승리가 아니듯 비즈니스 현장에서의 승리도 투입한 비용보다 이익이 많이 남아야 비로소 승리했다고 말할 수 있다.

지금 되돌아보니 나도 많은 '피로스의 승리'를 경험하면서 지나

온 것 같다. 나로 인해 더 효과가 큰 곳에 예산이 사용되지 못한 적
도 분명 있었을 것이다. 또는 꼭 필요한 일을 했을지라도 그 결과의
효용 가치가 원래 의도에 미치지 못한 경우도 있었다.

리더의 위치에 있는 사람들은 자신의 행동이 가져올 비용효과를
고려해 보아야 한다. 내 부서 입장에서만 보는 것이 아닌 조직전체
차원에서 고려하는 전략적 사고가 요구된다. 단순히 눈에 보이는
비용만 생각할 것이 아니라 눈에 보이지 않는 비용에 대해서도 충
분히 다루어봐야 한다. 어떤 행동을 취함으로써 다른 것을 하지 못
하게 되는 기회비용 또한 고려하여 전체적으로 플러스가 되는 데에
자원을 투자해야 한다.

MBTI 성격유형검사에 의하면 내게는 일을 많이 벌리는 성향이
있다. 새로운 주제는 언제나 나를 흥분시키며, 똑같은 일을 되풀이
하는 것을 가장 싫어한다. 물론 되풀이 과정 중에도 점진적인 개선
이 얼마든지 일어날 수 있지만, 기본적으로 새롭게 시도하는 일을
두려워하면서도 좋아한다.

똑같은 일을 반복하거나 현상을 유지하는 일은 금방 지루해하기
때문에 언제나 새로운 프로젝트를 탐색한다. 그런 개인적인 성향
탓도 있지만 내가 이끄는 팀에서 하던 일이 변화와 관련한 프로젝

트이다 보니 이전에 조직에서 시도하지 않았던 일을 주로 맡은 것도 한몫한 것 같다.

그러나 의욕은 좋지만 내가 사용할 수 있는 자원에 대해서는 지나치게 낙관적이고 너그러웠다. 한번은 내 팀에 있던 직원이 제발 일 좀 덜 가지고 오라는 부탁을 한 적이 있다. 새로운 일을 보면 해보고 싶어서 부서로 가지고 오지만 정작 함께 일하는 직원들은 그렇게 가지고 오는 일 때문에 힘들어했던 것이다.

로버트 그린이 "미래의 이득은 크게 보이고, 고난은 작게 보인다"고 말한 것이 영락없이 바로 나를 두고 한 말이었다. 이런 경향은 업무에서만 나타나는 것이 아니었다. 작게는 책을 읽는 습관에서부터 소비습관에 이르기까지 곳곳에서 나타났다.

일상생활에서 나타나는 사소한 행동들은 우리가 누구인지 나타내주는 신호체계와 같다. 그러므로 그 신호체계들을 수시로 점검해볼 필요가 있다. 혹시나 내 행동이 교통체증을 일으키는 것은 아닌지, 또는 황색 점멸등인데도 무리하게 진입하여 교통사고의 원인을 유발하는 건 아닌지…….

초보 운전자들은 원칙대로 교통신호를 잘 지키지만 운전경력이 늘어날수록 교통신호를 자의적으로 해석한다. 신호준수보다는 자신의 상황적 판단을 더 신뢰한다. 상황적 판단에서 아무런 문제가 일어나지 않으면 상황적 판단에 대한 과신의 정도는 점점 높아진다.

우리가 일하는 현장에도 동일한 현상이 일어난다. 경력이 많으면 많을수록 외부의 소리를 무시하고 자기 판단에 따라 결정하는 경향이 많다. 그래서 예산이나 직원들의 업무 과중의 정도가 이미 극에 와 있는데도 무리하게 일을 시도한다. 이런 상황에서 최고의 성과가 나올 리 없다는 단순한 사실을 자신만 모른다. 위로 올라가면 더 많은 정보를 가지고 있는 것 같지만 사실 남들은 다 아는 것을 자신만 모를 때가 더 많다. 왜냐하면 자기 판단을 더욱 신뢰하는 리더일수록 팀원들은 그 사람이 듣고 싶어 하는 말만 해주기 때문이다.

자의 반, 타의 반으로 이것저것 일을 많이 떠맡게 될 때가 있다. 대체로 이런 경우는 성숙기에 올라와 있는 조직에서보다는 성장기 조직에서 많이 나타난다. 성장기에 있는 사람은 활동량이 많아 외부로부터의 영양소 공급이 필요한 것처럼 조직도 마찬가지다. 식욕이 당긴다고 이것저것 과식하게 되면 결국 속이 탈이 나서 곤욕을 치르는 것 같이 조직도 성장기에 있다고 하여 이것저것 무리하게 시도하면, 심한 피로감 때문에 정작 조직전체가 전략적으로 추진해야 할 일에는 더이상 쓸 에너지가 없어져 일을 그르칠 때가 많다.

비록 자원에 여유가 있더라도 리더는 어떤 일을 하기 전에 그 일을 조직 차원에서 전략적으로 검토해야 한다. 예산이 소요되거나 긴 시간이 필요한 과제일수록 이런 숙고의 과정을 거친 다음 결정하는 것이 필요하다.

직급이 올라갈수록 해야 할 일과 하지 말아야 할 일을 구분하는 것은 중요하다. 또 지금 해야 할 일과 뒤로 미뤄서 해야 할 일을 구분하는 것도 중요하다. 왜냐하면 리더의 결정에는 조직의 자원이 투자되고 그 결정이 미치는 파급효과가 그만큼 커지기 때문이다.

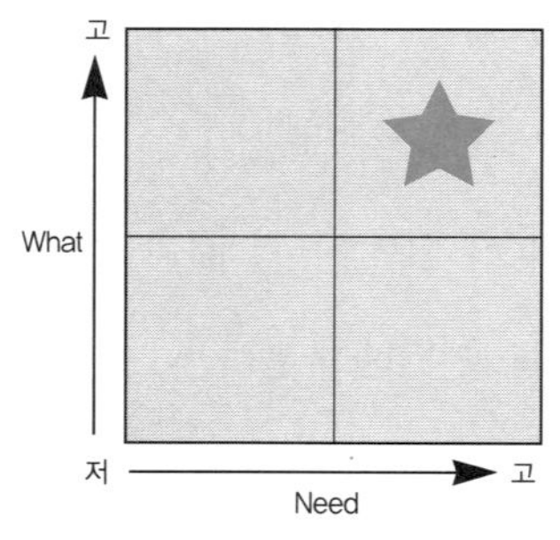

몇 번의 실패과정을 거치면서 나는 내가 결정을 내리는 경향을 되돌아본 적이 있다. 대부분의 실수는 '하고 싶은 것(want)'과 '해야 할 것(need)'을 제대로 구분하지 못한 데에 원인이 있었다.

의욕을 누르고 현실적으로 아이디어의 실현 가능성을 고려해야 함에도 불구하고 대부분은 조직이 '필요로 하는 것(need)'보다는 '하고 싶은 것(want)'의 손을 들어주었던 것이다. 해야 할 일이 많이 있을 때 'want-need' 매트릭스를 사용하면 일의 우선순위를 결정하는 데 도움이 된다.

지금이라도 내 노트에 적혀 있는 해야 할 일의 리스트를 자세히 살펴보라. 조직이 '필요로 하는 일(need)'은 파란색으로, 내가 '하고 싶은 일(want)'은 빨간색으로 표시해놓고 어떤 색이 더 많은지 한번 비교해보라. 당신은 조직이 필요로 하는 일에 자원을 집중하는가? 아니면 해도 그만이고 하지 않아도 그만인 일에 자원을 낭비하고 있는가?

그러나 이 두 가지를 구분하는 것은 결코 쉬운 일이 아니다. 조직이 필요로 하는 일을 알기 위해서는 그만큼 조직 차원에서 많이 고민해봤다는 것을 의미한다. 우리가 어떤 사안에 대해 관심을 가지면 그만큼 눈에 들어오는 것이 많다. 옷에 관심이 많은 사람은 어떤 사람이든 처음으로 대면할 때 상대방의 옷을 먼저 본다고 한다.

언제나 내 관점이나 내 부서의 관점에만 머물러 있는 사람에게는 조직이 필요로 하는 것에 눈이 가지 않는다. 아이디어가 떠오를 때마다 'want'와 'need'를 두고 생각하는 훈련을 거듭하다 보면 자신이 점점 전략적인 리더로 변모하는 것을 스스로도 알 수 있다.

전략적인 리더에게 승진의 기회를 주지 않는 기업은 없다. 승진은 그것을 위해 발버둥치는 사람보다는 더 높은 자리에 올려도 잘 해낼 수 있는 능력을 보여주는 사람에게만 주어진다.

· 중요하고 전략적인 일에 에너지의 80퍼센트를 쏟아라.
· '하고 싶은 일'에서 '꼭 해야 할 일'을 구분해내라.
· 결정하기 전에 그 일에 필요한 자원을 검토해보고, 꼭 그 일을 해야
  할 이유를 세 가지만 만들어보라.

# 트렌드를 좇아라

누가 뭐래도 이 시대의 가장 중요한 화두는 '변화' 일 것이다. 기업이 현재 시장에서 살아남기 위해서는 성과를 내야 하지만 미래에도 그 이름이 살아남게 하려면 변화를 해야 한다. 조직의 한쪽 어깨에는 성과를, 다른 한쪽 어깨에는 변화를 둘 수 있는 기업만이 지속성을 유지해갈 수 있다. 당장의 성과에만 올인하는 기업은 미래를 보장받을 수 없다. 그렇다고 미래를 위해 변화와 혁신에만 매달리는 기업은 미처 그 미래가 오기도 전에 당장의 생존게임에서 살아남지 못하고 무너질 것이다.

스스로를 성과와 변화의 패러독스 위에 성공적으로 놓을 수 있는 기업만이 그 지속성을 보장받을 수 있다.

기업의 속성이 그러할진대 리더라고 별반 다르겠는가. 리더 또한 패러독스의 양날을 상황에 따라 유연하게 오갈 수 있을 때 비로소 성공하는 리더가 될 수 있다. 쉬운 일은 아니지만 성과와 변화를 동시에 추구하는 기업은 이런 리더를 요구한다.

얼마 전까지만 해도 자신만의 리더십 스타일을 확고하게 갖는 사람이 훌륭한 리더라고 생각했으나 지금은 리더에 대한 관념이 달라졌다. 오히려 자신만의 리더십 스타일이 강하면 강할수록 다른 유형의 리더십이 필요한 상황에서 유연하게 자신을 바꾸는 것이 더 힘들다. 지금 이 시대는 변화의 파도를 즐길 수 있는 리더를 필요로 한다.

함께 일했던 동료 임원 가운데 지금도 기억나는 특이한 사람이 있다. 그는 당시 사업팀 가운데 매출이 가장 큰 사업본부를 이끌고 있었고, 당연히 그가 이끄는 조직규모도 가장 컸다.

회사의 창립 초기에 경쟁사로부터 스카우트해 온 핵심 멤버였던 만큼 그는 출발부터 다른 매니저들과 달랐다. 초기에 영업과 마케팅 조직을 확립하고 매출을 높이는 데 가장 크게 기여했으며, 그 공로로 초고속으로 승진하여 임원이 되었다. 임원 가운데서도 가장 입김이 센 위치에 있어서 조직 전체에 미치는 그의 영향력은 상당했다.

아시아 본부나 미국 본사에서도 그에 대한 신뢰는 컸다. 회사 내부에서 그의 위치가 공고해지는 것에 비례하여 고객과도 아주 밀접한 관계를 유지하였다. 말하자면 조직 내·외부에서 그는 난공불락의 성처럼 우뚝 솟은 존재였다. 회사가 나이를 먹고 사업 규모가 커지면서 새로운 사람들이 리더로 승진하고 필요한 경우에 외부에서 리더를 영입하기도 하여 조직은 보다 복잡해지고 다양해졌다. 그런 변화 속에서도 그의 위치는 변함이 없었다.

당시 회사에는 모든 사업본부가 매 분기마다 함께 모이는 정기 회의 겸 워크숍을 진행하고 있었다. 이 자리에서는 지난 분기의 사업 실적을 검토하고 다음 분기에 대한 전략을 공유하며, 그 전략에 따라 직원 교육이 실시되었다. 그동안은 사업본부 쪽에서 이 모임을 준비하고 진행했으나 회사 차원의 회의가 모두 내 관할로 오면서 내가 그 회의와 워크숍을 디자인하고 진행까지 맡게 되었다.

그동안 영업리더십 개발의 필요성이 제기됨에 따라 제품 교육 위주로 진행되어 온 관례에서 벗어나 전체회의 후 영업부서장들을 대상으로 리더십 워크숍을 진행하였다. 영업리더십팀의 역할과 책임에 대한 논의를 진행하고 있을 때 그가 회의실로 들어왔다.

마침 좋은 기회다 싶어서 그가 영업부서장들에게 강조하고 싶은 것을 말할 수 있도록 시간을 할애해주었다. 앞에 선 그는 영업부서장들에게 주위의 눈치를 보지 말고 스스로의 왕국을 건설할 것을 주문했다. 각 부서장에게는 나름대로의 영역이 있으니 그 범위 안에서 자신의 영역을 강한 왕국이 되도록 리더십을 발휘하라는 것이었다.

그러나 뒤에 앉아서 듣고 있던 나는 그가 사용했던 몇 개의 핵심 단어, 특히 '왕국'이라는 말 때문에 당혹스러웠다. 왕국을 이끄는 부서장이라면 그에 맞는 왕으로서의 행동을 하게 될 것인데, 그런 행동이 회사와 당시 사업 전략이 기대하는 리더십 행동이냐는 것에 대해 나로서는 동의하기 어려웠다.

당시 회사는 새로운 비전에 맞게 사업 전략을 새로 수립하였다. 그리고 그 전략 수행에 필요한 구체적인 활동 계획까지 준비한 터였으니, 각각의 영업조직이 어떻게 전략에 자신을 정렬해야 하는지는 이미 각 사업부별로 공유가 끝난 상태였다. 그가 한 말은 내가 준비한 자료는 물론이고 사업 전략과도 상당히 거리가 있는 내용이었다.

그 섹션이 끝난 후 나는 그에게 내 견해를 전달했다. 왜 그동안의 제품 교육 관행에서 벗어나 리더십 팀을 별도로 모아 놓고 워크숍을 진행해야 했는지, 바뀌어야 할 리더십 행동은 무엇인지 대화를 나누었다. 특히 그 자리는 비전과 사업 전략이 바뀜에 따라 성공적으로 비전을 달성하기 위해 영업부서장들이 해야할 역할과 책임을 그들로부터 직접 끌어내기 위한 것이었다.

그러나 그 사업본부장 때문에 일선 부서장들에게 원래 의도와는 다른, 윗사람이 주도하는 왕국의 건설을 권한 결과가 되고 말았다. 내가 디자인했던 워크숍이 사전에 임원 회의에서 검토되고 동의된 것이었음에도 불구하고, 그는 그 자리에서 평소 자신이 피력하던 소신을 내세운 것이다. 그는 강한 카리스마적 리더십을 통해 자신의 영역을 왕국처럼 키우면서 성공했다. 누구도 그런 그의 성공 요소를 부인할 수 없을 정도였다.

그러나 시장환경은 바뀌고 있었고, 고객도 바뀌고 있었다. 고객이 우리 물건을 구입하는 구매행동 패턴 또한 바뀌고 있었다. 그런데도 그는 과거 자신에게 성공을 가져다주었지만, 이제는 바뀌어야 할 행동을 요구하였다. 강력한 남성적 리더십 행동이 그가 기대하는 리더십 행동이었다.

당시 이미 영업부의 반 이상은 여성이었다. 여성을 영업사원으로 채용한 것은 시장상황을 반영한 것이었고 경쟁사가 가지고 있지 않은 우리만의 차별화 포인트였다. 그는 그런 조직구성이나 시장 변화는 무시한 채 강력한 남성적 리더십을 이야기하고 있었으니 실제 영업조직에서 일하는 직원들로서는 무척 혼란스러웠을 것이다. 특히 여성 영업사원들은 더욱 혼란스러워했다. 심한 경우 여성 사원에게는 불이익이 오는 게 아니냐는 우려가 나올 정도였다.

나중에 알고 보니 그날 전달된 그의 메시지는 평소 그가 늘 말하던 내용이었다. 실제 그가 이끄는 사업팀에 속한 리더들의 행동은 그의 행동과 거의 일치했다. 그의 메시지는 부서장들에게 그대로 내려가고, 부서장들 또한 자신들이 배운 대로 영업사원들을 대하고 있었다.

그의 입장에서 보면 아주 일사불란한 조직이었겠지만 다른 면에서 보면 다양성이 존재하지 않는 조직이었다. 일단 과제가 주어지면 모든 리더들이 발빠르게 움직여 단기간에 일을 끝내는 속전속결의 조직이었지만 명확하지 않은 상황에서는 우왕좌왕하는 조직일 뿐이었다. 그들은 강력한 리더십 아래에서만 기능할 수 있었다. 그는 왕을 추종하는 리더가 아니라 자율적인 리더를 키웠어야 했다.

리더가 어떻게 행동하느냐는 것은 단순히 그 개인의 문제가 아니다. 그의 행동은 고스란히 그가 이끄는 조직의 문화로 자리잡는다. 그들이 보여주었던 강력한 남성적·획일적 문화는 후에 일방적 영업활동이 아닌 컨설팅적 영업방식으로의 전환이 결정되었을 때

많은 문제점들을 노출하였다.

생태계의 변화에 적응하지 못하는 동물은 아무리 강력한 힘을 가지고 있다고 해도 멸종의 길을 갈 수밖에 없다. 한 개인이 갖는 성공 요소도 시간이 지나면 오히려 실패 요인이 될 수 있다. 리더로서 우리가 집중해야 할 부분은 어떤 성공요인 그 자체가 아니다. 환경 변화에도 지속적으로 성공요인을 다르게 만들어 낼 수 있도록, 스스로를 변화해나갈 수 있는 능력일 것이다.

폴라로이드의 창업자인 에드윈 랜드(edwin land)는 "혁신은 새로운 아이디어를 내놓는 일이라기보다 옛 아이디어를 버리는 일"이라고 했다. 옛것을 버리지 못하면 새로운 것을 담을 여분의 공간이 없다. 과거의 성공요인을 과감히 버릴 수 있을 때 비로소 새로운 성공요인을 찾기 위한 필요성과 동기가 생긴다.

이렇게 한두 번 '버리기 작업'을 계속하다 보면 내가 버려야 할 때와 지니고 있어야 할 때를 본능적으로 습득할 수 있다.

실제 시장환경과 고객의 구매행동이 바뀌는 것에 대한 고민을 충분히 하지 않고 자기 경험의 틀 안에서 살았던 그는, 결국 회사를 떠나야 했다. 그가 회사에 얼마나 큰 성과를 가져다주었는지 하나

하나 기억하고 감사하기에는 우리 모두 너무 빨리 변한다. 스스로 변하기를 포기한 사람에게는 변화가 강요될 뿐이다.

그의 리더십이 제공하는 안전지대 속에서 시키는 일만 하는 것에 익숙해 있던 부서장들 또한 바뀌는 환경 속에서 힘들어했다. 결국 변화에 실패한 몇 사람은 회사를 떠나 여전히 예전의 방식이 통하는 기업으로 옮겨갔다. 그러나 그 기업도 변화에 적응하지 못하는 사람에게 둥지를 만들어주지 않는다. 만약 그 기업들이 그들에게 계속 둥지를 만들어준다면 그 또한 얼마 지나지 않아 시장에서 멸종할 것이고, 결국 그들은 둥지를 잃어버릴 것이다.

글로벌리더십기관에서 발표한 리더십이 직면하고 있는 도전 요소들을 보면 기관을 막론하고 어디서나 가장 중요하게 언급되는 것은 어김없이 '변화관리'다. 이는 그만큼 우리가 변화 속에 던져져 있다는 것의 반증일 것이다. 변화의 파도 위에서 자신은 물론, 자신이 이끌고 있는 팀과 조직전체를 잘 리드하여 파도의 웨이브를 즐길 수 있게 하는 것, 그것이 바로 이 시대에 가장 요구되는 리더십 행동이다. 변화, 그것은 더 이상 선택의 문제가 아니다.

그러면 어떻게 해야 변화의 파도를 즐길 수 있을까? 정답은 하나가 아니기에 자신에게 맞는 방법을 찾기 위한 노력이 필요하다. 또한 변화의 흐름을 잘 타는 사람이 주변에 있다면 그들을 잘 관찰해 보는 것도 도움이 될 것이다. 다음은 내가 잘 쓰는 방법이다.

첫째, 불편함을 주는 사람들 속으로 걸어가라. 자신이 자주 만나는 사람이 어떤 사람인지 돌아보면 자신이 어느 정도 변화 지향적인 인물인지 쉽게 알 수 있다. 만약 익숙한 사람들에 둘러싸여 있다면 현재 당신은 변화를 즐기는 사람이 아니다. 사람은 누구나 자신에게 편안한 사람을 찾기 마련이지만, 편안함은 '변화'의 반대편에 있다는 사실을 기억해야 한다.

우선은 불편하더라도 변화를 즐기는 사람들 속으로 걸어가야 한다. 광고업계의 전설적 인물인 제이 샤이엇이 "나는 불편하지 않으면 편안함을 느끼지 못한다"고 한 말이 무엇을 뜻하는지 되새겨보면 알 것이다.

둘째, 외부 네트워크를 개발하라. 다른 산업에서 다른 일을 하고 있는 사람들과의 만남을 통해 그들이 변화에 어떻게 대응하는지 살펴보면, 지금 현재 자신이 하고 있는 일에 변화를 줄 수 있는 아이디어를 얻을 수 있다. 그리고 그들을 통해 배울 수 있는 것을 찾아보라. 나와 모든 패러다임이 같은 사람들 속에서는 새로운 생각이 나올 리 없다.

엉뚱한 것 속에서 유사함을 찾아 그것을 당신이 하는 일에 시도

해보라. 이것을 아날로지(analogy)라 부른다.

피터 드러커는 많은 아이디어를 역사책 속에서 가져왔다. 우리가 잘 알고 있는 『총각네 야채가게』나 『펄떡이는 물고기처럼』이라는 책도 경영서적이 아닌 야채가게와 생선가게에서 찾아낸 컨셉이다.

셋째, 다양한 연령대 그룹과 교류하라. 그리고 그들에게서 자신의 변화 모티브를 찾아내라. 20대, 30대, 40대, 50대 그룹을 별도로 정해서 그들과 정기적으로 만남을 가진다면 동일한 상황에서도 얼마나 다양한 접근이 가능한지 알 수 있다. 그러고 나서 나는 얼마나 다양한 시도를 하고 있는지 자신을 돌아보라.

조직에는 다양한 세대가 공존한다. 40대, 50대일수록 젊은 세대의 톡톡 튀는 대화나 사고방식과 교류하는 것이 필요하다. 그들을 이해하지 않고는 그들을 리드할 수 없다. 20대와 30대라면 40대와 50대의 전략적 관점과 현실 돌파 능력을 배우라. 그들은 안 되는 것도 되게 하는 능구렁이다. 20대인 당신도, 30대인 당신도 어떤 장벽 앞에서도 굴하지 않고 넘어갈 수 있는 능구렁이가 되어야 한다.

HP에서 근무할 때 한국조직보다 2단계 더 위에 있던 조직의 대표가 은퇴할 때가 기억난다. 은퇴하기 전, 그는 자신이 맡았던 나라들을 방문하면서 은퇴 인사를 나누었는데 한국에서 전체 직원들과 일문일답을 주고받을 때였다. 나는 그에게 은퇴 후에 무엇을 할 계획이냐고 질문했다. 그는 당시 두 가지 계획을 세우고 있었는데, 하나는 할리 데이비슨 모터사이클을 타는 것이었고(그것은 그의 오랜 희망사항이었다), 다른 하나는 자기 손으로 배를 만들어 타는 것이었다.

은퇴하는 60대의 노병이 한번도 타 본 적 없는 모터사이클에 도전한다는 말에 모든 직원들이 다 웃었다. 그 호기가 부럽기도 했지만 한편으로는 말뿐일 것이라며 속으로 그의 말을 평가절하하고 있었다.

그러나 그가 한국을 다녀가고 나서 한 달 정도 지났을 때 우리는 그의 아내에게서 한 통의 편지를 받았다. 그들 부부의 은퇴 후 생활과 한국 직원들의 안부를 묻는 편지였다.

그 안에는 사진 두 장이 들어 있었다. 한 장은 검정색 가죽 재킷과 딱 붙는 가죽바지를 입고 검정색 헬멧에 짙은 선글라스를 쓴 그가 모터사이클 위에서 잔뜩 포즈를 취하고 있는 사진이고, 다른 한 장은 일용직 인부 복장을 하고 나무에 못질을 하고 있는 모습의 사진이었다. 물론 그의 뒤로는 푸른 바다가 보이고, 점차 모습을 드러내고 있는 배 옆에서 그는 그것을 만들고 있었다. 영락없는 노무자 모습으로 웃고 있는 그의 얼굴을 보는, 우리 모두의 가슴에는 뜨거운 무엇이 흐르고 있었다.

글로벌기업의 최고위직은 그냥 주어진 것이 결코 아니었다. 어떤 상황에도 적응할 수 있는 탁월한 변화능력이 그의 성공요인이었다. 심지어 은퇴 후에도 그는 막연히 세월을 죽이는 노인으로 살지 않았다. 일하느라 하지 못했던 자신의 삶을 찾아 또 다른 변화의 파도를 타고 있었다.

"변화를 즐기는 리더는 다른 사람에게도 변화를 전염시킨다."

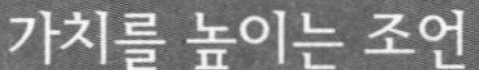

- 한 리더의 행동은 개인적인 행동이 아니라 조직 행동이 된다는 점을 기억하라.
- 불편함을 주는 사람들 속으로 걸어 들어가라.
- 외부 네트워크를 개발하여 새로운 변화의 트렌드를 잡아라.
- 다양한 연령대와 교류하라.

A. 이슈에 대한 입장을 바꿀 수 있는 능력

   1. 대다수의 동의를 얻을 수 없다면 내가 생각을 바꿔야 한다.

   2. 함께 일하는 동료에게 도움이 된다면 이슈에 대한 내 입장을 수정한다.

   3. 상황과 시나리오를 다양한 각도에서 검토해보고 필요한 만큼만 바꾼다.

   4. 새롭고 유효한 정보가 나타나면 내 입장을 빨리 바꾼다.

   5. 수집한 정보가 상황에 적용되는지 충분히 고려한 후 내 입장을 유지하거나 변경하는 결정을 내린다.

B. 새로운 행동을 취할 수 있는 능력

   1. 대부분의 경우, 행동을 취하기 전에 관련된 추가 정보를 찾는다.

   2. 현재 하고 있는 일을 다 끝내야 새로운 일을 시작할 수 있다.

   3. 익숙하지 않은 상황에서는 행동을 취하기 전에 도움을 요청한다.

   4. 대부분의 경우, 바로 얻을 수 있는 정보와 자원만으로도 빠르게 행동을 취한다.

   5. 목표를 달성하기 위해서라면 기꺼이 다른 방법을 모색하거나 실험해본다.

C. 결정을 내릴 수 있는 능력

   1. 익숙하지 않은 상황에서는 가능한 정보와 자원을 철저히 조사해본 후에 결론을 내린다.

   2. 새로운 관점에서 발표될 때는 모든 가능한 정보를 새로 분석한다.

   3. 새로운 상황에서는 가능한 결과를 생각하고 만약의 경우에 대한 대비책을 마련한 후에 행동에 들어간다.

   4. 효과적인 결정을 내릴 수 있도록 대안들을 모색한다.

   5. 상황에 적용할 만한 정보와 자원을 고려하면서 결정을 유지하거나 수정한다.

D. 다른 사람을 일에 끌어들일 수 있는 능력

   1. 어려운 상황이 되면 언제나 저항을 최소화하는 것이 최선이라고 여긴다.

   2. 다른 사람들이 가능한 정보와 자원들을 제공해주면 그들의 의견을 고려한다.

   3. 내가 결정하거나 제안하는 변화에, 도움이 될 만한 사람의 의견을 구한다.

   4. 어려운 상황을 극복하기 위해 적극적으로 기회를 모색한다.

   5. 저항이나 위험이 있음에도 불구하고 다른 사람들에게 효과적인 아이디어를 자주 제시한다.

위의 문항별로 당신을 가장 잘 드러내는 항목의 점수를 더한다. 최고점수는 20점이다.

점수는 변화에 대해 당신이 얼마나 준비되어 있는지, 그리고 변화 자체에 대한 유연성의 정도를 의미한다.

17~20점 축하!! 모든 변화를 다룰 준비가 충분히 되어 있다. 심지어 예측이 불가능한 변화도 관리할 수 있고, 그 변화 과정에서 개인이나 팀을 효과적으로 리드할 수 있는 전문가 수준이다. 그 유연성을 지속적으로 확대해간다면 당신은 조직 내 변화를 주도할 수 있다.

12~16점 확실한 성과자. 당신은 일상적이고 예측 가능한 변화를 다룰 준비가 되어 있다. 변화를 잘 관리할 수 있고 새로운 프로세스를 받아들이기 위해 다른 개인이나 팀과 효과적으로 일할 수 있는 경험자 수준이다.

4~11점 개발이 많이 필요한 당신! 예측이 가능하거나 불가능한 변화를 다루기 위해서는 좀 더 많이 배워야 한다. 새로운 프로그램이나 상황에서 변화를 관리하거나, 개인이나 팀을 리드하기 전에 변화에 대한 학습을 필요로 하는 초보자 수준이다.

진심은 전해지고 있는가

하루에 우리가 커뮤니케이션 없이 지내는 시간이 얼마나 될까? 우리가 8시간 이상을 보내는 일터에서 커뮤니케이션이 없다면 무슨 일이 벌어질까? 커뮤니케이션을 통해서가 아니라면 리더는 어떻게 리더십을 발휘할까?

별 것 아닌 것 같은 물과 공기가 없다면 우리가 살아갈 수 없듯이 매일의 생활 속에서 커뮤니케이션 없이 살아간다는 것은 상상하기조차 어렵다. 그럼에도 불구하고 커뮤니케이션을 생각하는 우리의 인식은 그만큼 절실하지 않은 것 같다.

우리 생활 속에서 커뮤니케이션을 분리해 생각하기 어려울 만큼 그 영역은 매우 광범위하다. 글을 쓰는 것, 대화, 프레젠테이션, 유형별 커뮤니케이션, 협상, 갈등 관리, 코칭, 질문, 경청, 회의 진행, 퍼실리테이션, 강의, 연설 등 많은 것들이 이 범주에 속한다.

하는 일에 따라 영업, 고객 서비스, 마케팅(광고와 홍보) 등으로 구분할 수 있고, 커뮤니케이션의 주제에 따라 나눠볼 수도 있다. 기업마다 변화 관련 활동이 많아지면서 변화 커뮤니케이션(change communication)이 중요해지고, 수직적 조직구조에서 수평적 조직구조로 바뀌면서 직원 커뮤니케이션(employee communication) 또한 매우 중요한 이슈로 떠오르고 있다.

이처럼 커뮤니케이션 영역이 광범위함에도 불구하고 실제 기업 내에는 이런 역량을 갖출 수 있게 도와주는 지원체계가 제대로 준비되어 있지 않다. 그래도 가장 기본적이라고 할 수 있는 일과 관련한 커뮤니케이션에 대해서는 어느 정도 갖춰져 있지만, 나머지는 그렇지 못한 것이 대부분이다. 그 이유는 커뮤니케이션의 파워를 충분히 이해하지 못하거나, 이해한다고 해도 그것이 미치는 영향력의 과소평가에 있을 것이다.

커뮤니케이션 영역이 이처럼 광범위하고 다양하지만, 정말 중요한 커뮤니케이션은 아예 이름조차 붙여지지 않은 채 잠자고 있다. 그것은 바로 리더십 커뮤니케이션이다. 이것은 위에 말한 모든 것들이 녹아 들어있는 커뮤니케이션의 종합예술과 같다.

조직개발 관련 프로젝트를 회사 내·외부에서 진행하며 알게 된 사실은 상당부분의 조직 문제가 바로 이 리더십 커뮤니케이션이 원활하지 못해서 생긴다는 사실이다. 피드백 체계를 통해 데이터를 수집해보면 회사 시스템에 굉장한 문제가 있는 것으로 나타나지만, 문제의 근본원인을 찾아보면 시스템 문제보다 더 큰 문제가 리더십 커뮤니케이션에 있는 경우가 허다하다.

리더십 커뮤니케이션은 우리 신체 곳곳에 크고 작게 연결되어 있는 혈관과 같다. 혈관에 문제가 생기면 당연히 건강에 이상이 생기듯, 리더십 커뮤니케이션 문제는 결국 조직문제로 확대되어 나타난다.

조직 내에서 리더가 차지하는 위치 때문에 그들로 인해 발생하는 커뮤니케이션 문제는 밖으로 드러나지 않는 경우가 많다. 그러나 제3자의 눈으로 조금만 관심을 가지고 들여다보면 리더들의 잘못된 커뮤니케이션으로 인해 사소한 문제가 심각한 문제로 확대되는 경우를 자주 볼 수 있다.

국내 대기업 임원을 개인 코칭할 때의 일이다. 그 임원은 회사 내에서 성공적으로 커리어를 밟아왔다. 회사의 요직을 두루 거치면서 능력을 발휘해왔기 때문에 웬만한 문제는 그에게 어려운 일이 아니었다. 문제가 터지면 어디서 실마리를 찾아나갈 수 있을지에 대한 그림이 지도처럼 그려져 있는 그런 사람이었다.

그와 처음 만났을 때 그는 자신은 별로 부족한 부분이 없다는 말로 말문을 열었다. 회사에서 하라는 거니까 어쩔 수 없이 하긴 하지만 자신은 특별히 코칭받고 싶은 부분이 없으니 자신에게 부족한 부분이 뭔지 찾아달라는 것이었다.

코칭에서는 이런 경우가 가장 힘들다. 필요를 못 느끼는 상황에서 대화를 이끌어가는 것이기 때문에 초기 대화는 상호간에 긴장감이 팽팽할 수밖에 없다. 그는 자신의 경험이 가르쳐준 세계를 확고하게 신뢰하고 있었다. 그 신뢰는 성공에 의해 다져졌기 때문에 더욱 단단했고, 그가 이끄는 조직 내의 어느 누구도 그가 가지고 있는 신뢰에 도전장을 내미는 시도를 한 적이 없었다.

그러나 그와 대화를 진행하면 할수록 문제가 하나씩 드러났다. 그는 지나치게 일방적으로 커뮤니케이션을 하고 있었고, 그것을 깨닫게 하기 위해 한 가지 제안을 했다. 그가 리드하는 회의에 내가 관찰자로 참석하여 지켜보고, 그 결과를 가지고 코칭의 지속 여부를 결정하자고 했다. 그는 잠시 망설이더니 허락을 해줬다.

그는 직속 부서장들을 자기 방으로 불러서 두 시간 정도 회의를 진행했다. 물론 나도 그 자리에 동석했다. 나는 구석자리에 앉아서 그와 부서장들 사이에 오가는 대화들을 들으면서 메모를 해나갔다. 그가 한 말, 부서장들이 하는 말, 양쪽을 오가는 대화의 역동성, 논의 주제의 적합성, 결론을 만들어가는 과정, 결론의 형태 등을 하나씩 메모하면서 그의 리더십 행동과 그것이 미치는 영향을 관찰해나갔다.

아주 재미있는 현상이 목격되었다. 80퍼센트 이상은 그가 말을 했고 나머지 참석자들은 대부분 그의 말을 듣고 있었다. 부서장들이 말한 20퍼센트도 그가 한 질문에 대한 답변이었지 자신들의 생각을 먼저 제시한 것은 아니었다. 그가 조목조목 짚어가면서 이야기하는 내용에 대해 그 자리의 누구도 반박하지 않았다. 아마도 반박할 수 없었다는 것이 더 맞는 말일 것이다.

다양한 경험을 통해서 나온 것이니 부서장들로서는 그의 업무지식이나 회사 프로세스 전반에 대한 지식을 뛰어넘기란 불가능했을 것이다. 아주 세밀한 부분까지 지적하는 그의 코멘트는 모든 참석자들을 경청자로 만들었다.

물론 회의의 성격에 따라 80퍼센트 정도나 되던 비율은 어느 정도 달라질 수 있을 것이다. 부서장들이 제안하는 회의였다면 다른 양상을 보였을 수도 있다.

그러나 부서장들의 프레젠테이션이 끝나고, 그 주제에 관해 참석자들 간에 논의가 진행되면 분명 그가 독점하던 상황이 그대로 재연되었을 것이다. 그의 지식과 경험, 그리고 논리성에 대적할 만한 사람은 그 자리에 보이지 않았다. 대부분의 참석자는 그를 존경하고 있었고 그의 말을 노트에 받아 적고 있었다. 그는 구구절절 옳은 이야기만 했다.

그러나 그의 탁월성에도 불구하고 그는 리더로서 몇 가지 문제점을 노출하였다. 가장 큰 문제는 일방적 커뮤니케이션이었다. 그는 모두 옳은 말만 했지만 참석자들을 수동적인 존재로 만들었다. 그들이 생각할 필요조차 없게 만들었다. 그는 세밀한 곳까지 짚을 수 있을 정도로 전문성을 가지고 있었지만 참석자들과의 사이에는 감정이 오가지 않았다. 오로지 기술적 대화가 있을 뿐이었다. 그는 사람들이 열심히 일하게는 했지만 가슴에 뜨겁게 불을 지르지는 못했다.

회의가 끝난 후 나는 그에게 정말 코칭이 필요한 부분을 듣고 싶은지 물어보았다. 그는 그렇다고 했다. 그러나 나는 그가 코칭을 필요로 하지 않는 마음에 아무런 변화가 없다는 사실을 알고 있었다.

우리가 하는 말이 우리의 생각을 감출 수 있을지는 몰라도 그 말을 할 때의 표정이나 억양, 눈빛, 제스처 등의 비언어적인 반응은 생각을 유리알처럼 투명하게 보여준다. 그의 비언어적 행동에는 어떤 말을 해도 생각을 바꾸지 않겠다는 확고한 결심이 푹 배어 있었다.

나는 그에게 몇 가지 확인을 했다. 회의에서 관찰한 바, 평가 결과, 그리고 성격유형검사 결과를 토대로, 그의 리더십 행동이 미칠 수 있는 파급효과를 바탕으로 하여 대화를 진행하겠지만, 코칭을 받느냐 안 받느냐는 전적으로 그의 선택이라는 점을 명확히 했다. 안 받기로 결정할 경우 임원코칭을 주관하는 부서에 코칭을 받지 않겠다고 말하는 것은 그의 역할이라는 점을 강조했다. 코칭을 필요로 하지 않는 사람을 대상으로는 나도 계속할 의사가 없다는 점도 분명히 했다.

그러고 나서 내가 관찰하고 준비한 데이터를 제시하면서 그의 리더십 커뮤니케이션이 조직에 어떤 영향을 미치고 있는지 생각해 볼 것을 권했다. 글로벌 무대에서 핵심역할을 하겠다는 회사의 전략적인 방향과 시장의 추이, 그리고 시장을 둘러싼 여러 환경적 여건들을 토대로 놓고 볼 때 지금의 리더십 행동을 그대로 유지했을 경우 자신의 커리어에는 어떤 결과가 나타나고 핵심 임원으로서 조직에는 어떤 영향을 미칠 것으로 보느냐는 질문을 했다.

회사는 글로벌기업을 지향하는데 글로벌기업은 어떤 리더를 필요로 한다고 생각하느냐, 당신의 리더십 수준은 글로벌 수준에서 볼 때 어느 정도라고 보느냐는 질문도 했다. 이런 질문들은 코칭에 대한 필요성을 못 느낀 그의 단단한 가슴을 조금씩 열게 만들었다.

질문은 그가 아직까지 생각해보지 못했던 곳으로 그를 이끌고 갔다. 그의 고정관념은 자극을 받았고 그는 생각을 하기 시작했다. 결국 자신의 리더십 커뮤니케이션이 글로벌 수준과는 거리가 있다는 점을 인정하면서 코칭 프로세스에 참여하기로 했다.

조직 내에서 리더는 자신에 대해 몇 가지 중요한 오해를 하고 있다. 그중 가장 큰 오해는 리더가 모든 것을 다 알아야 한다는 것이다. 이 오해는 리더와 부하 직원 양자 간에 존재한다. 리더는 모든 것에 답을 주려고 하고 부하 직원에게 답을 주지 못하는 리더는 무능한 리더로 착각하기 쉽다. 이 오해는 끊임없이 위로부터 지침이 떨어지기를 기다리는 조직을 만들고 생각하기를 포기한 조직을 만든다.

포스트모던 기업의 아버지라고 불리는 톰 피터스는, '모든 것을 아는 명령의 천재'라는 리더십 모델이 조직에는 치명적이라고 했다. 이런 리더십은 자신이 알고 있는 한계 안에 조직을 묶어둔다. 자신이 경험하지 못했거나 모르고 있는 세계와는 완전히 벽을 쌓고 있는 것이다. 시장환경은 우리가 따라갈 수 없을 정도의 속도로 달려가고 있음에도 불구하고, 조직을 자신의 과거 경험 안에서만 존재하게 한다. 조직에 가장 치명적인 해를 끼치고 있는지도 모르고서 말이다.

리더가 자신의 경험의 한계를 인정하는 순간, 자신이 알고 있는 것을 포기하는 순간에 구성원이나 조직에는 학습이 일어난다. 왜냐하면 모른다는 것의 인정은 새로운 것을 필요로 한다는 것의 전제가 되기 때문이다.

조직의 한계에 자극을 주고, 잠자고 있는 부분을 건드려 깨워주는 것이 바로 리더의 커뮤니케이션이다. 리더가 한 말을 조용히 받아 적게 하는 것이 아니라, 침을 튀길 정도의 격렬한 토론을 통해 다양한 관점에서 충분히 논의하고 나서 결론을 도출하는 것이 바로 이 커뮤니케이션 스킬이다. 안정된 조직에 불안정한 자극을 주는 것도 리더가 커뮤니케이션을 통해 할 일이다.

그러나 정작 커뮤니케이터로서 리더의 역할은 직급이 위로 올라갈수록 무시된다. 리더가 일방적으로 지시하고 명령하면 그 조직은 무덤 속에 갇히게 된다. "잔잔한 시대의 리더는 답을 알고 있지만 격동의 시대를 이끄는 리더는 최고의 질문을 알고 있다"는 말의 의미를 높은 위치일수록 간과한다. 리더는 혼자서 일하는 사람이 아니라 다른 사람이 미치도록 일하고 싶게 만들어야 하고, 그를 통해 성과를 이끌어내야 하는 사람이라는 사실을 놓치고 있는 것이다.

다른 사람으로 하여금 일을 하고 싶게 만드는 것, 그것이 바로 리더십 커뮤니케이션이다. 그러나 다른 사람과 관계를 맺는 감정적 능력을 터득하지 않으면 이런 수준의 커뮤니케이션을 완성할 수 없다.

그래서 나는 가끔 커뮤니케이션에 스킬이 따라오는 것에 불편함을 느낀다. 가장 효과적인 커뮤니케이션은 나의 진실성과 감정이 상대방에게 도달할 때 비로소 일어나기 때문이다. 커뮤니케이션은 깊이가 있어야 하지만 스킬은 그만큼의 깊이가 없다. 깊이가 없는 메시지는 전달은 되지만 상대방으로부터 변화를 끌어내지는 못한다.

다른 사람에게 아무런 영향력을 주지 못하는 리더십은 리더십이 아니다. 리더십은 커뮤니케이션을 통해서만 비로소 밖으로 나올 수 있고, 그렇게 표현된 리더십만이 다른 사람에게 영향을 미치고 그들로부터 팔로워십(followership)을 끌어낼 수 있다.

리더십 커뮤니케이션은 조직의 성과에 직결될 뿐만 아니라 미래의 성과를 보장해주는 조직 문화를 만드는 역할도 한다.

명령이나 지시는 리더의 나약함을 보여주는 것이다. 자신 있는 리더라면 굳이 명령이나 지시 뒤에 비겁하게 숨을 필요가 없다. 당당하게 나와 질문을 통해 구성원들의 생각을 자극하고 그들 스스로 기막힐 정도의 아이디어를 내게 만드는 것, 실패를 두려워하지 않게 하는 것, 그들이 드디어 일을 저지르게 하는 것, 이 모든 것이 리더가 할 일이다.

"리더십 커뮤니케이션은 이 모든 것을 가능하게 해준다."

가치를 높이는 조언

· 언제나 옳은 사람은 매우 고독하다.
· 옳은 말만 하는 사람은 듣는 사람을 수동적인 존재로 만든다.
· 당신의 언어에 감정을 실어라. 당신의 말은 감정을 통해서만 상대방에게 흘러들어갈 수 있다는 점을 기억하라.
· 모든 것을 다 알아야 한다는 부담에서 벗어나라. 당신이 모르는 것도 다른 누군가는 이미 알고 있을 수 있다.
· 모른다는 것을 인정하면 새로운 것을 학습할 수 있는 공간이 생긴다.
· 말하는 것보다 질문함으로써 다른 사람의 지성을 자극하라.

스포트라이트는 당신을 비추고 있다

프래드 앨런은 "회의란 불필요한 일을 하기 위해 마음내키지 않는 사람들이 구성한, 준비되지 않은 사람들의 모임"이라고 했다. 우리가 출근해서, 무시할 수 없을 정도의 긴 시간을 보내는 회의가 어떤 형태로 진행되는지, 눈을 감고 그 정경을 떠올려보면 프래드 앨런의 심한(?) 말을 이해할 수 있을 것 같다.

하루도 회의 없는 날이 있을까? 이 질문에 답하는 것은 그다지 어려운 일이 아닐 것이다. 어디에 있든 우리는 다양한 형태의 회의를 통해 문제를 해결하기도 하고, 정보를 얻기도, 도움을 주고받기도 한다. 우리가 다양한 방식으로 회의에 노출되어 있음에도 불구하고, 회의는 아직도 우리에게 풀어야 할 많은 과제를 던져주고 있다.

컨설팅을 하고 있는 내 지인은 큰 소리로 단언한다.

"회의 많은 회사 치고 잘 나가는 회사 없다."

회의가 많다는 말은 그만큼 해결해야 할 과제가 많다는 것의 반증인지도 모른다. 그러나 그만큼 실행에 쏟아야 할 시간은 줄어든다.

회의를 통해 다루어야 할 과제를 줄이는 것이 조직의 효과성이나 효율성을 높이기 위해 리더가 해야 할 일이다. 그러나 많은 리더들은 회의를 줄이는 것이 아니라 일단 회의부터 소집하고 본다. 당면한 문제만 보느라, 그 문제를 해결하는 회의 자체의 문제는 놓친다.

조직개발 프로젝트의 일환으로 회의 문화를 다룬 적이 있다. 직원 수에 비해 회의실 수가 적은 것도 아닌데 회의 한번 하려고 하면 회의실 잡는 전쟁부터 치러야 했다. 회의를 해야 할 백만 가지 이유가 있겠지만 회의는 우리가 해야 할 일들로부터 점점 더 많은 시간을 빼앗아가고 있다.

회의가 진행되는 회의실 내부의 풍경은 어떨까? 과연 건설적이고 생산적인 논의 과정을 거쳐 최선의 결정을 내리고 있을까? 다양한 의견들이 충분히 개진되고 또 다양한 각도에서 논의되고 있을까?

회의가 진행되는 동안 한마디도 하지 않는 사람도 있고, 사사건 건 트집을 잡고 딴지를 거는 사람, 어느 누구의 말도 듣지 않고 자기 의견만 고수하는 고집쟁이, 회의가 아니라 훈시를 방불케할 정도로 일방적인 말을 쏟아내는 상사, 이 모든 사람들이 조직의 생산성을 파고든다.

회의를 진행하는 사람도 마찬가지다. 회의에 참석한 많은 사람들의 시간을 무의미하게 만드는 회의는 또 얼마나 많은가? 의견충돌이 일어나도 그것을 효과적으로 조정하지 못해서 단순한 의견충돌이 조직 간의 갈등으로 방치되는 경우도 많다. 진행자가 조금만 더 잘 진행해도 산뜻하게 끝낼 수 있으련만…….

단순한 스킬 면에서 회의를 접근하는 것이 아닌 조직개발 측면에서 들여다보며 깨닫게 된 점은, 회의실이야말로 한 조직의 리더십의 현주소를 말해주는 축소판이라는 사실이다. 그곳은 기업 문화가 여과 없이 노출되는 곳이고, 리더십 행동이 직원들을 어떻게 대하고 있는지를 보여주는 무대다.

회의에 올라와 있는 아젠다를 보면 그 조직이 씨름하는 문제가 어떤 것인지 알 수 있다. 특히 임원 회의 아젠다에는 회사의 우선순위가 그대로 나타나 있고, 회의실에서 오가는 이야기를 들어보면 그 조직의 역동성을 짐작할 수 있다.

이런 의미에서 회의는 단순히 회의가 아닌데, 이런 시각으로 회의를 보는 사람은 많지 않다. 이제는 회의를 보는 시각도 바꿔야 할 필요가 있다. 적어도 한 팀이나 조직의 리더라면 회의 장소가 자기 리더십의 효과성과 효율성을 드러내는 장소라는 생각을 가지고, 직원들에게 바람직한 리더십 본보기를 보여줄 수 있어야 한다.

뿐만 아니라 회의실은 다양한 스펙트럼의 교육 장소이기도 하다. 전략적 사고, 문제 해결, 커뮤니케이션, 창의적인 아이디어 개발, 성과관리, 프로젝트 관리, 갈등 관리, 협상, 의사결정, 팀웍 유지 등 많은 리더십 역량이 종합적으로 발휘될 수 있는 무대이기 때문에, 직원들에게 리더가 가지고 있는 스킬들을 고스란히 전달해줄 수 있는 유일한 교육 장소다.

교육학자들의 조사에 의하면 현장업무(OJT)를 통한 교육이 85퍼센트 이상을 차지한다고 한다. 리더가 조직을 통해 배운 업무 스킬을 실제 업무를 통해 다음 세대에게 전수해주는 것이야말로 기업의 중요한 무형자산의 이동이다. 많은 글로벌기업들은 이런 형태로 리더십 파이프라인을 유지하고 있다.

훌륭한 리더는 틀에 박힌 교육보다 자신의 행동을 통해 구성원들이 자발적으로 학습할 수 있도록 학습코치 역할을 수행한다. 그런 리더 밑에 있는 현명한 직원은 상사의 행동을 세밀하게 관찰함으로써 학습 포인트를 찾아낸다.

회의실에서 리더의 행동은 팔로워십을 촉진할 수 있다. 좋은 직원은 자신이 성장할 수 있는 곳을 찾기 마련이다. 나무가 햇빛이 비치는 쪽으로 기울듯이 말이다. 배울 점이 없는 리더 밑에는 아첨꾼이 모이고 그들은 그곳에서 정치게임만 꾸민다.

실제 나는 다른 어떤 프로그램보다 바로 이 회의실이라고 하는 공간에서 중요하고 살아 있는 학습경험을 많이 얻어냈다. 물론 그 공간에서는 칼날의 양면처럼 바람직하지 않은 여러 모습들이 나타나기도 하지만, 나는 바람직한 리더십 행동들을 훨씬 더 많이 볼 수 있었다. 다른 참석자들이 보여주는 여러 형태의 리더십 행동들을 통해 내 행동을 돌아보고 고쳐나갈 수 있었다.

바람직하지 않은 행동이라고 모두 그냥 버릴 것들은 아니다. 그런 행동들이 어떻게 팀의 동기를 꺾는지, 다른 사람의 이야기를 무시하고 자기 생각만 고집했던 상사의 결정이 사업에 어떤 영향을 미치는지를 보는 것도 중요한 학습이 되었다. 모든 것들을 있는 그대로 두면 그저 그런 사실에 불과한 것이지만 그것들을 배움의 시각으로 보면 얼마든지 보물로 만들 수 있다.

참석자들이 입을 다물고 있을 때 그들의 참여를 끌어내는 상사를 보면서 감탄을 금치 못했고, 공개적으로 자신에 대한 피드백을 요청하는 상사를 통해 건강한 피드백을 주고받을 수 있는 조직 문화가 얼마나 중요한지 절실히 깨달을 수 있었다.

예상되는 저항을 꼼꼼히 짚은 후 자신의 기획안을 발표하는 동료 임원을 통해 프레젠테이션 스킬과 저항 관리 스킬을 배울 수 있었다. 고객불만으로 접수된 이슈를 놓고, 열띤 토론을 거쳐 착시현상을 일으키게 했던 문제의 현상들로부터 근본문제를 분리시키는 방법을 보고 흥분하기도 했다. 이 모든 것들은 내가 강의실에서 배운 것이 아니라 생생하게 맥박이 뛰는 회의실에서 수확한 것들이다.

'일방적으로 말하는 것(telling)'과 '퍼실리테이션(facilitating)' 하는 것의 실질적인 차이를 목격한 것도 바로 회의실의 좁은 공간이다. 점점 더 목소리를 높여서 일방적으로 말하는 리더에게, 점점 더 확실하게 멀어지는 구성원들을 보며 자신을 보지 못하는 리더의 맹점에 안타까워했던 적도 많았다.

목소리가 커진다는 것이 자기에게 전혀 빨려 들어오지 않는 참석자들에 대한 신체적 반응이라는 것을 인식하지 못하는 그를 보면서, 리더십은 말하는 것에서 나오는 것이 아니라 경청에서 나온다는 중요한 사실을 깨닫게 되었다.

이런 많은 일들이 적나라하게 일어나는 곳이 회의실이기 때문에 나는 그 작은 공간을 얼마나 잘 활용하느냐에 따라 리더십의 효과성이나 효율성이 달라진다고 본다. 회의실은 조직이나 팀의 역량을 전략적 방향에 맞게 끌어올릴 수 있는 기막힌 공간이기도 하다.

회의실을 공간적 개념을 뛰어넘는 전략적 공간으로 보라. 그곳이야말로 조직을 위해, 구성원을 위해, 사업을 위해, 고객을 위해 당신이 마음껏 실험해볼 수 있는 공간이다. 그런 실험들을 통해 당신을 업그레이드 하고 조직을 업그레이드 하라. 당신의 그런 수고는 신뢰로 되돌아올 것이다.

가치를 높이는 조언

- 회의실은 조직의 축소판이다. 조직을 어떻게 끌어가느냐는 것은 회의 풍경을 어떻게 다루느냐에 달려 있다.
- 회의실은 리더로서의 당신을 보여주는 무대다. 당신의 성공을 위해 회의를 전략적으로 활용하라.
- 회의실은 당신이 리더십 스킬을 배울 수 있는 곳이고, 당신의 팀원들에게 리더십 스킬을 전수할 수 있는 교육장임을 기억하라. 행동만큼 훌륭한 교육 방법은 없다.

갈대처럼 흔들리지 마라

책상에 앉아 올라오는 서류에 사인만 해주는 것이 뭐가 그렇게 어려우냐고 말하는 사람도 있을 것이다. 사안에 따라 차이가 있기는 하지만 아무리 사소한 것을 결정할 때도 사전에 여러 가지를 고려하게 된다. 그럼에도 불구하고 잘못된 결정이 내려질 때가 있으니 리더에게는 결정을 내리고 그것을 책임지는 일이 결코 쉬운 일이 아니다.

어떤 경영학자에 의하면 리더가 내리는 열 가지 결정 가운데 두 가지는 잘못된 결정이라고 한다.

GM의 회장이었던 알프레드 슬론은 "경영의 과제는 공식을 적용시키는 것이 아니라 다른 상황에서 일어난 문제들을 결정하는 것이다”라고 했다. 마치 하나의 점이 모여 선이 되는 것처럼, 크고 작은 결정들이 모여서 경영이 된다. 그 경영의 결과는 연간 사업 실적이 되기도 하고 또 직원 이직률로 표현되기도 한다. 그렇지만 리더들이 가장 어려워하는 것 중 하나가 바로 이 ‘결정’이다. 왜냐하면 모든 결정은 다른 것에 영향을 미치고, 책임이 따르기 때문이다.

결정은 리더가 하는 여러 업무 가운데 가장 중요한 부분을 차지한다. 잘못된 결정이 미치는 결과는 비용 상승을 초래할 수도 있고 관계의 단절을 가져올 수도 있다. 뿐만 아니라 리더십에 대한 신뢰 상실로 이어지기도 하고, 중요한 사업 전략을 실패로 몰고 가기도 한다. 위치가 높으면 높을수록 결정이 미치는 영향은 더 커질 수밖에 없다.

효과적인 리더는 합리적인 방법으로 결정하고, 다른 구성원들도 합리적 절차에 따라 결정을 내릴 수 있도록 긍정적인 영향을 미친다. 그러나 비효과적인 리더는 다른 사람의 생각을 들으려고 하지 않을 뿐만 아니라 객관적인 자료나 데이터를 충분히 모으려고도 하지 않는다. 오직 자신의 경험만 믿는다. 심지어 자료나 데이터를 객관적인 입장에서 해석하는 것이 아니라 이미 마음속에 담고 있는 생각을 합리화하기 위한 목적으로 활용하기도 한다. 정말이지 최악의 경우다.

이런 의사결정 관행이 지속되면 조직에는 건강한 피드백이나 비판은 실종하고 오직 '예스맨'들로만 채워진다. 의사결정이 내려지는 많은 곳에는 '애벌린 패러독스(abilene paradox)만이 여기저기서 난무한다. 애벌린 패러독스란 어느 누구도 반대하지 않았지만 그렇다고 어느 누구도 동의하지 않은 역설적 상황에서 내려지는 잘못된 결정을 말한다.

가족 가운데 한 사람이 애벌린에 가서 밥이나 먹자고 제안했을 때 사실은 너무 멀리 떨어져 있고 레스토랑도 그저 그래서 속으로는 별로라고 생각하면서도, 분위기를 깰까봐 모두 따라 나선다. 왕복 4시간을 달려 형편없는 식사 한 끼를 끝내고 돌아오는 길에서 하나같이 하는 말은 "난 솔직히 가고 싶지 않았어!"다.

독단적인 리더 밑에는 자신의 의견을 자유롭게 말하는 직원이 없다. 받아들여지지 않을 것을 뻔히 알면서도 제시할 바보는 없기 때문이다. 이런 경우 애벌린 패러독스의 '상호공모'형 의사결정이 내려지기 쉽다. 이 같은 결정은 아무도 책임지지 않는 상황을 초래한다. 결국 핵심 인재는 하나둘 떠나고 갈 데 없는 사람들만 남는다.

어느 다국적 기업의 승진 심사에서 일어난 일이다. 그동안 성과 결과에 따라 승진을 결정하던 관례에서 벗어나 핵심 역량이 승진 심사에서 하나의 요소로 새롭게 추가되었다. 측정요소가 바뀐다는 것은 상당한 의미를 지닌다. 피터 드러커는 행동을 바꾸려면 성과 측정요소를 바꾸라고까지 했다. 그러나 그동안 익숙했던 업무 방식이나 행동을 바꿔야 하기 때문에 어느 정도의 저항은 일어나기 마련이다.

승진 심사에서의 논의는 크게 두 그룹으로 나누어졌다. 어느 정도의 연공서열을 고려하자는 쪽과 새로운 심사 기준인 핵심 역량을 고려하여 승진을 결정해야 한다는 쪽으로 양분되었다. 평상시에 색깔을 드러내지 않던 임원들도 이쯤 되면 마치 자신에 대한 승진 결정이라도 되듯 객관성을 상실한 채 방어벽을 높이 쌓는다.

새로운 기준에 따라 검토한 결과 오랫동안 근무해온 고참이 승진에서 누락되고 핵심 인재로 떠오르던 후배가 승진 대상이 되는 상황이 벌어졌고, 이것이 문제였다. 선배가 후배에게 리포트하는 일을 한 번도 겪어본 적이 없었기 때문에 이 사실은 승진 심사에 참여한 임원들에게도 충격이었다.

그래서 아무리 심사 기준이 역량을 고려한다고 해도 선배가 후배에게 리포트하는 이런 상황은 재고되어야 한다는 쪽으로 의견이 기울기 시작했다. 여기에는 임원단 내에서의 역학관계도 한 요인으로 작용하였다. 외부에서 젊은 임원을 영입하기 시작했기 때문에 미묘한 기류가 임원진 내에서도 일고 있었지만 자기들 일이기 때문에 공개적으로 말하지 않았던 것이다.

새로 영입한 젊은 임원들은 결정을 바꾸려면 기준까지 바꿔야 하는데, 과연 승진 심사 기준을 바꾸는 것이 현재 비즈니스 상황에 바람직한 것이냐는 질문을 던지면서 개인적으로 어려운 결과를 맞이하는 직원이 있더라도 기준이 올바르다면 그대로 가야 한다고 주장했다.

핵심 역량을 중요시하는 최근의 트렌드를 무시할 수 없었던 사장은 결국 새로운 기준에 따라 승진 결정을 하는 것으로 논의를 정리했다. 그에 따라 승진자가 결정되고 그 결과는 회사 전체에 공고되었다. 그리고 모든 일이 정상으로 돌아가는 듯했다.

그러나 더 큰 문제는 다음에 일어났다. 사장이 지방사무소를 방문하던 자리에서, 몇몇 직원들이 승진에서 누락된 사람들에 대한 언급을 하자 사장의 마음이 움직이기 시작했다. 승진 누락자 가운데 지방사무소장이 있어서 큰 반대 움직임이 포착된 것이다.

인사 임원이 사장과 동행 중이었는데, 지방사무소의 움직임을 함께 본 후 그들은 본사로 돌아와 임원 회의를 소집했다. 이전의 열띤 논쟁을 반복했지만 이번에는 완전히 다른 결정이 내려졌다.

역량이 뛰어난 신참 직원의 승진 결정을 취소하고 누락되었던 고참을 승진자로 결정하는 해프닝이 일어났다. 임원 회의 결과는 다시 공고되었고 승진턱까지 냈던 그 직원은 곤란한 상황이 되었다. 어쨌든 일은 거기에서 일단락났다.

그러나 그 이후 여러 명의 직원들은 회사를 떠났다. 직원들이 가장 관심을 많이 갖는 것이 승진인데 그 승진을 결정하는 프로세스를 지켜본 직원들로선 임원진에 대한 신뢰를 거둬들일 수밖에 없었던 것이다. 남아 있는 직원들도 상당 부분 방향감각을 상실했다.

왜냐하면 조직의 변화 방향에 따라 승진기준을 바꿔놓고는 실제 승진은 과거의 기준을 그대로 유지했기 때문이다. 직원들은 회사에서 말하는 변화 자체에 대해 신뢰할 수 없게 된 것이다. 신뢰 상실은 변화를 지지하는 쪽이나 변화를 반대하는 양쪽 모두에서 일어났다.

직원들은 결정의 양면을 다 지켜본다. 하나는 의사결정이 내려진 결과이고, 다른 하나는 그런 결정을 내리는 프로세스다. 이 두 가지가 서로를 잘 지원하면 예술에 가까운 결정을 내릴 수 있지만 반대의 경우에는 조직과 해당 리더에 대한 신뢰 상실로 이어진다. 이 두 가지가 상호조화를 이루어 결정을 내리는 순간을 나는 '결정의 미학'이란 말로 표현한다.

특히 경영진에서 내려지는 결정이 이런 미학의 성격을 띠면 조직 전체에는 굉장한 신뢰와 운동에너지가 발생한다. 미학의 경지에서 내려지는 결정은 조직의 현재뿐 아니라 미래가 된다. 경영진의 결정이 평소 그들이 강조하던 바를 담고 있으면 엄청난 신뢰가 쏟아지고, 그것은 조직의 행동을 일깨운다.

그러나 결정이 이렇게 중요함에도 불구하고 언제나 옳은 결정만 내릴 수는 없다. 불확실성의 정도가 높은 요즘은 사전에 모든 것을 다 고려한 후 결정을 내릴 수 없는 현실적인 어려움이 존재한다. 그럼에도 리더는 그런 불확실성 속에서 결정을 내리고 앞으로 가야 하기 때문에 때로는 잘못된 결정을 내리기도 한다.

그런 잘못된 결정이 내려졌을 때 그 상황을 리더가 어떻게 다루느냐는 것이 매우 중요하다. 앞의 예처럼 승진이라고 하는 매우 중요한 결정을 내려놓고 며칠 가지 않아서 그 결정을 뒤집는 것은 바람직한 대응이라고 보기 어렵다.

조직개발 프로젝트의 일환으로 임원 회의를 여러 차례, 각기 다른 기업 또는 다른 조직에서 진행하거나 관찰한 적이 있다. 공통으로 나타나는 몇 가지 문제가 있는데, 결정의 근거를 미리 준비하지 않는다는 점이 그것이다. 그러다 보니 오랫동안 논의했음에도 불구하고 결정해야 하는 순간에 마침표를 찍지 못하고 질질 끌다가 다음 회의로 미루거나 아니면 대충 결정하고 만다. 또 다른 공통 현상은 논의가 거듭되면서 애초의 회의 목적에서 멀어진다는 점이다. 회의 퍼실리테이터를 별도로 두지 않는 경우 중간에 삼천포로 빠져 엉뚱한 이야기만 하다가 끝낼 때가 많다.

앞의 예로 돌아가서, 그들은 왜 새로운 승진 기준을 만들었는지를 다시 한번 검토했어야 했다. 승진 기준 그 자체보다 그것을 만들게 된 배경을 보면 이전의 승진 기준을 바꿀 수밖에 없었던 이유를 금방 알 수 있다.

단기적으로 성과를 내는 것은 문제가 없지만 현재 성과를 내는 역량만으로는 미래의 성과를 보장받을 수 없다는 판단이 섰기 때문에, 미래에 요구되는 역량으로 조직을 재무장해야 한다는 결정을 내렸다. 그리고 그렇게 하기 위해 새로운 승진 기준을 만들었다는 사실을 어렵지 않게 연결할 수 있었을 것이다.

새로운 승진 기준이 그것을 극복하기 위한 것이었던 만큼 지금 내리려는 이 결정이 과연 이전의 한계점이나 문제점을 극복하기에 충분한 것인지를 재검토했어야 했다. 그것만 고려했어도 승진 번복이라는 어처구니없는 사태로 끝나지는 않았을 것이다.

그러나 그들은 실제 의사결정을 내리는 순간에 새로운 패러다임이 아닌 현재의 패러다임을 그대로 사용했다. 승진에서 누락되는 한 개인 때문에 조직의 미래 역량 확보라는 보다 전략적인 과제를 놓친 것이다.

효과적으로 논의하고 결정하기 위해서는 회의 참석자 가운데 '악마의 변호인(devil's advocate)' 역할을 하는 사람이 필요하다. 자신이 큰 결정을 내려야 할 때 마지막 순간까지 반대 입장에서 자신과 맞서 줄 수 있는 사람에게 그 임무를 준다. 굳이 그렇게 하는 이유는 자신이 현재의 패러다임에 빠져서 고려해야 할 핵심 포인트를 놓치지 않기 위한 의도적인 장치를 마련해두기 위해서다.

나도 중요한 회의를 진행할 때는 한두 사람에게 악역을 맡긴다. 진행하다가 확인이 필요할 때는 그들을 쳐다보며 다음 질문을 던진다.

· 우리는 지금 무엇을 결정하려고 하는가?

· 왜 이런 결정이 필요한가(이 결정은 무엇을 바꾸기 위한 것인가)?

· 결정을 내리는 데 필요한 정보가 충분한가?

· 결정을 내리는 기준을 가지고 있는가?

· 이 결정에 영향을 받는 사람은 누구인가?

· 다양한 관점이 충분히 다루어졌는가?

· 만약의 경우를 대비한 대안은 마련되어 있는가?

알프레드 슬론은 자신이 이끄는 회의에서 반대 의견이나 이견이

나오지 않으면 회의를 다음으로 연기하는 것으로 유명하다. 우리 대부분은 이의가 없으면 그 선에서 결정하고 말지만 그는 오히려 그런 결정이 안고 있는 위험성을 경계함으로써 이견이 나올 때까지 기다렸다.

다양한 견해는 결정의 품질을 높여준다. 리더의 파워는 의사결정시 얼마나 주도하느냐가 아니라, 효과적인 회의 프로세스 과정에서 얼마나 많은 참여를 이끌어내느냐에 달려 있다. 참석자들이 가지고 있는 모든 역량을 다 끌어내어 자유롭게 논의할 수 있는 자리를 만들어주고, 그 논의결과로부터 수정과 같은 결정체를 만들어내는 것이 리더가 해야 할 역할이다. 그렇게 내려진 결정은 탁월할 수밖에 없다.

실컷 논의하게 해놓고 정작 결정은 논의 과정과는 무관하게 자신이 독단적으로 내려버리면 다음부터는 누구도 결정에 참여하려고 하지 않을 것이다. 참여한다고 해도 소극적일 수밖에 없다. 임원회의가 이렇게 흘러간다면 심각한 노릇이다.

얼마 전 고등학생인 아들과 이야기를 나누던 중 결정을 내릴 때의 내 습관을 듣게 되었다. 아들은 엄마가 낙관적인 경향이 지나쳐서 현실적인 어려움을 놓친다고 지적했다. 아이들에게는 현실적으로 어려운 일인데, 엄마가 의욕이 앞서서 자기들의 말을 너무 쉽게 판단해 버린다는 것이었다.

가만히 생각해보니 이 문제는 아이들과의 관계에서만 나타나는 것이 아니라 업무적인 결정을 내릴 때도 동일하게 나타나는 것 같았다. 불행히도 내 눈만으로는, 세상을 보는 내 렌즈가 어떤 것인지 객관적으로 보지 못한다. 당신에게 객관적으로 피드백해줄 수 있는, 당신이 신뢰하는 사람을 확보하라. 그에게 투영된 당신을 보면서 자세를 수정해 간다면 최고의 결정을 내릴 수 있을 것이다.

'시나리오 플래닝'이라는 사업계획 수립 기법을 개발한 피터 슈와츠는 "의사결정은 모두 자기반영의 과정이다"라고 했다. 자신의 성향을 파악하고, 그 성향이 지금 내리려는 결정에 어떤 영향을 미칠 수 있는지 자신을 객관적으로 볼 수 있어야 올바른 결정을 내릴 수 있다는 말의 우회적 표현일 것이다.

나의 지배적인 성향을 사용하기는 쉽지만 그것을 절제한다는 것은 누구에게나 쉬운 일이 아니다. 조직도 마찬가지다. 현재 조직을 지배하고 있는 패러다임이 지금 내리려는 결정에 도움이 되는지, 아니면 장애가 되는지 미리 파악한다면 보다 좋은 결정을 내릴 수 있다.

도움이 되지 않는다고 판단되면 그때가 바로 기존의 패러다임을 바꿔야 할 적기라고 생각해야 한다. 과거의 패러다임을 버리고 새로운 패러다임을 통해 현상을 보고 판단하면서, 개인이나 조직이 가지고 있는 세계는 확장되며, 비로소 이전에는 보지 못했던 것을 볼 수 있게 된다.

"의사결정은 당신의 리더십 모든 것을 드러내는 수정체다."

· 의사결정 결과뿐만 아니라 그 프로세스까지도 직원들이 지켜본다는 점을 기억하라.
· 의사결정 과정에 참가한 사람들의 행동이 바로 그 기업의 조직 행동이다.
· 언제나 올바른 결정을 내릴 수는 없지만, 최선의 결정을 내릴 수는 있다.
· 어떤 결정을 내리기 전에 결정의 기준부터 미리 준비하라. 기준 없이 내리는 결정은 궤도에서 벗어나도 알 길이 없다.
· 결정을 내리는 자신의 습관을 들여다보라. 그 습관은 당신을 잘못된 결정으로 이끌 수 있다.

당신의 조각은 생각보다 값지다

조직 내에는 다양한 기능 조직들이 있다. 퍼즐의 각 조각들이 모여 하나의 그림을 완성하듯, 각 기능 조직이 모여 한 기업의 운영을 돕는 조직을 만든다. 그렇지만 이런 기능 조직들이 언제나 한 방향을 향해 잘 조율되어 있는 것은 아니다. 조직의 효율성과 효과성은 조율의 정도에 따라 달라진다.

사업과 직결된 곳에서 일하는 직원들은 비교적 사업과 한 방향으로 잘 조율되어 있지만 지원 그룹에서 일하는 팀은 아무래도 직접적인 연결을 갖고 있는 그룹에 비해 조율의 정도가 더 약할 수밖에 없다.

273

그러다 보니 사업 실적에 대한 책임감이 현장에서 뛰는 사람보다 적다. 사업 실적이 그다지 좋지 않을 때는 책임감에서 벗어날 수 있어서 좋지만, 사업이 잘 될 때는 자신을 가볍게 해주었던 적은 책임감 때문에 오히려 자신이 하는 일이 무의미하다는 생각을 하게 된다.

비즈니스는 그 안에 높은 파고의 역동성을 담고 있기 때문에 사람들을 동기부여 해주는 큰 힘이 들어 있다. 그러나 조직의 뒷면(back-office)에 배치되어 있는 지원 그룹은, 그런 큰 힘에 의해 가슴이 뜨거워질 정도로 일에 흥분을 느끼기가 쉽지 않다.

하지만 어느 기업도 필요없는 곳에 인력과 예산을 배치하지는 않는다. 초보자들은 다른 사람에 의해 동기를 부여받지만 리더는 스스로 동기를 부여할 수 있어야 한다. 외부로부터 오는 동기에 비해 내면에서 나오는 동기는 자기조절하에 모든 것이 가능하기 때문에 훨씬 강력한 파워를 발휘할 수 있다. 그러나 우리는 성인이 되어서도 다른 사람으로부터 동기를 부여받으려고 한다.

실제 영업교육을 맡고 있을 때 나 또한 내가 하는 일에 의미를 부여하기 힘들어서 감정적으로 바닥을 헤맸던 적이 있다. 영업사원들이 만들어내는 성공스토리는 축하해줘야 마땅하지만, 그들의 성공을 대할 때마다 뒷자리로 밀리는 듯한 느낌 때문에 무척 힘들었다. 다른 사람과의 비교를 통한 성취감이 궁극적인 성취감은 될 수 없다는 사실을 생각할 겨를도 없이, 자신에 대한 혹평을 서슴지 않았었다.

혹자에 의하면 인간은 끊임없이 의미를 만들어내는 기계라고 한다. 그만큼 우리 인간은 무의식적으로 의미를 부여한다. 내가 느끼는 것 자체가 '절대적 무의미함'이 아니라 다만 다른 사람과의 비교에서 나오는 '상대적 무의미함'임에도 불구하고, 거기에는 우리의 기운을 뺏는 큰 힘이 들어 있다. 여기저기 부초처럼 떠다니다가 감정고리의 약한 부분이 보이면 그곳을 뚫고 들어가 온몸으로 절망감과 무력감을 퍼뜨린다.

그것이 힘을 갖게 되는 이유는 감정과 연결되어 있기 때문이다. 감정은 외부의 작은 자극에도 쉽게 움직이는 속성을 가지고 있다. 그런 감정상태에 따라 의미도 없는 의미를 붙이고는 그것 때문에 힘들어한다.

어떻게 하면 내가 하는 일에 의미를 부여하고 그 의미로 인해 격려받고, 다시 더 큰 일에 도전할 수 있는 선순환의 고리를 만들 수 있을까? 어떻게 하면 금전적 보상에 의한 성취감이 아닌 내면에서의 성취감을 가질 수 있을까? 어떻게 해야 나와 함께 일하는

275

구성원들이 그런 내적 성취감을 통해 자신의 일을 즐길 수 있도록 도울 수 있을까?

영업교육 일을 할 때 내가 하는 일이 너무나 미미하다는 생각 때문에 힘들어하다가 아시아·태평양 지역의 영업교육을 총괄하는 상사에게 도움을 요청한 적이 있다. 마침 실리콘밸리에서 교육매니저들이 모두 모이는 회의가 있었는데, 회의가 끝난 후 아시아·태평양 지역에서 온 매니저들끼리 식사를 함께하는 자리였다. 다른 나라의 매니저들도 내 고민과 별반 다르지 않았다.

우리가 그 자리에 모인 것은 새로운 영업전략을 지원하는 교육프로그램의 론칭 때문이었다. 그 상사는 프로그램이 나오게 된 배경에 대해 길게 설명하기 시작했다. 우리는 온몸에 기운이 다 빠져나갈 정도로 치열하게 고민하고 있는데, 그는 우리와 전혀 상관없어 보이는 이야기를 광범위하게 이어갔다.

고객들의 최근 움직임, 그에 대한 경쟁사들의 동향, 그리고 우리 제품이 현재 어떻게 포지셔닝되어 있는지로 대화는 이어졌다. 새로운 영업전략은 무엇을 목표로 만들어진 것인지, 그것이 우리 제품을 경쟁제품과 어떻게 차별시켜줄 것인지, 지금 론칭한 교육프로그램이 어떻게 영업전략을 지원하게 되는지에 대해 물 흐르듯 대화를 끌고 나갔다.

처음에는 와인을 마시면서 이야기를 듣기 시작했으나, 어느 순간 누구랄 것도 없이 모두 와인잔을 밀어내고 노트를 꺼내서 메모하기 시작했다. 공식적인 채널에서 언급되지 않은 이야기는 우리를 더욱 달구었고 하나라도 놓칠세라 귀를 쫑긋 세웠다. 의자를 당겨오는 사람도 있었고 목소리를 더 크게 해달라고 요청하는 사람도 있었다.

남들이 보면 뭐하나 싶을 정도로 우리는 그 사람을 둘러싸고 이야기를 듣기에 여념이 없었다. 마치 할머니의 쌈지주머니를 뚫고 흘러나오는 이야기를 듣는 아이들처럼 이야기 속에 점점 빨려 들어갔다.

그의 이야기가 끝난 후 우리의 모습은 마치 결전이라도 앞둔 사람들처럼 상기되어 있었다. 그는 비록 작은 목소리로 이야기를 이어갔지만, 우리의 고민으로 일그러졌던 얼굴은 사라지고 모두 사기충천해 있었다. 그의 이야기는 끝이 났음에도 불구하고 마치 아직도 소리가 들리는 듯 우리는 아무 말 없이 그 여음을 즐기고 있었다. 그가 대체 우리에게 무슨 일을 한 것일까?

그는 우리가 일하는 곳을 회의실이나 강의장이 아닌 시장으로 옮겨놓았고, 우리를 얼굴도 모르는 고객사의 회의실로 옮겨놓았던 것이다. 우리가 영업사원들의 뒷전에 있는 것이 아니라 그들과 마찬가지로 전쟁터의 최전선에 있다는 생각이 들게 했고, 우리가 하는 일이 어떻게 전쟁에 직결되는지에 대해서도 명확하게 포인트를 짚어주었다.

그와 나눈 짧은 대화는 우리로 하여금 교육프로그램 하나를 보는 시각에서 벗어나, 시장을 보고 그 안에서의 우리 사업을 바라보는 시각을 갖게 해주었다. 내가 하는 일이 영업전략의 항로를 변경하는 데 중요한 역할을 한다는 것은 생각만 해도 짜릿하고 흥분되었다.

그 이후 내 대화의 패턴은 완전히 바뀌었다. 이전에는 퍼즐 한 조각을 들고 이리저리 분주히 다녔다면 그 이후부터는 퍼즐 전체 그림에 대한 이야기가 주제가 되었다. 오히려 퍼즐 조각 하나하나에 대해 이야기하는 영업사원들에게 퍼즐 그림 전체를 보도록 이야기해 줄 수 있게 되었다. 나는 그들보다 더 자주 경쟁사에 대한 이야기를 하였다. 영업 현장에서의 이야기가 궁금해지면 핵심적인 몇 사람을 잡고 늘어져 프로그램 론칭 이후의 반응에 대한 피드백을 듣기도 했다.

내가 무엇인지를 모를 때는 무엇을 물어야 할지도 몰랐지만 조금씩 알면서 질문하기도 수월해졌다. 이런 내 변화는 그들이 내 자리로 와서 자발적으로 피드백을 들려주게 만들었다. 그러면서 내가 얻는 정보의 양은 점점 쌓여갔다. 어떤 면에서는 자기 일만 하는 그들 개개인보다 여기저기서 듣는 내 정보가 더 많을 정도였다.

매일매일 흥분되는 날이 이어졌다. 때 맞춰 본사에서도 지속적으로 후속 프로그램들이 나왔다. 새로운 프로그램들은 나를 비즈니스 현장으로 더 가까이 가게 해주었다. 시간이 지나면서 그들은 주어진 프로그램으로 해결되지 않는 이슈들을 가지고 와서 도움을 요청했다.

직접 해결이 어려운 경우에는 다른 나라로부터 프로그램을 가지고 와서 그들의 현안을 도와주기도 했다. 이렇게 하면서 자연스레 나는 그들의 비즈니스 파트너가 될 수 있었다.

그때의 경험은 내게 참으로 많은 시사점을 남겼다. 내가 하는 일이 의미 없다고 생각한다면 그것은 내가 그만큼의 의미밖에 주지 않았기 때문이다. 똑같은 상황에서도 내 상사와 내가 본 것은 차이가 많았다. 나는 새로 론칭한 프로그램에 그냥 하나의 교육프로그램으로서의 의미만 부여했지만, 내 상사는 경쟁 환경에서 이기기 위한 영업전략으로서의 의미를 주었기 때문에 우리가 선택한 행동은 다를 수밖에 없었다.

의미를 크게 주면 줄수록 그 일은 중요해진다. 지금 하는 일을 그냥 기능 부서 단위 안으로 국한하지 않고 사업 전체로 확장시켜서 생각할 수 있다면 우리는 사업에 매우 중요한 일을 하는 것이다. 조직의 미션으로 연결할 수 있다면 그야말로 큰 의미와 보람을 느낄 수 있을 것이다. 내가 하는 일의 궁극점을 보려는 습관을 갖는 것이 필요하다. 더구나 리더는 다른 사람도 그렇게 보게 해줘야 한다. 그때는 금전적 보상으로 인한 성취감에 비할 수 없을 정도의, 가슴 뜨거운 성취감에 젖을 수 있다.

탁월한 기업은 업계 최고의 급여 전략을 취하지 않는다. 그것이 오히려 직원들의 내적 성취감을 병들게 한다는 사실을 잘 알기 때문이다. 대신 그들은 직원들로 하여금 자신이 하는 일에 의미를 가질 수 있게 지원해준다. 그들이 하는 일이 조직의 미션이나 사업과 어떻게 연결되는지를 명확히 해주기만 하면 직원들은 열정적으로 일한다는 사실을 잘 알기 때문이다.

진정한 동기는 외부요인에 의해 일어나지 않고 내재적 요인에 의해 일어난다. 직원들의 가슴을 뜨겁게 달궈주는 것이 리더가 해야 할 일이다.

· 당신이 하는 일이 의미 없다고 느낀다면, 그건 순전히 당신이 그 정도의 의미밖에 주지 않았기 때문이다.
· 사소한 일도 조직 전략 차원에서 보라. 그러면 사소한 일은 금세 전략적인 일로 바뀐다.
· 비전으로 가슴을 뜨겁게 하라.
· 진정한 동기는 자신의 내부에서 비롯된다는 점을 기억하라.
· 남을 뜨겁게 하려면 우선 나부터 뜨거워져야 한다.

4

Reach
오직 당신만의 뉴 브랜드

소중한 당신을 잃지 마라
어떤 수식어를 원하는가
매혹적인 모임과 공유하라
당당하게 해방되라

소중한 당신을 잃지 마라

우리는 리더십을 언제나 '나' 아닌 '타자'를 대상으로만 보는 경향이 있다. 이것이 완전히 틀린 말은 아니다. 그러나 리더십의 대상을 곰곰이 살펴보면 그것이 언제나 내 건너편에 앉아 있는 상대방만을 의미하는 것이 아니라는 사실을 알 수 있다.

리더로서 나는 무엇을, 또는 누구를 어떻게 리드하고 있는가? 우리 자신에게 쿨하게 던져볼 만한 질문이다.

업무 현장에서 리더로서의 역할을 수행하는 동안 나 또한 이런 질문들을 던져본 적이 있다. 하지만 이 질문들에 대해 답하지 못했던 적이 훨씬 많았다. 대답하지 못했던 경우, 대부분은 리더십 문제에 봉착해 있었을 때였다. 말하자면, 어떤 상황을 제대로 이해하지 못하면 문제를 만나게 되어 있다. 문제는 언제나 복병처럼 곳곳을 지키고 있어서 그것을 직면하지 않고는 피해갈 수 없다.

우리가 일하는 조직은 문제를 피해 다른 길로 돌아가는 것을 허용하지 않는다. 잠깐은 허용하는 것처럼 여겨질 때도 있지만 나중에 그것은 더 큰 문제로 나타난다. 이때의 스트레스는 물리적인 크기를 넘어 환산하기 어려울 정도의 정신적 부담감으로 우리의 머리 위에 무겁게 내려앉는다.

바쁜 생활에 쫓기는 우리는 단기적인 대안을 즉각적으로 내놓는 데에는 아주 민첩하다. 이 정도로도 충분할 때가 많다. 행운이 따라 준다면 이런 민첩성에 대해 조직으로부터 기대했던 것 이상으로 인정과 보상을 받기도 한다. 이때 우리는 자신의 능력에 대해 안도감을 내쉬게 되고 자신은 물론 주변에 대해 당당해진다.

어깨에 힘이 들어가면서 내면에는 일종의 자기 강화가 일어난다. 마치 자신이 참 대단한 사람인 것처럼, 또는 어떤 일이든 성공적으로 해낼 수 있는 사람인 것처럼.

그러나 우리가 리더로서 더 중요한 미션을 원한다면, 더 많은 사람들에게 긍정적인 영향을 주고 싶다면 이런 순간을 경계해야 한다. 내가 내놓은 대안이 진실로 그런 인정과 보상에 합당한 것인지에 대해 누구보다 냉정하고 엄격한 눈으로 스스로의 내부를 들여다보는 시간이 필요하다. 뿐만 아니라 대안을 내놓고 실행해가는 과정이 내 가치나 조직의 핵심 가치와 잘 부합하는지에 대해서도 냉정하게 들여다볼 수 있어야 한다.

그렇지 않으면 남들이 만든 기준에 따라 자신을 판단하게 될 뿐이다. 객관적인 기준에서 볼 때는 개선의 여지가 더 남아 있음에도 남들로부터의 인정과 보상에 머무르고 만다. 아무리 상사가 만들어준 기준이라 하더라도 외부에서 만들어준 기준은 언제나 유동적이란 점을 기억할 필요가 있다. 그런 기준은 사람에 따라 또는 상황에 따라 바뀌는 속성을 가지고 있다.

외부 기준만 따르다보면 자신도 모르는 사이에 자기 내면으로부터는 점점 멀어진다. 모든 것이 너무나 빨리 움직이기 때문에 때로는 잘못된 것을 보고도 앞으로 갈 수밖에 없을 때가 많다. 한번 지난 곳을 다시 되돌아본다는 것은 여간 어려운 일이 아니다. 결국 우리는 전진할 수밖에 없는 일방통행로에 들어서서 트랩 속에 갇히고 만다.

이런 상태에서 남는 것은 심한 자기기만뿐이지만, 아이러니하게도 우리에게는 자기기만이라는 인식이 전혀 없어진다. 왜냐하면 남이 기대하는 '나'로 사는 것에 익숙한 나머지 '진짜 나'는 기억조차

나지 않을 정도로 궤도에서 멀리 떠나왔기 때문이다.

내가 회사의 임원으로 근무할 때였다. 당시 임원들의 역량강화에 많은 관심을 가지고 있던 사장 덕분에, 임원들은 호주에 있는 심리학 박사를 통해 1년에 걸쳐 일대일 코칭을 받게 되었다. 코칭을 준비하기 위해 그는 리더십 다면평가와 함께 MBTI 심리검사를 했고, 이 두 가지 진단 결과를 분석한 후 임원 개개인과 일대일 대화를 진행했다.

나도 그와 개인적으로 시간을 갖게 되었다. 자리에 앉아 서로 가벼운 대화로 워밍업을 한 후, 그는 내게 나의 어린 시절에 대해 이야기를 들려달라고 했다. 느닷없는 주문에 당황한 나는 그 이유를 물었다. 나를 뚫어지게 쳐다보던 그는 내 MBTI 검사 결과에 자기가 이해할 수 없는 성향이 나와서 그러니 어린 시절을 생각할 때 가장 먼저 떠오르는 것을 말해보라고 했다.

당시 나는 조직개발 일을 통해 회사 차원의 변화 프로젝트를 리드하고 있었다. 새로 설정한 미션, 비전과 전략에 따라 조직과 사람을 한 방향으로 정렬하는 일이었다. 아무리 좋은 운영 시스템을 가지고 있다고 해도 그것을 사용하는 사람의 행동이 과거 시스템에 머물러 있는 한 무용지물에 불과하기 때문에 프로젝트는 구성원의 행동 변화를 전제로 한다. 그래서 대부분의 조직개발 프로젝트는 체계적으로 잘 준비된 계획에 따라 변화 관리를 해나간다.

그가 외부컨설턴트로서 그 일을 도와주고 있었고, 나는 내부에서 변화 관리를 해나가고 있었기 때문에 그는 나를 비교적 잘 알고 있었다.

그러나 MBTI 검사 결과에서 규율이나 규칙보다는 자유롭고 무질서한 것에 더 편안함을 느끼는 성향으로 나타난 내가, 체계적으로 변화 관리를 하고 비즈니스 프로세스를 개선하는 일을 리드하고 있었으니 그로서는 놀라운 일이었을 것이다.

어린 시절에 대한 이야기를 들려달라는 그의 말에 처음에는 웃었으나 그 질문에 막상 답을 하려고 하니 기가 막혔다. 내 어린 시절은 기억이 안 날 정도로 아주 까마득하고 막막한 곳에 있었다. 그 말을 했더니 그는 그럼 학창 시절을 떠올려보라고 했다. 역시 아득한 느낌이었다.

그러나 바로 그 순간 깨달았다. 내가 그동안 '원래의 나'를 뒤에 남겨두고 상당히 많이 질주해왔다는 느낌이 강하게 든 것이다. '나'에 대한 기억이 지우개로 다 지워진 것처럼 단지 '오늘의 나'만 내 앞에 서 있을 뿐이었다. 그때의 내 느낌을 그대로 코치에게 말해줬다. 그는 내게 '나'를 찾는 여행을 권해주었다. '나는 누구인가?'

에 대한 답을 찾을 수 있을 때까지.

내가 누구인지 모른 채 계속 앞으로 질주해가기만 한다면 미래의 어느 순간, 나는 '나 없음'으로 인해 심한 공황 상태에 빠지게될 것이다. 나는 '진짜 나'를 접어두고 그때까지 '남들이 기대하는나'로 충실히 살아왔다. 충실히 살아왔음에도 불구하고 생활 속에서 빈 틈새가 생길 때마다 그 사이로 외로움이나 허전함이 기어들어와 나를 가라앉게 하곤 했다. 그때의 외로움과 허전함이 어디에서 온 것인지 이제서야 비로소 알게 된 것이다.

그의 코칭은 내게 아주 많은 도움이 되었다. 그는 일을 하면서 내가 가장 자유롭고 편안하고 행복하다고 느낀 순간을 떠올리게 했다. 그때 내가 우선순위에 두었던 가치는 어떤 것인지에 대해서도 기억을 더듬어보게 했다. 그런 일련의 과정을 통해 나는 내 본성이 원하는, 올바른 것에 바탕을 둔 가치를 찾아낼 수 있었다. '남들이 기대하는 나'가 아닌 '원래의 나'로 살아가게 해줄 동력을 발견한 것이다.

나를 행복하고 자유롭게 해주는 그 가치관을 앞으로의 내 삶에 어떻게 적용하며 살 것인지에 대해 여러 각도에서 고민하는 시간을 가졌다. 그러고 나서 어렵긴 했지만 나 자신이 가장 편안하게 일할 수 있는 방법을 찾았고 지금은 이전보다 훨씬 많은 자유를 갖게 되었다.

이전에는 생각지도 못했던 일들을 하고, 기대조차 하지 않았던 사람들을 만나면서 나의 한계 영역을 넓히고 있다. 이 모든 것은 내가 '진짜 나'를 전처럼 다락방 구석진 곳에 아무렇게나 던져두지 않기로 결정하고, 또 '남들이 기대하는 나'로 살지 않기로 선택함으로써 가능해졌다.

'진짜 나'로 살면 스스로의 내면 뿐만 아니라 하는 일에서도 자유롭고 편안한 마음을 느낄 수 있다. 그런 마음이 있는 곳에는 여유가 생긴다. 여유가 있는 곳에는 창의적인 새로운 시도들이 일어나고, 새로운 시도를 통해 우리는 이전의 한계를 뛰어넘을 수 있다. 너무 바빠서 '진짜 나'가 누구인지 돌아볼 틈도 없다고 생각했었지만, 지금은 혼자만의 시간을 확보하여 수시로 내가 누구인지 질문하고 또 탐색해 봄으로써 오히려 더 많은 일을 할 수 있다.

이전에는 늘 해보고 싶은 것이 너무나 많았다. 내 인생은 언제나 '뭔가 하는 것(doing something)'으로 가득 찼다. 그러나 그것이 '삶을 사는 것(living life)'과는 다르다는 것을 '나는 누구인가'에 대한 생각을 하면서 비로소 깨닫기 시작했다. 자기 내면이 어떤 가치를 추구하고 있는지 발견하고 이해하면 삶이 즐거워지고 에너지가 넘친다. 다른 사람이 만들어놓은 기준에 따라 사는 삶이 아닌, 자신의 내면적 가치에 따른 삶은 안정감이 있고 외부세계에 의해 크게 좌우되지 않는다.

아무리 바쁘더라도 자신만의 공간과 시간을 확보하라. 이전의 내가 그랬던 것처럼 너무 까마득한 곳에 '진짜 나'를 두고 앞으로만 질주하여, 아무리 기억을 떠올리려고 해도 아득한 느낌만 갖게 되는 그런 순간을 만나지 않도록 해야 한다. '역할로서의 나'는 우리를 소모하게 하지만 '원래의 나'는 우리를 생산적으로 만들어준다.

지금도 나는 혼자만의 시간을 확보하기 위해 안간힘을 쓴다. 바쁜 일정에 지친 몸이긴 하지만 그럴수록 '나는 누구인가?'에 대한 질문에 매달린다. MBTI 결과를 들여다보기도 하고, 내가 처한 업무 환경을 관찰자 입장에서 보기도 하고, 그래도 시원치 않으면 제3자에게 피드백을 요청하기도 하면서 '남들이 기대하는 나'가 아닌 '진짜 나'를 찾기 위한 여정을 계속하고 있다. 때로는 고등학생 아들에게도 피드백을 구한다.

그리고는 다시 나에게 물어본다. 지금 이 상황은 내가 '나'로서 살아갈 수 있는 상황인가? 나는 지금 '나'로서 살아가는가? 아니면 다른 사람에게 떠밀려 살아가고 있는가? 만약 내가 지금 '나'일 수 없다고 느낀다면 이 상황은 '미래의 나'에게 어떤 영향을 미칠까?

너무 복잡하고 일이 꼬여 있어서 도저히 아무것도 결정할 수 없는 순간에도 이런 질문을 던져보라. 그러면 마법처럼 당신은 선택의 길을 보다 쉽게 찾을 수 있을 것이다. 왜냐하면 진정한 답은 외부로부터 오는 것이 아니라 내 내면에서 나오는 것이기 때문이다.

답이 이미 주어졌음에도 나 스스로가 그 답을 보는 내 눈을 가리고 있었고, 내 귀가 울리는 소리를 듣지 않고 있었다는 사실을 비로소 깨닫게 될 것이다.

우리는 남들이 나를 보는 것처럼 우리를 볼 줄 알아야 한다. 그러기 위해 우리는 혼자 있는 시간을 주저하지 말아야 한다. 어느 누구도 나를 바꿀 수 없다. 내가 변화에 대한 필요성을 인식하고 구체적인 변화를 결정하여 행동으로 옮길 수 있을 때 비로소 변화가 일어난다. 강하고 용기 있는 자만이 자신을 정면으로 대할 수 있다.

가치를 높이는 조언

- "나는 누구인가?"는 끊임없이 던져야 하는 자기 발견 질문이다.
- 진정한 답은 외부에서 오는 것이 아니라 내면에서 나온다는 점을 기억하라.
- '남들이 기대하는 나'에게 '원래의 나'를 맡기지 말라.
- 어떤 것도 깨어나지 않은 새벽이든, 모든 것이 잠든 늦은 밤이든, 자신만의 시간과 공간을 마련하라. 그때가 바로 새로운 것이 잉태되는 순간이다.
- 'doing' 보다 'being' 에 더 집중하라.

어떤 수식어를 원하는가

세계 곳곳에 서점은 수도 없이 많이 있지만 서점 하나로 시작하여 마을 전체가 책마을로 변한 곳은 하나밖에 없다.

리차드 부스라는 사람이 편하게 살 수 있는 보장된 직업을 뒤로 하고 영국 웨일즈 부근에 위치한 고향 마을, 헤이온와이(Hay-On-Wye)라는 곳으로 들어와 작은 헌책방을 차리면서 이 마을의 운명이 완전히 달라졌다.

헤이온와이는 우리나라의 태백처럼 탄광으로 인해 몰려들었던 사람들이, 탄광이 쓸모없어지자 썰물처럼 빠져나가 버린 작은 마을에 불과했다. 하지만 그를 따라 하나, 둘 헌책방이 들어오면서 이

마을은 40여 개 정도의 서점이 옹기종기 들어앉은 세계 최초의 책마을로 자리잡았다. 리차드 부스는 아무도 살지 않는 오래된 성을 사들여 그곳에 헌책방들을 입주시키고 40킬로미터나 되는 야외 책장을 만드는 등 기발한 아이디어를 통해 이 마을을 세계 어느 곳에도 없는 유일한 책마을로 만들었다.

'책 읽는 사회 만들기 국민운동'에 참여하고 있는 동생에게서 들은 이 마을 이야기는 한동안 나를 매료시켰다. 홈페이지에도 들어가보고 관련된 기사도 훑어보면서, 어떻게 아이디어를 발전시키느냐에 따라 얼마나 달라질 수 있는지를 보여주는 단적인 예에 감탄을 금치 못했다.

개인의 성공도 마찬가지인 것 같다. 자신을 다른 사람과 차별화시키는 것은 성공에 있어 매우 중요하다. 이를 퍼스널 브랜딩이라고 부르는데, 최근에는 이런 작업을 도와주는 전문컨설팅업체가 생겨날 정도로 이에 대한 관심이 점점 높아지고 있다. 비슷한 일을 하는 사람이 아무리 많아도 꼭 '나'여야 할 이유를 말할 수 있다면 그 사람은 브랜드 파워를 가지고 있다고 볼 수 있다.

가끔 광고나 홍보물만을 보고 제품을 선택했다가 가장 기본적이라고 할 수 있는 기능에 문제가 있어 곤욕을 치를 때가 있다. 이는 브랜딩에 대한 오해에서 비롯된 것이다. 브랜딩은 결코 겉으로 드러나는 이미지에 대한 이야기가 아니라 상대방이 필요로 하는 것에 자신을 매칭시키는 것이다.

브랜딩의 첫 번째 단계는 필요로 하는 것, 또는 미래에 필요로 할 것이 무엇인지 파악하는 것이다. 이러한 브랜딩 아이덴티티 작업이 확실해지면 필요로 하는 사람과 그 필요를 채워줄 수 있는 사람 사이에는 강한 밀착 관계가 생기고 필요를 채워줄 수 있는 사람은 파워를 가진다.

한 개인으로서 브랜드 파워를 가지려면 무엇을 해야 할까? 준수한 외모에 멋진 옷을 입은 직원이 경쟁력을 강화해준다고 믿는 기업은 없다. 그것은 분명 도움은 된다. 그러나 그것이 기업으로 하여금 당면한 경쟁 상황을 돌파해나가게 하는 원천이 되지는 않는다는 이야기다.

다른 사람에 의해 쉽게 카피될 수 있는 것이나 대체될 수 있는 브랜드는 파워를 갖기 어렵다. 조금만 노력하면 얻을 수 있는 것도 사람들의 관심을 끌지 못한다. 기업이 필요로 하는 것이 무엇인가를 탐색하기 위해 관심과 시간을 투자하는 것, 그것이 지금부터 해야 할 일이다. 그렇게 탐색 작업을 하다가 기업이 필요로 하는 것과 내가 잘 할 수 있는 것이 연결되는 포인트를 발견한다면, 바로 그곳이 나의 브랜딩 아이덴티티가 될 수 있다.

몇 년 전 『비즈니스위크』에서 세계를 움직이는 뛰어난 비즈니스 리더로 선정되었던 서두칠 회장에게는 기업회생이라는 이름이 따라다닌다. 쓰러져가는 기업의 대표를 맡아 성공적으로 턴어라운드시킨 여러 번의 사례는 그의 이름 앞에 기업회생 전문가라는 타이틀을 붙여주기에 충분하다. 기업의 위기 상황에서 각자 살길을 찾아 떠나는 직원들을 다시 결집시켜 잘나갈 때조차 하기 힘들었던 목표를 달성하게 하는 리더십이 바로 그의 브랜드다.

남들이 은퇴하는 시기에 그는 박사과정을 시작했다. 그와 함께 공부하면서 나는 그의 브랜드 파워가 어디에서 나오는지 엿볼 기회를 가질 수 있었다. 서 회장 옆에 앉아 한두 시간만 있어보면 그가 사람과의 사이에서 얼마나 빨리 감정적 연결고리를 만드는지 알 수 있다. 감정적 고리는 신뢰를 바탕으로 하지 않고는 연결될 수 없다. 신뢰를 바탕으로 만들어진 감정적 연결고리는 외부적 요인에 의해 쉽게 끊어지지 않는다.

기업의 위기 상황에서 회사에 대해 아무런 긍정적 감정도 남아 있지 않는 직원들에게 희망을 심고, 다시 한번 힘든 시기를 살아보겠다는 결심을 하게 할 만큼, 그의 리더십은 직원들의 감정 속에 파고들었고 결국 해내게 만들었다. 그는 직원들 마음속에 전해질 만큼 강한 브랜드 파워를 가지고 있다.

"나는 내 이름 앞에 어떤 수식어를 붙이고 싶은가?"

그것이 퍼스널 브랜딩의 핵심이다. 굳이 외부를 대상으로 한 브랜딩만을 생각할 필요는 없다. 조직 내에서도 자신의 전문성이나 역량을 브랜딩하는 것은 필수적이다. 조직 내에서 잘 나가는 사람들을 보면 대부분이 자신의 브랜드 파워를 극대화하는 재능을 가지고 있음을 쉽게 알 수 있다. 내가 지금 어떤 일을 한다고 해도 그것이 내게 거저 브랜드 파워를 주는 것은 아니다.

헤이온웨이가 모든 책을 다 파는 서점이 아니라 헌책만을 취급하는 서점으로, 컨템퍼러리 스타일의 실내를 갖춘 서점이 아니라 헌책에 어울리는 버려진 성을 서점 공간으로 선택한 것도 분명 다른 서점과 차별화하기 위한 깜찍한 발상이었다. 이 발상이 고객들에게 매력적으로 받아들여져, 그들의 발길이 버려진 작은 마을로 향하게 하는 파워를 만들어 냈다는 점을 기억해야 한다.

헤이온웨이가 1, 2년 만에 만들어진 것이 아니듯 우리의 브랜딩 작업 또한 시간이 요구되는 일이다. 과거에 있었던 일이 오늘 그대로 존재하지 않듯, 오늘 우리가 하고 있는 일도 미래에는 바뀔 수밖에 없다. 우리가 하는 일을 담고 있는 그릇인 기업이 바뀌는데 그

안의 내용물인 개인의 업무에 어떻게 변화가 없을 수 있겠는가.

기업의 미래에 영향을 미칠 수 있는 변화가 어떤 것인지 예측할 수 있다면, 그런 변화에 대해 기업이 어떻게 대응할 것인지 시나리오를 그려보는 작업이 가능하다. 기업이 직면하게 될 변화에 대한 감각이 있는 사람은, 그 변화가 자신이 하고 있는 일에 어떤 의미를 주고 어떤 영향을 미칠 수 있는지 사고를 확장해갈 수 있다. 퍼스널 브랜딩 작업은 이런 맥락에서 이루어져야 한다. 이런 예측력이 우리를 다른 사람과 차별시켜주는 근본 역량이 된다.

나는 가끔 이면지 위에 기업 내의 여러 업무들을 적어본다. 그리고는 그것들을 분류해본다. 1년 뒤에 없어질 업무, 3년 뒤에 없어질 업무 등으로 구분해보면 어떤 업무의 수명이 얼마나 갈 것인지, 각 업무에 대해 회사가 주는 가중치에 어떤 변화가 올 것인지 어느 정도 감을 잡을 수 있다. 업무의 파워 쉬프트가 어디에서 어디로 가는지를 알면 자신을 어디에서 어디로 움직여야 하는지 파악할 수 있다.

이렇게 관심을 기울이다 보면 내가 버려야 할 것과, 지켜야 할 것, 그리고 새롭게 채워 넣어야 할 것이 구분된다. 버릴 것은 빨리 버리고 채울 것은 빨리 채우는 것이 좋다. 아무리 좋은 것에도 유효 기간은 있는 법이다. 브랜드 아이덴티티는 이런 과정을 거쳐 만들어진다.

일단 브랜드 아이덴티티가 만들어지면 이젠 개발 경로를 만들어야 한다. 어떤 사람은 3년 뒤의 경력 목표를 보면서 작전상 후퇴의 일환으로 조용히 새로운 업무에 대한 도전을 선택한다. 남들이 다 부장으로 승진할 때 자기가 목표로 하는 브랜드 아이덴티티를 키우기 위해 다른 부서로 수평이동을 선택하는 사람도 있다. 경력개발을 수직적으로만 생각하는 사람은 이런 결정을 도저히 내릴 수 없다.

위의 경우처럼 처음부터 어떤 목표를 세워두고 자신을 브랜딩하는 경우도 있지만 어떤 상황에 부딪쳤을 때 비로소 브랜딩에 대한 필요가 생길 수도 있다. 회사에서 시킨 일을 하다가 문득 자신을 꽃 피울 수 있는 기회를 발견하는 경우가 거기에 해당된다.

내 경우가 그랬다. 특별히 경력개발이라고 할 것도 없이 그냥 주어진 일만 들여다보면서 걸어가고 있었다. 기회를 쫓아다니는 동료의 민첩성에 오히려 심한 불편함을 느낄 정도였다.

그러다 내부 경영 시스템의 품질을 책임지는 일을 맡게 되었다. 그 일을 하며 부서 단위에 고정되어 있던 내 시각을 조직 전체를 운영하는 시각으로 키워갈 수 있었다.

회사 전체의 업무 프로세스를 들여다보고 거기서 개선해야 할 부분을 찾아내 새로운 프로세스 만드는 일을 하는 동안 나는 참으로 산뜻한 즐거움을 느꼈다. 그때는 내 키가 매일매일 자라는 것이 느껴질 정도였다. 그 가운데 몇 번은 내게 비약이 일어나고 있다는 생각도 들었다.

바로 이 무렵부터 나는 내 이름 앞에 붙일 수식어에 대해 생각하기 시작했다. 어떤 전문가가 되고 싶은가, 내가 가장 신나게 하는 일은 이것일까 등 나의 아이덴티티에 대한 고민은 그렇게 조금씩 자라났다.

인사 관련 업무를 추가로 받아 또 다른 일을 배울 수 있는 기회를 가지면서 내 아이덴티티에 대한 고민은 더 자라났다. 해외 인재 채용, 캠퍼스 채용, MBA 채용 등을 통해 채용이 필요한 사업본부와 깊은 대화를 나누는 사업파트너로서의 역할을 조금씩 시도하게 되었다.

그 이후 내 상사는 내게 '조직개발'이라는 생소한 일을 맡겼다. '조직개발' 업무는 지금도 생소하지만 당시에는 글로벌기업의 본사에서조차 기능이 없는 경우가 많았다. 그러다 보니 도대체 무슨 일을 하는 것인지 감조차 잡을 수 없었다. 그러나 배우며 일을 하나씩 해가는 동안 나는 말할 수 없을 정도의 흥분을 느꼈다. 비전에 맞게 장기적인 안목을 가지고 조직을 전략적으로 개발해가는 일은 매우 역동적인 일이었다. 회사를 통합적인 시각으로 바라보면서 이전에는 보지 못했던 새로운 것들이 내 렌즈로 들어왔다.

시간이 지나면서 나는 그 일이 내게 참 맞는다는 생각을 하게 되었다. 조직개발 일이 갖는 미래가치와 그 역량을 가지고 있는 나의 미래가치를 놓고 보아도 양쪽 모두 가치 하락보다는 가치 상승의 가능성이 훨씬 크다는 확신이 들었다. 기업이 변화를 집어던지고 동굴 속으로 들어가겠다는 터무니없는 결정을 내리지 않는 한 조직개발 업무는 더욱 중요해질 것이라는 확신이 든 것이다.

그래서 본사의 조직개발팀을 더 많이 한국에 끌어들여 함께 프로젝트를 수행하면서 하나씩 조직개발 프로세스를 익히는 기회를 만들었다.

학습의 가장 좋은 방법은 강의실이 아니라 일하는 현장이다. 일을 직접 해가면서 배우면 그 내용이 기억의 형태로 저장되는 것이 아니라, 그대로 내 몸속으로 들어가 살아있는 세포로 이식된다. 그런 배움은 별도의 소화 기능 없이도 바로 역량으로 전이가 가능하다.

또 다른 좋은 학습방법은 모른다는 사실을 정직하게 말하는 것이다. 나는 내가 모른다고 말하는 것에 별로 부담을 느끼지 않는다. 내가 모르는 부분을 구체적으로 말하면서 그 부분을 학습할 수 있도록 도움을 줄 수 있는 사람을 추천해달라고 하면 대부분 기꺼이 추천해준다. 이렇게 하면 추천해 주는 사람과도 좋은 관계를 만들수 있고 나를 이끌어줄 수 있는 사람과도 좋은 관계를 맺을 수 있기 때문에 나로서는 마다할 이유가 없다.

내가 모른다고 선언하는 순간 상대방은 나에 대한 긴장감을 풀고 나를 도와주는 마음을 갖는다. 하지만 내가 상대방과 논쟁을 선택하거나 조금 아는 것을 과장하려는 시도를 하면 상대방은 나에 대해 방어적인 태도를 취하고, 그 옆에 빈자리가 있어도 나를 그곳에 초대해주지 않는다. 나는 내가 모른다는 것을 밝힘으로써 많은 것을 빠른 시간 내에 배울 수 있었다.

'조직개발' 업무는 아직도 초기단계라고 할 수 있다. 많은 사람들이 잘 모르는 영역이기 때문에 대부분 외부 컨설팅업체에 비싼 비용을 지불해가면서 서비스를 받는 것이 현실이다. 하지만 한두 번에 그치는 것은 이벤트지 변화가 아니다. 변화는 초기에는 일련의 사건에 의해 촉발되지만 그것이 시간을 두고 지속되지 않으면 실제적인 변화는 일어나지 않는다.

컨설팅 업체가 변화를 촉발시키고 구체적인 방법을 제시해 줄수는 있지만 시간을 두면서 변화를 만들어 가는 것은 조직 내에서 해야 할 몫으로 고스란히 남는다.

많은 변화 프로젝트들이 실패하는 대부분의 이유는 내부에 변화를 지속적으로 관리해나갈 수 있는 역량이 없기 때문이지 항간에 떠도는 말처럼 컨설팅의 실패에 있는 것이 아니다. '조직개발' 업무를 책임지는 사람의 역량이 바로 조직의 변화관리 역량이기 때문에 이 업무는 그만큼 중요하고 전략적 의미를 갖는다. 이런 일련의 프로세스를 거치면서 나는 내 이름 앞에 '조직개발 전문가'라는 수식어를 붙이기로 했다.

조직개발에 대한 전문성을 확보하기 위해 걸어가야 할 길이 바로 내 경력개발 경로가 되는 셈이다. 우리가 경력개발에 대해 갖는 오해 가운데 하나는 "회사는 오픈된 포지션에 딱 맞는 사람을 뽑는다"는 것이다.

그러나 그것은 사실이 아니다. 과거에 그 사람이 한 일과 그 일을 하는 과정에서 습득한 경험이나 스킬이 오픈된 자리에 잘 맞는다고 생각되어야 채용된다. 과거의 경험이 새로운 자리로 전이될 수 있는지가 더 중요한 것이다. 새로운 자리가 필요로 하는 일을 해본 적이 없다고 미리 스스로를 꺾을 필요는 없다.

나는 다 갖춘 안정된 조직보다는 지속적으로 변화를 시도하는 조직을 찾으려고 애썼다. 지속성이 없으면 어떤 변화도 단발성으로 끝날 수밖에 없다. 그러면 '나'라는 브랜드의 가치도 거기에서 끝

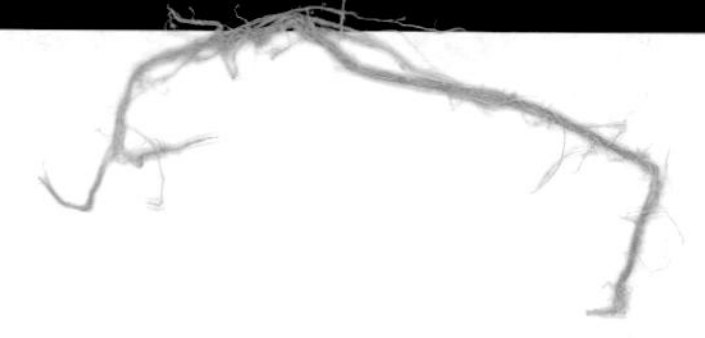

나고 만다. 그러나 지속적인 변화의 사이클을 즐기는 조직 속에서는 내 가치도 함께 변화의 사이클을 탈 수 있기 때문에 가치의 크기가 점점 커질 수밖에 없다. 그런 생각을 하면서 경력개발 경로를 살펴보고 있을 때 내가 결단을 내려야 할 사건이 일어났다.

내가 속한 조직이 한국에서 철수를 결정하면서 나도 두 가지 중 하나를 선택해야 했다. 하나는 미국으로 가는 것이었고, 다른 하나는 국내에서 다른 회사를 알아보는 것이었다. 나는 회사를 떠나지 않고 미국으로 근무지를 옮기되, 조직개발 일을 그만두고 프로젝트 위주로 일할 것을 제안받았다. 아이들 동반뿐만 아니라 해외 근무자에 대한 여러 복지 프로그램을 적용해주겠다고 했기 때문에 꽤 매력적인 제안이었다.

바로 그 무렵 MSD '조직개발' 임원 포지션에 대한 결정이 났다. '조직개발' 일을 계속할 수 있지만 회사를 옮겨야 했다. 나는 내 이름 앞에 '조직개발'과 '변화관리'라는 브랜드를 더 확실하게 붙일 수 있는 길을 포기하고 싶지 않았다.

MSD는 체계적인 조직개발을 위해 외부 시니어 컨설턴트와 계약 하에 변화작업을 추진 중이었다. 면접 인터뷰에서 그 컨설턴트와 조직개발에 대한 이야기를 주고받으면서 그와 함께 변화작업을 이끌어보고 싶다는 욕구가 더 커졌다. 결국 나는 새로운 회사에서 새로운 도전 앞에 서기로 결정했다.

내가 가야 할 방향을 세우지 않았을 때는 모든 것이 다 중요해 보이지만 일단 방향을 설정하고 나면 중요한 것과 중요하지 않은 것이 확연히 구분된다. 나의 브랜드의 아이덴티티에 따라 진로를 결정하고 나니 그 외 나머지는 중요하지 않았다. 내가 관심있는 것은 '내가 얼마나 많은 프로젝트 경험을 할 수 있을까' 였다. 물론 미국행을 선택하지 않은 데 대한 미련도 없었다.

너무 일찍 경로를 결정하기보다 초기에는 다양한 업무기회를 많이 갖는 것이 더 바람직하다. 왜냐하면 그 경험들이 잠재적 승진을 내포하고 있기 때문이다. 잠재적 승진을 위한 경험은 미래를 중시하기 때문에 당장의 승진보다 훨씬 큰 가치를 만들어 줄 수 있다.

이전 직장에서 근무할 때 한국 마케팅을 이끌던 임원은 마케팅 전문가라는 안전지대를 박차고 영업으로 자리를 옮겼다. 새로 도전하는 그에게 말도 많았지만 그는 남들 말에 아랑곳하지 않고 눈에 띄는 것보다 잠재적 승진을 선택했다.

몇 년 후 영업과 마케팅을 총괄하는 부사장 자리가 새로 만들어졌을 때 그 자리는 당연히 그의 것이었다. 그가 그런 결정을 내릴 수 있었던 것은 자신의 목표를 마케팅 전문가에 두지 않고 'CEO'에 두었기 때문이다. 영업과 마케팅을 두루 경험한 그는 현재 소프트웨어 회사 CEO가 되어 있다.

어느 정도의 시간이 흐른 뒤에는 잠재적 승진을 실제 경험으로 연결할 수 있는 기회를 찾아야 한다. 위의 사례처럼 영업에서의 경험이 사업 총괄이라는 새로운 기회로 연결될 수 있어야 한다. 아무리 많은 경험을 했다고 하더라도 잠재적 승진 경험이 실제 기회로 연결되지 않으면 그것은 무의미해진다. 경험도 시간에 따라 경제적 효과가 달라지기 때문이다.

만약 내부에서 자신의 잠재력을 발휘할 수 있는 기회가 주어지지 않는다면 과감하게 외부로 눈을 돌리는 것도 생각해볼 필요가 있다. 브랜드가 가치를 가지고 있는 한 갈 곳은 얼마든지 있다. 그때는 회사가 당신을 선택하는 것이 아니라 당신이 회사를 선택할 수 있다.

"우선 자신만의 브랜드를 만드는 데 집중하라. 그러면 기회는 저절로 굴러들어올 것이다."

- 브랜딩은 자신의 이미지에 대한 이야기가 아니라 상대방이 필요로 하는 것에 자신을 연결하는 것이다.
- 브랜드 아이덴티티가 결정되면 가능한 많은 경험에 자신을 노출시켜라. 그 경험들은 당신의 잠재적 성장의 밑거름이 된다.
- 너무 지나치게 트렌드를 쫓는 것도 위험하다. 대로를 포기하고 오솔길을 선택하는 것도 브랜드의 차별화다.
- 창의적인 사람은 트렌드를 쫓기보다 오히려 만들어간다.

성공적인 브랜딩 프로세스

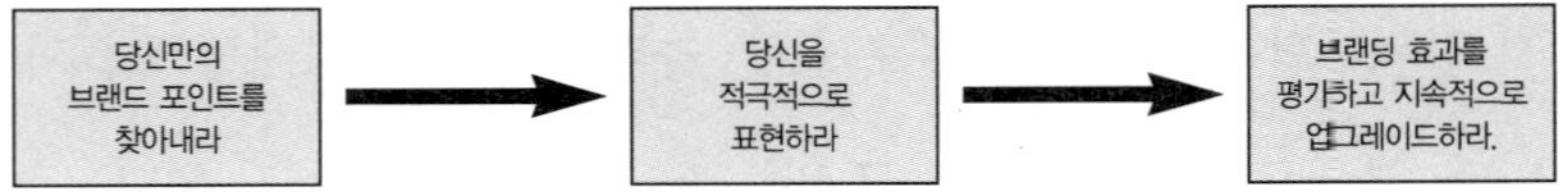

1단계 : 당신만의 브랜드 포인트를 찾아내라

개인적인 브랜드를 정의하기 전에 먼저 큰 그림을 가지고 자신의 비전과 목적을 들여다봐야 한다. 비전은 외적으로 비치는 것이다. 반면에 목적은 내면적인 것인데, 비전을 달성하기 위해 어떤 역할을 해야 하는지 고민해봐야 한다. 몇 년이 지난 후, 당신이 어떤 모습으로 있기를 기대하는가에 대해 생각해보라.

그 다음에는 아래 세 가지를 정직하게 평가해보라.

1) 나는 나 자신(강점과 약점)을 잘 알고 있는가?

2) 내가 경쟁해야 할 대상은 누구인가?

3) 나를 브랜딩해야 할 대상은 누구인가?

2단계 : 당신을 적극적으로 표현하라

1단계의 결과를 토대로 자신의 브랜드 프로필을 만들어라. 브랜드 특성을 열거해보고 그것에 대한 설명문을 만들어보라. 다음에는 그것을 강력한 한 문장으로 압축하라. 이것은 당신 자신의 브랜드를 커뮤니케이션하기 위한 구체적인 계획 수립에 도움이 된다.

1) 가장 효과적으로 자신을 브랜딩할 수 있도록 다양한 방법들을 동원하여 퓨전 커뮤니케이션을 생각해보라.

2) 프레젠테이션이든, 회의 참석이든, 봉사모임에 나타나든, 당신이 하는 모든 일에 당신의 브랜드를 덧입혀라.

3) 당신의 브랜드가 살아 숨쉬게 하라. 한두 번 하다가 멈추지 말고 충분히 각인될 때까지 계속하라. 당신의 브랜드는 명확하고 일관성이 있어야 한다는 점을 기억하라.

3단계 : 브랜딩 효과를 평가하고 지속적으로 업그레이드하라

노력이 당신의 브랜딩에 얼마나 효과가 있는지 평가하는 절차를 가져라.

1) 사전에 측정기준과 기대하는 수준을 미리 정해두면 구체적으로 평가할 수 있다. 조직에서 일하는 당신이라면, 두 가지 방법이 가능하다. 하나는 성과 평가이고 다른 하나는 상사나 동료로부터 비공식적으로 피드백을 받아보는 것이다. 당신이 컨설턴트라면 프로젝트가 끝날 때마다 고객으로부터 피드백을 받도록 하라.

2) 당신의 브랜드를 지속적으로 진화시켜라. 강력한 브랜드 파워는 오랜 진화 과정을 통해 만들어진다. 스타벅스가 커피만 팔다가 차도 팔고, 맥도날드가 햄버거뿐만 아니라 웰빙 샐러드도 파는 것처럼 브랜드 효과도 얼마든지 수평적 확장이 가능하다. 종이로 전달하던 프로필에서 벗어나 과감히 페이스북이나 트위터로 진화하라. 시간이 지나면서 당신의 경력이 쌓이고 역량이 높아지는 것처럼 당신을 브랜딩할 핵심 요소 또한 바뀔 수 있다는 점을 잊지 마라. 바뀌는 환경과 당신의 브랜딩 포인트를 크로스 체크하라. 그리고 그 안에서 새로운 브랜딩 포인트를 찾아내라.

매혹적인 모임과 공유하라

처음 회사에 입사하여 다양한 여러 일들을 하며 업무를 익히고, 자신이 잘할 수 있는 분야에서는 나름대로 인정을 받기도 하면서 관리자로서의 패스에 오르게 된다.

일단 관리자로서의 사다리를 올라가기 시작하면 업무 처리에 가속도가 붙는다. 일이 재밌어지고 자신에게 주어진 재량권을 활용하여 새로운 모험을 시도하기도 한다. 뼈아픈 실패와 가슴 뿌듯한 성공을 두루 경험하면서 사다리의 다음 단계로 다시 올라간다.

한 계단, 한 계단 올라가면서 그런 행진이 계속될 것 같은 기대가 생기지만 어느 순간부터는 뒤처지는 아픔을 겪기도 한다. 사다리의 폭이 점점 좁아지기 때문에 심한 내부 경쟁에 직면할 수밖에 없다. 가끔은 내게 올 거라고 당연하게 생각하여 의심조차 하지 않던 기회가, 외부에서 스카우트해 온 사람에게로 넘어가기도 한다. 그들이 어떤 조건을 받고 스카우트에 응했는지에 대한 이야기가 시간이 가면서 꼬물꼬물 기어나오고, 그로 인해 온몸에서 기운이 빠져도 어쩔 도리가 없다.

얼마간의 시간이 흐른 뒤 새로 온 사람의 급여가 그동안 힘들게 올라간 자신보다 높다는 것이 밝혀진 순간(대체로 비밀이라고 하지만 인사부와 사장만 모르고 모두 다 아는 사실이다), 심한 배신감과 함께 자괴감으로 나도 모르게 발길은 호프집이나 소주집으로 향한다. 술잔을 연거푸 비워대지만 배신감이나 자괴감이 비워지기는커녕 오히려 깊어만 간다.

"직장이 여기밖에 없느냐?"는 말을 수도 없이 쏟아내지만 그런 말을 할수록 어쩐지 직장이 여기밖에 없는 것 같다는 암담한 생각은 점점 더 커진다. 이쯤 되면 "도대체 그동안 난 뭘 하고 살았지?", "난 참 바보같이 살았군요!" 하는 말이 속에서 마구 튀어나오기 마련이다. 밀린 자의 비겁한 변명 같지만 그렇게라도 토해내지 않으면 견딜 수 없을 것 같다. 승진한 박차장은 상사한테 아첨을 잘한 것 같고, 또 김부장은 부하 직원의 실적을 가로챈 것 같고, 온통 남 탓만 한다.

그냥 열심히 일하는 것은 누구나 한다. 그러나 성공을 거머쥔 사람은 절대 그냥 열심히 일하지만은 않는다. 그들 뒤에는 뭔가가 있다. 그 뭔가를 보려는 시선은 애써 외면하면서 순전히 "나는 운이 없고, 그는 운이 억수로 좋아서"라는 생각만 잡고 있으면, 아무리 용을 써도 상황은 달라지지 않는다.

이런 경우에 대해 명쾌하게 설명해주는 사람이 있다. INSEAD의 헤르미니아 이바라(Hermina Ibarra) 교수가 바로 그 사람이다. 그는 왜 사람들이 잘못된 커리어에 빠지게 되는지에 대한 연구결과를 하버드 비즈니스 리뷰에 게재한 적이 있다.

헤르미니아 교수에 의하면 사람들이 커리어를 바꿀 때는 자신이 무엇을 하고 싶어하는지 먼저 생각하고 그 뒤에 그것을 실현하는 데 도움이 되는 단계들을 밟아간다는 가설을 가지고 있었지만, 실증조사에서는 그 반대 현상이 나타났다고 한다. 커리어 관리에 실패한 사람들의 공통점은 충분한 고려 없이 일단 달려들기부터 한다는 사실이었다. 이것이 사람들이 커리어 트랩에 빠지게 하는 원인이 된다. 잘못된 커리어의 동아줄을 너무 오랫동안 잡고 있었다는 사실을 나중에 깨닫기는 하지만 이미 버스는 떠나고 애꿎은 술잔만 비울 뿐이다.

현실적으로 너무나 많은 사람들이 이런 형태의 커리어 트랩에 빠진다. 하지만 이런 전형적인 커리어 트랩을 피해가는 사람들이 있다. 그들은 자기가 퍼포먼스를 벌일 수 있는 무대를 만들 줄 안다. 회사 내부에 무대를 설치하기도 하지만 그것만으로는 만족하지 않는다. 회사 밖에도 왕성하게 무대를 만들고 그 무대 위에서 화려한 퍼포먼스를 보여준다.

조금만 관심을 가지고 돌아보면 주변에 다양한 형태의 커뮤니티를 볼 수 있다. 대기업 경제 연구소의 인터넷 사이트에는 각양각색의 포럼이 있다. "아니 이런 것이 있다니!"라는 생각이 들 정도로 다양한 관심 영역에 다양한 배경을 가진 사람들이 모여 열정적으로 모임을 이어가고 있다.

그들끼리 공동의 배움을 위하여 평소 만나고 싶었던 저자를 초대하여 강의를 듣기도 하고, 영화를 함께 보러 가기도 한다. 최근의 동향에 대해 열띤 토론을 하기도 하고, 사례를 조사하여 발표하기도 한다. 회사에서 제공하는 일정한 틀 안에서의 학습에 목말랐던 사람들은 이곳에 가면 지적 식욕이 왕성해짐을 느낄 것이다. 내가 몰랐던 메뉴가 얼마나 많은지, 보면서 무엇부터 먹어야 할지 고민될 정도다.

나도 회사 밖의 네트워크 덕을 많이 본 사람 가운데 하나다. 인사와 조직관리 일을 하던 나는 다국적 기업의 인사 담당 여성 임원들 모임에 10년 넘게 참여하고 있다.

이 모임은 공통 관심사를 가진 사람들이 모여서 자신의 현안을 해결할 아이디어를 얻을 수 있을 뿐만 아니라, 조직 내에서 리더십 영향력을 높일 수 있는 코칭을 상호 주고받기도 한다. 뿐만 아니라 각 회사의 사례 공유를 통해 자신이 속한 조직의 인사 시스템을 강화할 수 있는 변화 방향을 잡는 데 도움을 얻기도 한다.

인사 관리와 관련한 세계적 트렌드를 함께 나누면서 전문 지식을 넓히기도 한다. 인적자원을 관리하는 데 영향을 미칠 수 있는 노동법 관련 규정이 바뀌었다면 그에 대해 잘 설명해줄 수 있는 노무사를 초대해 강의를 듣기도 하고, 조직 변화가 뜨거운 감자였던 때에는 글로벌 컨설팅 회사에 의뢰하여 변화과정에서 인사부가 해야 할 전략적 역할을 모색하기도 했다.

이 모임의 회원은 글로벌기업의 인사 담당 여성 임원으로서 인사관리와 관련한 의사결정권자들이다. 국내 여성 임원 1세대에 해당하는 사람들로 여러 가지 내·외부적인 도전 요소들을 거치면서 임원 자리에 올라온 경우가 대부분이다.

회원들은 자기가 속한 기업에서 누구도 겪지 못했던 일을 가장 먼저 경험한 공통점을 가지고 있다. 임신과 출산을 처음 겪었고, 여성 매니저 1호인 경우도 있다. 남편과 자식을 데리고 수년간의 해외 근무를 성공적으로 끝낸 여성도 있다. 누구도 거쳐 간 적이 없는 상황을 처음으로 겪으면서 첫 번째 사례를 만들고, 그것을 회사규정으로 자리잡게 하면서 여성들이 일할 수 있는 환경을 하나씩 개발해 온 사람들이다.

그러다 보니 회사 내에서 자신의 상황을 마음 터놓고 대화할 수 있는 상대를 찾기 어려워 혼자 고민할 수밖에 없었다. 그러나 이 모임에 참석하면서 자신의 상황이 다른 기업에서는 어떻게 다루어지고 있는지 생생한 사례를 접하게 되었고, 그것을 통해 자신의 문제를 해결할 수 있는 새로운 돌파구를 발견하기도 하며 조언을 얻을 수도 있었다.

이전 회사에 근무할 때 직원들의 환경·건강·안전과 관련된 업무를 겸임한 적이 있다. 그 업무를 맡자마자 몇 개월 후로 예정된 본사의 감사를 준비해야 했다. 기본적인 규정은 준비되어 있었지만 잘 지켜지지 않고 있었다.

회사가 직원들의 안전을 매우 중요하게 생각하고 있었기 때문에 이 감사에서 지적을 받는다는 것은 경영진에게 심각한 부담이 될 상황이었다. 우리 정부에서 만든 규정이 본사의 규정보다 훨씬 느슨하다고 할 정도로 본사 규정은 매우 엄격했다. 일단은 이 내부감사를 무사히 넘기는 것이 관건이지만, 경영진에서는 이번 감사를 계기로 높은 수준의 안전시스템을 만들어 다른 나라에서 참고로 할 만한 좋은 사례를 만들고 싶어 했다. 업무를 맡자마자 감사를 받는다는 것이 부담이 되기는 했지만 성공적으로 마쳐야 한다는 생각과 함께 그동안 관심조차 없었던 업무를 하나 더 배울 수 있는 기회로 생각하자고 마음먹었다.

내 상사는 우리 회사에 오기 전에 듀폰에 근무한 적이 있었다. 우리 회사에 온 후에는 아시아·태평양의 마케팅 조직을 이끌다가 수년간 중국 조직의 사장으로 근무하기도 했다. 세계적으로 가장 뛰어난 안전 관리 시스템을 가진 듀폰은 업무성과가 미흡한 것보다 안전 관리 수칙을 어긴 직원을 더 엄격하게 다루는 것으로 정평이 나 있다. 심지어 자동차 운전 규정을 지키지 않은 직원이 징계대상이 될 정도였으니 내부 안전시스템 규정 준수가 얼마나 철저히 관리되고 있는지 짐작하고도 남는다.

그런 듀폰에서 근무해왔던 그는 중국 조직에도 동일한 수준의 안전규칙을 만들고 직원들을 교육시켰다. 모든 사무실 가구는 실수로라도 직원들이 다치지 않을 정도로 모서리가 둥근 것으로 교체되었고 사무실의 복도에는 좌측통행을 할 수 있도록 중앙선이 그려졌다.

그는 내게 그곳을 방문하여 아이디어를 얻어오라고 했다. 참 별
걸 다 벤치마킹하게 한다고 투덜거리면서 중국 조직을 방문했다.
하지만 그곳의 안전 관리 시스템을 둘러본 나는 도저히 입을 다물
수가 없었다. 중국 내의 다른 기업들도 앞다투어 그곳을 방문하고
있었으니 과연 그가 추천할 만했다.

모든 회의실 벽에는 비상대피도가 붙어 있어서 누구라도 만일의
사태가 벌어졌을 때 어디로 대피해야 하는지 명확하게 알 수 있었
다. 회의를 소집한 사람은 안건으로 넘어가기 전에 비상시 대피할
수 있는 비상구를 알려주고 그 경로에 대해 먼저 설명해줘야 한다.
참석자들로부터 비상대피에 대한 질문이 더 이상 나오지 않으면 비
로소 안건으로 넘어간다.

그러나 내 감동은 정작 다른 곳에 있었다. 안전 시스템에 대한
벤치마킹이 목적이었으나 내 마음에는 이미 그 목적을 넘어 회사에
대한 존경이 강하게 자리잡았다. 이번 사례를 통해 우리 회사가 직
원들의 안전을 다른 어떤 것보다 우선순위에 두고 있다는 사실을
절실히 깨닫게 되었던 것이다. 평소 회사에서 말한 것이 그대로 지
켜지는 현장을 보면서 회사에 대해 신뢰를 갖지 않을 수 없었다. 안
전과 관련한 설비 투자가 바로 그 증거였다.

이런 것을 한국 조직의 직원들에게도 보여주고 싶었다. 회의실

에 직원들을 모아 놓고 교육하는 것보다 이런 시설을 직접 둘러보고 소개받는 것이 백배 더 효과가 있다는 것을 뼈저리게 느꼈다. 사람들은 말보다는 시각적인 것에 더 깊은 영향을 받는다.

그러나 모든 직원들을 중국으로 데려갈 수는 없는 노릇이었다. 어떻게 직원들에게 안전에 대한 인식을 전환시켜줄 수 있을까 고민하다가 내가 참여하고 있는 여성 임원 모임이 떠올랐다. 우리 모임에 듀폰의 인사담당 상무가 있었다. 더 생각할 것도 없었다. 나는 그 자리에서 그에게 전화해 우리 직원들이 듀폰의 안전 시스템을 배울 수 있는 기회를 갖도록 협조를 부탁했다.

그녀는 내게 듀폰의 안전 담당 임원의 연락처를 건네줬다. 물론 그녀가 먼저 조치를 취해 놓은 뒤였다. 그후 나는 우리 직원들을 데리고 듀폰을 여러 차례 방문해서 그들의 안전 관리 시스템을 직접 접할 수 있게 해주었다. 시스템보다 중요한 것은 안전에 대한 직원들의 인식이라는 것을 듀폰의 사례를 통해 직접 체험할 수 있었다.

직원들의 안전을 위한 것임에도 불구하고, 안전 관련 규정은 정작 직원들로부터 아무런 관심을 얻지 못하고 외면당하는 것이 당시 우리의 현실이었다. 그러나 듀폰을 방문한 덕분에 직원들은 회사를 위한 안전이 아니라 자신을 위한 안전이라는 생각을 갖게 되었다.

이것은 하나의 예에 불과하다. 지금도 회원들은 자사의 사례를 기꺼이 공유하면서 공생의 길을 만들고 있다. 뿐만 아니라 서로의 경력개발을 위해서도 좋은 아이디어를 주고받는다. 나는 이전 회사를 떠날 때 동료 회원의 추천으로 새로운 직장을 구할 수 있었다. 서로 잘 알기 때문에 개인적인 어려움에 대해서도 서로에게 코치가 되어주고 있다.

몇 년 전부터 이화여자대학교 부설인 이화리더십개발원을 통해 기업체에서 일하는 후배 여성들을 위한 코칭에도 함께 나서고 있다. 이 모임을 통해 좀 더 많은 후배 여성들이 리더십 포지션으로 올라가는 데 도움을 줄 수 있는, 다양한 형태의 지원을 모색하고 있다.

회사를 나와서 컨설팅과 코칭, 자문을 하고 있는 나는 이화리더십개발원과의 경험을 기회로 더욱 많은 여성 리더들을 만나고 있다. 그들이 함께 모인 자리에서 여성리더십을 강의하기도 하지만, 기업체 내에 여성 리더들을 배출할 수 있는 시스템 개발을 위한 조언도 함께하고 있다. 이 모임을 통해 새로운 사업 기회를 얻은 경우도 여러 번 있었다.

미션을 함께 하는 다른 두 명의 임원들과 여성 리더들이 직면하는 다양한 형태의 어려움을 코칭으로 풀어나가는 책을 쓰기도 했다. 우리보다 나은 근무환경에서 여성들이 자신들의 끼를 유감없이 발휘하기를 꿈꾸며.

　외부와의 네트워킹은 내가 조직 내에서는 생각지도 못했던 것을 실현해볼 수 있는 다양한 기회를 준다. 누구도 혼자서 자신의 성공을 만들 수는 없다. 그 배경에는 분명 도움을 준 사람들이 존재한다. 상사일 수도 있고, 때로는 부하일 수도 있다. 회사 내부에서 도움을 받았을 수도 있지만, 외부로부터의 도움을 전략적으로 잘 활용하여 내부에서 성공의 열매를 수확했을 수도 있다. 다른 사람을 통해 자신의 성공을 만드는 사례는 얼마든지 있다.

　물론 혼자서 성공할 수 있을지도 모른다. 그러나 그만큼 자신의 힘을 많이 써야 한다. 지렛대의 원리를 알면 아무리 무거운 것도 들어 올릴 수 있듯이, 우리의 커리어도 지렛대를 사용하면 승진의 사다리를 올라가기가 훨씬 수월하다.

　사람이 자라면서 어리석음도 함께 자란다는 말이 있다. 나 혼자 힘으로도 얼마든지 할 수 있다고 생각할지 모르지만 이런 사람들일수록 자신의 경험과 능력을 과신한다. 경험이 많아지면 그만큼 편견과 아집도 함께 자란다는 사실을 간과한다. 서글프게도 시간이 지나면서 우리의 편견과 아집은 우리가 가지고 있는 능력을 넘어선다. 뿐만 아니라 다른 사람의 능력까지 못쓰게 만들 때가 많다.

　자신이 과거의 경험을 자주 들먹거린다면 지금이야말로 눈을 외부로 돌려야 할 적기라고 생각하라. 경험의 틀에 스스로 갇히지 말고 외부로 눈을 돌려보라. 우리를 채워줄 수 있는 다양한 것들이 보일 것이다. 그것들은 지금 하고 있는 것을 더 잘하게 해줄 수도 있지만 완전히 새로운 것을 해볼 수 있는 기회를 줄 수도 있다.

오늘 당장 시작하라. 혹시라도 당신이 뛰어들만한 매혹적인 모임을 찾을 수 없다면, 그대로 주저앉지 말고 당신 스스로 그런 모임을 만들어서 리드해보라. 당신의 성장뿐만 아니라 다른 사람들의 성장을 도와주는 또 다른 기쁨을 느낄 수 있을 것이다.

가치를 높이는 조언

· 조직 내·외부에서 당신의 커리어에 지렛대가 될 전략적인 관계망을 구축하라.
· 한 컵의 물은 그만큼의 갈증밖에 해소하지 못한다. 더 많은 물을 마시고 싶다면 갈증을 유발하여 더 넓은 곳으로 나가라.
· 새로운 생각은 동질성이 아닌 다양함 속의 문화적 이질성에서 비롯된다.

네트워킹을 위한 조언

1. 네트워킹의 목적을 먼저 세워라.
2. 네트워킹의 목적을 달성하기 위한 구체적 목표를 세워라.
3. 당신에게 도움이 되고 당신을 빛나게 할 네트워크를 찾아라.
4. 외부에 공개할 수 있는 프로필을 준비하라.
5. 네트워킹 그룹에 참여하여 당신의 가치를 유감없이 발휘하라.
6. 네트워킹에서 얻은 바를 당신의 가치에 덧입혀라.

당당하게 해방되라

인간은 누군가와 제휴하려는 본능을 가지고 있다고 한다. 드라마의 여주인공이 입은 옷은 그 다음날 바로 인터넷에 어느 브랜드인지 공개된다. 어떤 매장은 한 여자 연예인이 외국에서 결혼식을 끝내고 귀국할 때 든 핸드백의 사진을 클로즈업시켜 붙여놔, 구매자가 같은 가방을 구매함으로써 마치 그 연예인이 된 것처럼 느낄 수 있게 광고를 한다. 이런 심리를 잘 활용한 것인지 일간지의 주말판에 소개된 책은 그날부터 판매부수가 달라진다. 어느 인기 개그맨이 쓰기 시작한 몇 마디는 금세 십대 전체에 퍼져 그 말을 모르는 사람은 아예 대화에 낄 수조차 없다.

젊은 층만 그런 것이 아니다. 컨설팅하면서 만난 모 회사 사장님은 직원들과 대화하기 위해 유머를 공부하기까지 한다. 사실 그분 경우에는 공부 때문이 아니라 원래 개그맨 기질이 있어, 같은 말도 그분 입을 거치면 동석한 모든 사람이 넘어갈 정도다.

왜 이런 일이 일어날까? 다른 분석도 가능하겠지만 나는 '인간이 사회적 동물'이기 때문이라고 생각한다. 그것이 옷이든 아니면 책이든, 그런 패션의 흐름을 타지 않으면 사회적으로 유리될지 모른다는 마음 때문에 유행의 흐름을 놓치고 싶지 않은 것이다. 어느 자료에 의하면 사람들은 자신이 깨어있는 시간의 80퍼센트를 다른 사람들과 함께 보내며, 그들과 어울려 사교생활을 하면서 지낸다고 한다.

그런데 이런 본능적 욕구들을 가지고 있음에도 사실 우리 대부분은 일 속에 파묻혀 그 본능을 꾹꾹 누르며 살아가고 있다. 화장실 가고 싶은 것을 참는 것, 쏟아지는 눈물을 멈추려고 애쓰는 것, 먹고 싶은 것을 참아야 하는 것, 이런 것들을 애써 누른다고 얼마나 누를 수 있겠는가. 욕구를 누르는 것, 참으로 힘든 일이다.

욕구를 누르고 살아도 아무렇지 않은 사람이 있는 반면, 마음에 병이 되는 사람도 있다. 최근에는 우울증이 사회적 관심을 끌고 있다. 많은 사람의 로망인 연예인들이 우울증으로 자살하는 경우가 자주 미디어에 오르내린다. 멀리 해외까지 폭넓게 팬을 가지고 있던 한 연예인은 전날 기분 좋게 술을 마시고 귀가해서는 다음날 시신으로 발견되었다. 그 허무한 죽음을 둘러싸고 억측이 난무하지만 죽은 자는 말이 없다. 만약 그가 한 사람에게만 마음을 열었어도, 죽음까지는 가지 않았을지 모른다.

자신의 본능과 내면의 소리를 누르기만 하고 산 사람의 경우 더이상 누를 수 없는 한계에 다다르면 통제할 수 없는 행동으로 표출된다. 표출될 때의 힘은 얼마나 눌려 있었느냐에 비례한다. 눌려 있었던 만큼 강한 힘으로 돌출행동이 나오는 바람에, 심지어 그 사람을 잘 안다고 생각했던 사람조차 "이 사람이 내가 알고 있던 그 사람이 맞나?" 하는 생각이 들 정도로 기막혀한다.

사실 우리가 가르치거나 배워야 할 것은 어떻게 하면 감정을 완벽하게 감추고 포커페이스를 하느냐는 것이 아니라, 건강하게 감정을 표현하는 방법이다. 상대방과의 갈등을 최소화하면서 자신의 감정을 솔직하고 정직하게 표현하는 것은 리더가 반드시 갖춰야 할 스킬이다. 왜냐하면 갈등 없는 조직은 어디에도 없으며, 리더야말로 그런 갈등을 생산적인 방향으로 이끌어가야 할 핵심 인물이기 때문이다.

25년이란 시간을 기업조직에 있었던 내 과거를 돌아보면 밤새워 일했던 몰입의 순간순간들 때문에 지금도 가슴이 뜨거워질 때가 있다. 새벽 6시까지 일하고 집에 가서 샤워만 간신히 끝낸 채 다시 출근하여 8시 30분부터 부서장 회의에 참석한 적도 있었다. 그러나 힘들다는 마음보다는 언제나 보람이나 성취감이 더 컸다. 그 젊은 날에 어떻게 그럴 수 있었을까 지금도 곰곰이 생각해본다. 아무리 생각해도 답은 다름 아닌 '일시적 멈춤(break)'에 있는 것 같다.

늦게까지 일을 하고 난 다음날, 그날은 심한 장대비가 아스팔트를 뚫을 정도였다. 마음속에서 솟구치는 탈출에 대한 욕구 때문에 도저히 회사로 바로 출근할 수 없었다. 상사에게 전화를 해 급한 일 없으면 하루 쉬겠다고 했더니 어디 아프냐며 걱정스레 되물어왔다. 그래서 탈출과 자유에 대한 욕구 때문에 도저히 회사로 갈 수 없어서 이 욕구를 비우고 나서 들어가든지, 아니면 내일 출근하겠다고 했다. 기절할 정도로 웃더니 그는 다음날 출근해서 어디 가서 뭘 했는지 말해줘야 한다는 조건으로 허락해줬다.

그 길로 차를 돌려 비 오는 춘천길로 향했다. 음악을 크게 틀고 한참을 달리니 '자유'로부터 오는 행복감에 몸이 편안해졌다. 회사의 일도, 부서 직원들도, 두 아들도, 남편도 안중에 없이 온전히 '나 자신’ 일 수 있었다. 그러자 내 온몸이 가벼워졌고 나는 또 다시 무엇이든 채워넣을 수 있는 공간이 되었다. 물론 다음날 왜 갑작스런 휴가가 필요했는지, 무얼 했는지, 그리고 지금은 어떤 마음인지 상사에게 솔직히 말해줘야 했지만 이미 내 몸에는 또 다른 몰입의 욕구가 꿈틀거리고 있었다. ‘일시적 멈춤’ 이 가져다 준 선물이었다.

북미 지역에서 여행을 다녀본 사람들은 버스기사가 1시간 30분마다 의무적으로 휴게소에서 쉬어야 한다는 사실을 알 것이다. 일하는 곳이 대기업이든 중소기업이든, 국내 기업이든 외국계 기업이든 우리도 마찬가지다. 바쁘고 쫓기는 업무에서 벗어나 ‘일시적 멈춤’ 상태로 들어갈 필요가 있다. 그러나 대부분은 그 상태를 후진이라고 생각하여 “가다가 죽더라도 전진!”을 외치며 앞으로 달려간다. 이런 경우 일의 질적인 면을 살펴보면 재충전하고 다시 몰입에 빠지는 사람보다 떨어진다. 죽을 지경인 사람에게서 산뜻하고 깜짝 놀랄 만한 아이디어가 나올 리 없다.

지금처럼 경쟁이 치열한 환경일수록 잠시 휴식할 수 있는 공간이나 시간이 필요하다. 덜 경쟁적인 상황, 덜 바쁜 상황, 덜 분주한 곳, 매일 부대끼면서 만나는 일상의 공간과는, 다른 템포로 움직이는 공간이 필요하다. ‘느리게 살기’, ‘슬로우 푸드’, ‘천천히 걷기’, ‘단순함’, 이런 것들은 결국 우리의 그런 갈망을 반영하는 새로운 트렌드의 산물일 것이다.

CNN의 사령탑 테드 터너가 영적 생활(spiritual life)과 그것의 필요성에 대해 언급한 것이 기억난다. 비즈니스 세계에서 영적 생활이라니, 예전 같으면 씨도 안 먹힐 얘기지만 요즘은 한술 더 떠서 영적 리더십(spiritual leadership)이란 말까지 나오고 있다. 물론 종교에 대한 이야기는 아니다.

타인이나 환경이 마음을 멋대로 하도록 허용하지 않으려면 내 마음을 내가 먼저 다스려야 한다. 아무리 바쁘고 힘든 상황이라고 해도 내가 ‘나’ 이기를 포기하면 ‘나’ 아닌 것이 ‘나’ 를 지배한다. 환경이 나를 지배하고, 동료와의 다툼 때문에 생긴 분노가 나를 지배하고, 나의 ‘능력 없음’ 이 나를 지배하고……. 이유는 백만 가지도 더 댈 수 있을 것이다. 그러나 아무런 이유를 대지 않고도 그냥 ‘나’ 일 수 있는 곳이 있다면 세상은 얼마든지 견딜만하지 않겠는가!

이런 욕구를 충족시킬 수 있는 공간이 있다면 얼마나 좋을까? 그런 데가 어디 있냐고 너무 절망적으로 말하지 마라. 주변을 둘러보면 이런 공간이 되어줄 만한 곳이 얼마든지 존재한다. 당신의 울타리를 벗어나보라. 당신도 그런 공간에서 자유롭고 싶다는 생각만 하면 그 생각이 당신을 그곳으로 데려다 줄 것이다.

이미 이런 흐름을 절묘하게 사업에 적용시켜 매출 신장을 꾀하는 기업들이 있다. 스타벅스도 그 중 하나다. 스타벅스 옆을 지나다 보면 노트북을 켜놓고 공부하고 있는 사람, 두꺼운 책을 놓고 정신없이 읽고 있는 사람, 또 뭔가 끼적이고 있는 사람도 쉽게 볼 수 있다. 여러 명이 모여 담소를 즐기는 모습도 있지만 그곳은 혼자 있기에도 자유롭고 편안한 공간이 된 것 같다.

스타벅스의 창 쪽 의자에 앉아 바깥을 바라보면 그때서야 비로소 내 생활이 객관적으로 보이기 시작한다. 커피의 맛보다는 스타벅스가 주는 편안하고 자유로운 공간을 위해 사람들은 기꺼이 비싼 비용을 지불한다. 스타벅스의 이런 공간 활용을 마케팅에서는 공간 마케팅이라고 부른다. 사람들의 니즈를 한 발 앞서가는 이런 기업들은 니즈가 있어 제품이나 서비스를 제공하는 것이 아니라, 자신들의 서비스를 통해 오히려 고객의 니즈를 창조해가고 있다.

이런 공간을 통틀어 지칭하는 단어가 이미 존재하고 있다는 사실을 알고 있는가? '제3의 공간(the third place)'이 바로 그것이다. 이 말은 미국의 사회학자인 레이 올든버그(Ray Oldenberg)가 자신의 저

서인 『The Great Good Place』에서 처음 사용하기 시작하면서 사람들의 관심을 끌었다.

1차 공간인 가정도 2차 공간인 직장도 아닌, 제3의 공간이 사람들에게 휴식과 안정을 준다고 한다. 이런 '제3의 공간'을 제공해줄 수 있는 기업이 있다면, 좋은 인재들은 그런 기업을 절대 피해가지 않는다. 아마도 회사는 시설투자 비용을 충분히 뽑고도 남을 것이다. 좋은 인재들이 그보다 큰 성과를 회사에 가져다줄 테니.

매니저 교육 때문에 로레알코리아를 가끔 방문한다. 이 회사와는 몇 년째 함께 일하고 있지만 방문할 때마다 신선한 느낌을 받는다. 사무실 가운데에 까페 형태를 한 라운지가 있다. 의자도 아무런 형식 없이 자유롭게 배치되어 있어 그곳에 들어갈 때마다 긴장이 풀어지고 마음이 편안해진다.

내가 일했던 휴렛팩커드와 머크에도 그런 공간이 있었다. 일을 하다 머리 식히고 싶을 때 그곳에 가면 여러 종류의 커피와 차가 있다. 멋진 까페 수준의 커피맛이 직원들을 기다리고 있었다. 커피 한 잔 들고 구석자리에 앉아 잠시 넋 놓고 있다 보면 마음이 편안해지고 다시 에너지가 돌아온다. 조명과 인테리어를 통해 업무공간으로부터 완전히 구분되어 있어 잠깐이라도 업무에서 해방될 수 있다.

안 풀리는 일을 잡고 머리를 쥐어짜다가(가끔 우리는 이런 상황을 brain draining이라고 부르며 웃었다) 그 라운지에 가서 앉으면 이전에 나눴던 대화를 아주 다른 각도에서 재조명할 수 있었다. 굳이 쥐어 짜지 않아도 새로운 생각이 떠오르곤 했다. 공간은 우리의 사고를 누르기도 하지만 잘만 활용하면 사고를 자유롭게 해주기도 한다. 공간이 주는 마력이란 참으로 대단하다.

회사 내에 그런 공간이 없다고 해도 그리 걱정할 필요는 없다. 회사 밖에서도 자신의 성향에 맞는 '제3의 공간'을 얼마든지 찾을 수 있다. 머리가 복잡할 때 내가 자주 가는 곳은 경복궁 부근과 인사동이다. 거기에는 나의 '제3의 공간'이 여럿 있다. 동동주 파는 주막부터 시작해서 길가에 늘어선 노상 골동품점까지, 그곳은 걷기에도 너무 좋은 곳이다. 걷는 길 양편으로 오밀조밀 들어앉은 작은 가게들은 마치 뉴욕의 소호를 연상시킨다. 그 가게들은 브랜드 파워의 막강한 힘에 의해서가 아닌 반짝이는 아이디어의 신선함으로 지나가는 우리의 긴장감을 풀어준다.

바쁜 일상에서 벗어나 도자기와 그 역사, 색감, 유약, 가마 등에 대해 이야기하다 보면 팽팽하게 현을 유지하는 데서 오는 긴장감을 쉽게 내려놓을 수 있다. 가게 이름들도 각양각색이다. 이름만 훑고 지나가도 내 머리는 이미 충분히 비워진다. 비워진다는 말은 결국 새로운 것을 집어넣을 수 있는 공간이 생겼다는 의미일 것이다. 끊임없이 비워내는 작업을 해야 새로운 것을 받아들일 수 있고, 그래야만 그 새로운 것들을 소재로 또 다른 새로운 것들을 만들어낼 수 있다.

시간이 되는대로 한 달에 한두 번 정도 도자기를 배우러 안성으로 간다. 전직 기자출신인 도예가는 아름다운 정원을 가진 집에서 도자기를 배우자로 생각할 정도로 도자기에 빠져 있다. 좁쌀로 만든 차를 한두 잔 비우다 보면 나에게 부정적 에너지를 주었던 일상에서 벗어나 자연과 흙과 일체감을 느끼게 된다. 명상이 따로 필요치 않을 정도다.

광범위한 마케팅 사례를 보유하고 있는 리드앤드리드의 김민주 사장은 주말이면 책을 챙겨 들고 '맥도날드'에 간다고 한다. 그야말로 사무실과 완전히 다른 공간이다. 시끌벅적하면서도 자유롭고, 나가라는 사람도 없으며, 내가 있고 싶은 만큼 버티다가 일어서고 싶을 때 일어나면 된다. 사실 어떤 장소인가가 중요한 것이 아니다. 강요도 없고, 요구도 없고, 다툼도 없고, 스트레스도 없는 그런 공간이면 '제3의 공간'으로 충분하다. 내가 온전히 '나'일 수 있는 곳이면 된다. 분명 그 양반은 맥도날드에서 책 2권은 거뜬히 읽고 일어설 것이다.

누구에게나 '제3의 공간'이 필요하지만 가정생활과 직장생활을 병행해야 하는 여성 직장인의 경우에는 이런 '제3의 공간'이 더 절실히 필요하다. 힘들 때는 집으로 직행하지 말고 가끔은 옆길로 새는 반란을 도모하라. 그 반란은 반복되는 일상에서 톡 쏘는 탄산수처럼 상쾌함을 덤으로 줄 것이다.

당당히 '제3의 공간'으로 걸어가라. 그도 아니면 과감하게 오후 휴가를 내라. 그리고 차를 몰고 교외로 달려보라. 며칠 리조트에서 쉬는 것만이 휴식은 아니다. 몇 시간이라도 필요할 때 쉬어주는 것이 휴식이다. 지친 심신을 맡기고 그저 그렇게 있어보라. 그러면 새로운 기운이 몸속으로 들어올 것이다. 그러고 나서 다시 힘차게 도전하라. 당신이 비워낸 그 자리에 당신의 브랜드를 위한 새롭고 멋진 그림을 그릴 수 있을 것이다.

가치를 높이는 조언

- 주전자의 물이 끓으면 뚜껑은 밀려나게 되어 있다. 밀려나기 전에 휴식을 취하라.
- 감정을 억제하기보다 건강하게 표현하는 법을 배워라.
- 언제나 바쁜 당신, '일시적 멈춤'을 위해 용감하게 떠나라. 그곳에서 새로운 도전과 비약을 시작하라.
- 새로운 아이디어는 습관과 싸워서 이길 때 나온다.

대한상공회의소에서 2030세대를 대상으로 신세대가 원하는 좋은 직장에 대해 설문조사하여 발표한 결과를 본 적이 있다. IMF 이후 많은 기업들이 다양한 형태의 지각변동을 경험하고 있기 때문에 어느 정도는 예상한 일이지만, 그 결과는 개인뿐만 아니라 개인을 채용하는 기업에게도 시사하는 바가 크다.

이들은 경쟁력 있는 급여와 복리후생이, 좋은 인재 확보의 가장 확실한 전략이라고 보는 기업에게 쓸데없는 짓 그만하라는 신호를 보내고 있다. 신세대는 직업을 선택할 때 급여보다 자신의 능력을 발휘할 수 있는 분야에 거의 두 배에 가까운 점수를 주고 있다. 말하자면 돈보다 자신이 좋아하는 일을 더 중요하게 생각한다는 것이다. 직업 선택뿐만 아니라 직장을 선택하는 기준도 상당히 밀접한 반응을 보인다. 직장 선택 시 높은 급여보다 성장가능성을 훨씬 더 중요하게 고려한다. '평생 직업'이 중요하다고 응답한 비율이 83.6퍼센트인데 비해 '평생 직장'에 무게를 둔 비율은 이제 13.8퍼센트에 불과하다. 환경의 변화를 뼈저리게 느낄 수 있게 해주는 결과다.

그러나 이 결과가 우리가 살아가는 현실을 고스란히 드러내는 것은 아니다. 적어도 나는 '평생 직업' 또한 보장될 수 없다고 본다. 내가 아무리 '평생 직업'이라고 붙잡고 있어도 그것의 가치는 환경 변화와 함께 바뀌기 마련이고, 가치가 떨어지는 직업을 붙드는 것은 어리석은 일이기 때문이다.

사실 무엇보다 중요한 것은 '유연성'과 '학습 능력'인 것 같다. 이것만 있으면 환경이 어떤 방향으로 핸들을 돌려도 자신을 얼마든지 유연하게 바꿀 수 있으며, 그 환경에 성공적으로 안착할 수 있도록 자신을 학습해 나갈 수 있다. 중요한 것은 이 또한 개발된다는 것이다. 어떤 이는 '원판 불변의 법칙'이라며 개발가능성을 완전히 부인하지만 내 경험은 그렇지 않다. 바꾸기 위한 노력을 얼마나 절실하게 지속적으로 했느냐에 따라 가변과 불변으로 나뉠 뿐이다. 바뀌지 않았다면 변화 노력의 부족에 원인이 있는 것이지 변화 불가능의 속성을 가지고 있기 때문이 아니다.

다양한 산업과 다양한 규모의 기업에서 다양한 배경을 가진 리더들과 접촉하며 '잘 나가는 리더'의 성공패턴 같은 것을 볼 수 있었다. 그 '다름' 속에 어떤 패턴 같은 것이 있음을 본 것은 여간 다행스런 일이 아니었다. 이것저것 찔러보지 않고 그 패턴을 따라 하기만 해도 성공할 수 있기 때문이다.

재미있는 것은 내 이야기가 그들이 속한 조직에도 적용되고, 내 경험이 그들의 경험에도 고스란히 묻어나고 있음이었다. 그것을 확인하는 순간 나 자신도 깜짝 놀랐다. 리더의 배경과 리더가 속한 조직에 많은 '차이'가 존재함에도 불구하고 그들의 성공에는 많은 '유사성'이 있었다. 바꿔 말하면 한 곳에서 성공할 수 있다면 다른 배경을 가진 조직으로 옮겨가도 얼마든지 성공을 거머쥘 수 있다는 말이다.

그런 성공의 DNA가 다행히도 우리 모두에게 존재한다. 다만 우리는 자기 안의 장점보다 다른 사람들의 비판적 몇 마디에 더 많은 자리를 내준다. 책임을 져야 하는 상황이 오면, 그 상황을 객관적으로 들여다보기보다 황급히 꼬투리 잡는 사람은 없는지, 비아냥거릴 사람은 없는지 주변부터 살핀다. 우리가 나보다 다른 사람에게 더 넓은 자리를 내주는 한, 상황 가운데서 중요한 레슨을 받을 기회는 영영 놓치고 만다.

배움에 대한 감각은 가능한 날을 날카롭게 유지하는 것이 필요하다. 우리는 우리가 아는 만큼 배울 뿐이다. 우리가 궁금해하는 만큼만 새로운 정보를 얻을 수 있고, 우리가 되고 싶은 만큼만 될 뿐이다. 우리의 더듬이를 날카롭게 세울수록 더 많은 것을 느낄 수 있기 때문에 지금 아는 것은 미래에 깨달아야 할 배움의 씨앗이 된다.

2010년, 서울디지털포럼에 참가했던 데브 팻나이크(Dev Patnaik)는 "다양한 배경에서 온 사람들을 받아들인다. 괴짜까지도. 왜냐하면, 이 사람들이 해결책을 찾아내기 때문이다"라고 말하면서 하이브리드 씽킹(hybrid thinking)을 강조했다. 하이브리드 씽킹을 위해서는 시선을 다양한 곳으로 돌릴 수 있어야 할 것이다.

나처럼 평범하게 출발한 사람의 이야기가 자신의 평범함에 변명과 핑계를 대는 누군가에게 자극제가 되고, 자기 안에서 성공의 DNA를 스스로 발견해내는 데 도움이 되기를 기대한다.

나도 여기까지 왔으니, 이 책을 읽는 당신도 얼마든지 여기까지 올 수 있다. 깜짝 놀랄 만한 학력과 지성을 갖춘 사람보다 묵묵히 성공을 향해 한 발씩 내딛는 사람들이 더 많다는 지극히 당연한 사실을 우리는 너무 자주 잊고 산다. 성공, 그거 아무나 할 수 있다. 그게 내가 들려주고 싶었던 이야기의 전부다.